AF567045

Massimo Scolari
Acquerelli e disegni 1965-1980

A cura di Francesco Moschini

Massimo Scolari
Watercolors and drawings 1965-1980

Edited by Francesco Moschini

RIZZOLI NEW YORK

Copyright 1980 Centro Di. Cat. 124
ISBN 88-7038-025-4
Stampa: Stiav, Firenze, marzo 1981

Il presente volume è stato pubblicato in occasione della mostra di acquerelli e disegni di Massimo Scolari presso la galleria A. Jannone a Milano e presso la galleria A.A.M., Architettura Arte Moderna, Roma, da Marzo ad Aprile 1980

Si ringrazia per la cortese collaborazione Carla Di Nardi

Coordinamento del catalogo di Vittorio Hassan

Copyright 1980 by Centro Di, Cat. no. 124
Published in Italy by Stiav, Florence 1981
Printed in Italy

The present volume was published on the occasion of the exhibition of Massimo Scolari's watercolors and drawings at the A. Jannone Gallery in Milan and at the A.A.M., Modern Art and Architecture, Rome, from March to April 1980

We thank Carla Di Nardi for her courteous collaboration

Catalogue coordination by Vittorio Hassan

Published in the United States of America in 1980 by:
RIZZOLI INTERNATIONAL PUBLICATIONS, INC.
712 Fifth Avenue/New York 10019

All rights reserved.
No parts of this book may be reproduced in any manner whatsoever without permission of Rizzoli International Publications, Inc.

LC: 80-50657
ISBN: 0-8478-0317-1

Sommario

Table of Contents

L'architettura dell'incertezza

È certo significativa la determinazione con cui Massimo Scolari rivendica l'appartenenza al territorio dell'architettura di tutta la sua produzione pittorica e grafica. Accompagna spesso perciò i propri acquerelli con scritti teorici che anziché fornire chiavi di lettura delle singole opere tendono ad esplicitare la sua particolare idea di architettura, sino a qualificarsi come vera e propria 'summa' teorica nel loro disporsi come tessere di un ipotetico mosaico. Allo stesso intento sembrano concorrere i complessi testi di pura costruzione teorica da lui elaborati per le numerose conferenze che, dal '74 in particolare, ha iniziato a tenere, con ritmi serrati, quasi con una sorta di determinato presenzialismo, in diverse sedi internazionali. Ma è altrettanto singolare, e certo sospetto, il tentativo di rimozione complessiva che dell'opera di Scolari viene da più parti perpetrato, o relegando in una condizione di lateralità rispetto ai concreti problemi dell'architettura tutta la sua produzione, come si trattasse soltanto di preziosi divertissements, o, in maniera meno scoperta, riconoscendo a quei lavori certamente un'attinenza con l'intero sistema architettonico, ma negando loro una puntuale istanza teorizzante. Tutto ciò equivale a ridurre l'intera sua produzione ad una semplice casistica formale, affascinante, ma pur sempre incapace a porsi come strumento di conoscenza che nel rapporto costante tra teoria e prassi ritrovi il proprio fondamento. Certo lo stesso Scolari non ha molto contribuito a far chiarezza tra le due opposte e tendenziose letture sia per le difficoltà disseminate all'interno dei suoi contributi che dovrebbero rendere esplicito ciò che le sue opere sembrano enunciare ermeticamente, nel tentativo, mai celato del resto, di far perdere le sue tracce a chi si aspetterebbe secondo una logica consequenziale, di ricostruire l'ordine di un discorso infranto, sia per il modo elitario ed esclusivo di rendere pubblica l'intera sua opera. Non intendo con ciò riferirmi, o perlomeno non soltanto, alla difficoltà di scindere il cordone ombelicale tra l'autore e la propria produzione, sino a giungere ad una sorta di punitiva autocensura, quanto piuttosto alla sua pretenziosa selettività fatta di uno spasmodico controllo non solo del destino finale, ma del circuito stesso in cui la sua opera va ad immettersi, per forza di cose, in maniera dirompente. A tutto ciò si aggiunga, ed è certo il fattore determinante di questa costante ambiguità, il sistematico tentativo di Scolari di esporsi sia in campo teorico sia nei confronti del proprio lavoro, in modo che oserei definire 'in negativo'. E anche qui non intendo certo riferirmi alle sue decisioni prese più volte di defilarsi da situazioni di confronto culturale in cui si sia trovato coinvolto, sottolineando polemicamente il proprio dissenso con la negazione della propria partecipazione o con la rottura di ogni continuità nei rapporti, quanto piuttosto a quella sua scelta più volte sperimentata di privilegiare all'interno di un progetto, di una complessa metodologia o di un assunto teorico ciò che essi non debbono essere, non debbono perseguire o non debbono affermare.
Scolari giungeva a formulare proprio in occasione di una recente esperienza didattica alla Cooper Union di New York una sorta di tavola di proscrizione come programma per il corso di progettazione. Elencava quindi tutto ciò che non doveva intendersi strettamente pertinente, secondo la sua particolare nozione di architettura, proponendo un lavoro di

The architecture of uncertainty

The determination with which Massimo Scolari has staked out a claim to architectural territory with all his pictorial and graphic work is certainly significant. For this reason his watercolors are often accompanied by theoretical writings which, rather than clarifying the reading of any individual work, tend to explicate his private idea of architecture. These writings constitute a veritable theoretical summary, falling into place as tiles in a hypothetical mosaic. Since 1974 Scolari's complex, purely theoretical texts, appearing with steady frequency in the form of lectures given at numerous international conferences, have served a similar purpose. But there is a notable, and certainly suspect, attempt from many quarters to completely dismiss Scolari's work, or to relegate it to the sidelines with respect to real issues in architecture, as though one were dealing with a precious diversion, or, in a less open fashion, recognizing that his work has some connection with the larger architectural system yet denying it its deserved theoretical position. All this finally reduces his work to a simple formal case study, fascinating, but incapable of being considered an instrument of knowledge, grounded in the ongoing relationship between theory and practice. Certainly Scolari himself has done little to clarify the two opposing and biased interpretations of his work. First of all, there is an inherent difficulty to his writings which, rather than demystifying the hermetic nature of his work, obviously obscure logical interpretations or a piecing together of some sense of order from his broken discourse. This, lack of accessibility is further increased by the elitist and exclusive manner in which Scolari has chosen to make his work known. I am not referring, or at least not exclusively, to the difficulty in cutting the umbilicle cord between the author and the end product in the hopes of arriving at a sort of self-criticism. I am referring, rather, to Scolari's pretentious selectivity in his arbitrary control of not only the final destiny of his work, but even the very ambience into which his work is admitted, in a necessarily disruptive manner. To all this one must add what is surely the crucial factor in the ambiguity of Scolari's work: his systematic attempt to present himself, in both theoretical and 'real' architectural camps, in a manner which must be defined as negative. By this I am not referring to his frequent decisions to remove himself from situations of cultural confrontation in which he found himself involved, polemically emphasizing his dissent by his refusal to participate or by completely breaking of relationships, but rather to his oft-attempted choice to emphasize at the heart of a project that which should not *be, which should* not *be pursued or which should* not *be affirmed. During a recent teaching stint at Cooper Union in New York Scolari went so far as to formulate a sort of table of proscriptions as the program for a design course. He made up a list of everything which should not be considered strictly pertinent to his particular view of architecture; he then proposed an analysis, classification and comparison of those elements and procedures which are usually not given formal representation in design, but which can be deduced after the fact. He has stated that he is convinced that censorship is more revealing than any form of absolute freedom and above all that it is necessary, in the field of architecture, to say what one ought not to do rather than what one ought to do. His efforts are, therefore, through the rigor of their application, within the didactic process, destined to function as an architecture of uncertainty, taking the place of previous paradigms of*

analisi, di classificazione e di comparazione 'di quegli elementi e procedimenti che solitamente non appaiono rappresentati formalmente nella progettazione, ma possono essere dedotti a posteriori'. Convinto come egli dichiara che la censura sia più rivelatrice di ogni forma di libertà assoluta e soprattutto che sia necessario nel campo architettonico dire ciò che non si deve fare piuttosto che ciò che si deve fare, le indicazioni di Scolari sono destinate a condurre, proprio nel rigore della loro applicazione, in quel sostituire nel processo didattico, al consumo di un modello la costruzione autonoma di un metodo sempre diverso, ad un'architettura dell'incertezza, certo in maniera paradossale, data la perentorietà dei suoi imperativi. Secondo questi dettami, 'la casa non deve avere delle finestre a nastro, non deve essere su pilotis, non deve avere un tetto piano, non deve riferirsi alla tradizione del Movimento Moderno, non deve essere solo abitazione, non deve superare i due piani di altezza fuori terra, non deve essere posata direttamente sul terreno (avere quindi una base) e non deve essere simmetrica rispetto ai suoi assi principali'.
Ma questa serie di affermazioni in negativo tendono, come risultato finale, ad una sorta di pan-architettura in cui acqua, terra, cielo, roccia e sabbia sono sottoposti ad un totalizzante progetto. Il confronto però tra naturale ed artificiale sembra risolversi non tanto in un sottile conflitto dalle alterne sorti, quanto in una rassegnata naturalità dell'artificio. Tutto ciò senza che affiorino mai regressive nostalgie di mitici paradisi perduti individuati storicamente nella prima età della macchina, se non addirittura in quel primo configurarsi della tecnologia come puntigliosa cultura tecnologica, del periodo pre-industriale. È certo però che anche se Scolari non ricorre ad elementi costanti della sua teoria e della sua pratica architettonica che acquerelli e disegni tendono a manifestare, come i luoghi del lavoro e della produzione materiale con le relative 'macchine', interpretandoli come appaganti rifugi, tuttavia la rimozione sistematica di tutto ciò che possa far riferimento alla cultura del XX secolo, dalle avanguardie storiche in poi, denuncia una precisa volontà di sradicamento. Questo, è attuato come forzata condizione esistenziale e vissuto come cosciente scelta culturale in cui le serrate imposizioni di programma, a se stesso prima che ad altri, sembrano scandire le tappe di un deliberato cammino di espiazione. Il rapporto sado-masochistico che si attua allora non ammette più il sottile equilibrio del farsi allo stesso tempo vittima e carnefice del soggetto, ma soltanto una compiaciuta sospensione nella condizione di vittima. Che ciò comporti però solo sdegnosi rifiuti, per rimanere nel limbo di una incontaminata purezza è continuamente smentito dal furore propositivo che sottende ogni singola mossa, unitariamente impostata da tutta la produzione teorica e dall'intero universo architettonico di Scolari. Le singole elaborazioni, proprio nel loro porsi come tappe successive di un continuo lavoro in progressione, senza possibili ritorni su temi già trattati e definiti, come si trattasse di variazioni sul tema, si presentano con una ricercata diversità tra loro, come se ogni acquerello, ogni disegno ed ogni scritto teorico si affacciassero su un mondo nuovo e sempre diverso, sino a farsi totale epifania di un teorema impostato, sviluppato e definito. E proprio questi impossibili ritorni, che mai tuttavia avrebbero potuto configurarsi come sguardi rivolti indietro a ridestare non si sa chi o cosa, riaffermano la precisa volontà di Scolari di spostare sempre in avanti i termini di ogni problema, senza

autonomous construction according to ever changing methods. This architecture of uncertainty is in a certain sense paradoxical, given its arbitrary directives. According to Scolari's tenets, for example, 'the house must not have ribbon windows, must not rest on piloti, must not have a flat roof, must not refer to the tradition of the Modern Movement, must not be solely a living space, must not extend more than two stories above ground, must not rest directly on the ground (must not, therefore, have a base), and must not be symmetrical with respect to its main axis'.
But this series of negative affirmations tend toward a sort of pan-architecture as a final result, where water, earth, sky, rock and sand are all subject to a total scheme. The comparison, however, between the natural and the artificial seems to result not so much in a subtle conflict between different ends, but in an artifice of resigned naturalness. But there is never even the slightest hint of regressive nostalgia for paradise lost which is often seen in the early machine age, or for that matter the pre-industrial period when technology was first stubbornly expressed in the culture. Even if Scolari does not have recourse to the recurring elements in his watercolors and drawings — workplaces with their appropriate 'machines', seen as pleasing refuges — his systematic denial of anything which might refer to twentieth century culture, from the historic avant-garde on, constitutes a strong desire for uprooting. This desire is accomplished by the enforced existential condition and lived as a conscious cultural choice whereby precise programmatic impositions seem to point the way, to him before others, to a deliberate path of expiation. The consequent sado-masochistic relationship no longer allows for the subtle equilibrium of being simultaneously victim and executioner but only a smug suspension in the condition of being victim. But this disdainful refusal to be involved, this insistence upon remaining in a limbo of uncontaminated purity, is continually belied by the pointed furor which underlies Scolari's every move, dictated by his entire theoretical output and architectural universe.
Individual projects, considered successive stages in a continuous work in progress, never refer back to themes already dealt with and are never treated as variations upon a theme. They have, individually, a studied diversity, as though each watercolor, drawing or theoretical text comments upon a new, ever-different world; each project thus gives the total picture of a given theorem, from beginning to end. Scolari's very refusal to relate a project to anything beyond itself emphasizes his strong desire to always expand the limits of a problem, without ever seeming to propose definitive solutions, but rather merely one among many possible solutions. This makes it difficult to classify Scolari's work as a whole, but to classify would be to admit to a model, which would be a violation of Scolari's principles. Each project is both a world unto itself and part of a more general, homogeneous frame of reference. Within each individual project, this simultaneous opening up and closing off to a complex layering of reflections — on the very meaning of architectural concept, on specific means of representing architecture, on the creation of corporeal images rooted in both concrete formal proposals and analytical investigations of their elements — places Scolari's work on a remote plane, both historically and geographically. The chilling rigor mortis emanating from the individual projects seems to project them to an abyss-like distance from the viewer. This very remoteness intrigues the spectator, whose disenchanted glance is compelled by Scolari's virtuoso

che questi vengano mai sentiti come la soluzione per eccellenza, ma semmai, e soltanto, come una tra le tante possibili soluzioni. Da ciò la difficoltà di poter ricondurre non tanto i singoli lavori, quanto l'intero itinerario creativo di Scolari, entro classificazioni che possano almeno nominalmente individuare un loro possibile genere di appartenenza. Ma tutto ciò sembrerebbe già un qualificarsi di quel lavoro come improponibile modello, proprio in una situazione di riferimento che ha nel procedimento soltanto l'unica indicazione da fornire. Ogni elaborazione si presenta così come mondo a sè stante pur in un omogeneo quadro di riferimento più generale. L'aprirsi allora per poi richiudersi, ogni volta, in una singola opera, di una complessa stratificazione di riflessioni sul significato stesso del concetto di architettura, sui modi specifici di rappresentazione della stessa, sul suo farsi corposa immagine radicata sia come concreta proposta formale sia come analitica indagine sulla classificazione degli elementi, colloca ogni singolo lavoro di Scolari in un'aurea di lontananza che è storica e geografica contemporaneamente.

Ma è proprio in questa dimensione lontana in cui un raggelante rigor mortis spirante dalle singole opere sembra proiettarle sino a determinare una distanza abissale dal fruitore, che lo sguardo disincantato dello spettatore, in maniera intrigante, è costretto dall'autore, con le sue acrobazie virtuosistiche dovute alla minuziosa e sapiente esecuzione, finissima come lo sono del resto i suoi stessi strumenti di lavoro, a seguire un percorso che si fa sempre più interstiziale. L'osservatore è così portato a guardare come in un canocchiale rovesciato un'opera che nell'esasperazione del piccolo formato pare concentrare più aperte e spaziate immagini ed il cui stadio finale, miniaturizzato, si dà come risultato conclusivo di successive fasi di messa a fuoco. Non è un caso dunque che Scolari privilegi come tecniche e modi di rappresentazione proprio la veduta a volo d'uccello o l'assonometria, accentuandone il significato di veduta microcosmica. L'autore giunge così a intrecciare un sottile legame con quel vedutismo particolare che da 'Monsù Desiderio', e non tanto dal rovinismo fantastico di François Nomé, quanto piuttosto della minuziosità puntigliosa di Didier Barra, va sino a Micco Spadaro. Vale a dire un legame ricercato proprio con quella polarità di carattere laico che sfocierà nello scientismo del vedutismo settecentesco, del tutto opposta alla visione impregnata di suggestioni di sapore vagamente romantico ante litteram, di eredità tedesca e fiamminga, che dal paesaggismo di Paul Bril va sino ad Elsheimer ed opposto, allo stesso modo, ai compiacimenti stilistici e naturalistici di quello straordinario crogiuolo rappresentato dalla pittura veronese del primo Seicento che ha in Alessandro Turchi, il suo più fine interprete. Ed è questo abbraccio così totale del mondo e delle cose, che il piccolo formato delle opere di Scolari rende volutamente stridente, a sottolineare il suo costante riferirsi dal generale al particolare, in una continua trasmigrazione tra i due termini che l'insistenza teorica e l'incidenza ossessiva del pennello su privilegiati nodi teorici e figurativi al tempo stesso fa tuttavia propendere verso un 'particolare' sentito come esclusivo termine di riferimento.

Ma questo scrutare così ravvicinato, questo insistito analizzare per poi restituire more geometrico tutto il reale indagato, classificato e riprogettato sino a renderlo fantastico, pur senza scivolamenti nel surreale o, come pareva suggerire Aldo Rossi

acrobatics, his obsessive and scholarly renderings, as finely tuned as the other tools of his trade, to follow the broken threads of his progress. The observer thus finds himself looking out the wrong end of a telescope at a work which squeezes open, expansive images into an exasperatingly small format, a miniature which is the final result of an attempt to focus. It is not by chance that Scolari favors the bird's eye or axonometric view as a technique or mode of representation, accentuating the microscopic. And so Scolari establishes a subtle link to a viewpoint developed from 'Monsu Desiderio', (and not so much related to the fantastic ruins of Francois Nome as to the precise miniatures of Didier Barra), up to Micco Spadaro. This is a rather forced link to the naive polarity expressed in 18th century 'scientific' views which were pointedly opposed to the romantic landscapes, of German and Flemish inspiration, seen from Paul Bril up to Elsheimer. Similarly rejected were stylistic and naturalistic pleasures found in the extraordinary eclecticism of 17th-century Veronese painting, which culminated in the work of Alessandro Turchi. In their total embrace of the world and the things in it, Scolari's small-scale works underline, in evermore strident fashion, a constant concern with both the general and the specific. There is a continuous passage between the two poles; theoretical insistence and the obsessive stroke of the brush at key points, both theoretical and figurative, seem to favor, however, the 'specific' as a point of reference.

But this close scrutiny, this persistent analysis, which give geometric order to the investigated, classified and redesigned reality, to the point of rendering it fantastic — without, however, slipping into the surreal or, as Aldo Rossi seemed to suggest during a 1967 exhibition of Scolari's work, into the pathological, underlines an aspiration to a Holdernian 'unity with everything that lives'. This aspiration is made clear by an exasperating profusion of elements whose fragmentation actually underlines a sought after totality. Nature herself is the chosen site of this 'unity', where the possibility of regeneration is found within the process of decomposition, allowing an idyllic dance of the elements. But in direct opposition to this there appears a death-wish, a 'sacred chaos' tending toward the decomposition of all things. These two opposing poles exist side by side — the ordered and the composed versus the shapeless, unexpected and unstable. They imply a reassuring reconciliation between things which otherwise seem to shudder with a terrifying panic, giving a hint of the infinite, 'in the face of which one feels both lost and drawn in' and which reminds one, should there still be any need, that any idea of reconciliation is pure illusion. In spite of all this, one still senses a defection, or at least a sneaking away, from architecture. We should be convinced to the contrary, by the continuous references in Scolari's work, from titles to subject matter, to exquisitely architectural themes. But in every single work he patiently verifies and lucidly demonstrates his basic assumption, that those things most concerned with architecture are those which refer to it least. It is as though he has discovered a set of hidden laws of architecture which underlie everything and to which everything relates. But there is no sense of primacy, no hierarchical classifications of type, nor does one sense an impulse for construction in Scolari's watercolors and drawings, but only that 'mute desire' which has the precariousness of an invention which always demands a fresh start, rather than the second hand didacticism of historicizing and sedimental architecture. One finds in Scolari's

in una lontana presentazione delle opere di Scolari, in occasione di una mostra del '67, patologico, sottende un'aspirazione a 'quell'unitezza con tutto ciò che vive' di eredità hölderliniana. Questa è individuata proprio attraverso la frantumazione degli elementi e all'interno di un'esasperata molteplicità in cui sono in realtà le 'scissioni' a sottolineare la perseguita totalità. Ed è soltanto la natura il luogo privilegiato di questa 'unitezza' che trova nella propria decomposizione la possibilità di rigenerarsi, sino a permettere una idilliaca danza degli elementi. Ma a tutto questo pare contrapporsi una volontà di morte, un 'sacro caos' che tende a decompòrre ogni cosa. Le due opposte polarità di cui la prima si fa composto elemento ordinatore e la seconda informe ed imprevisto elemento destabilizzante, messe in scena contemporaneamente, danno vita ad un'appagante pacificazione tra le cose che appaiono però percorse da un fremito, da un terrore panico che conferisce al tutto un senso d'infinito 'di fronte al quale ci si sente perduti e attratti a un tempo' e che ricorda, ancora ove ve ne fosse bisogno, come sua pura illusione ogni idea di riconciliazione.
Che nonostante tutto ciò si pensi ancora ad una defezione se non ad un «allontanamento, seppur in punta di piedi», dall'architettura, è certo sorprendente. Non perché dovrebbe convincerci del contrario il costante riferirsi delle opere di Scolari, dai titoli a ciò che rappresentano, a temi squisitamente architettonici, ma la lucida dimostrazione, pazientemente verificata in ogni opera, di un suo preciso assunto secondo cui ciò che riguarda l'architettura è tutto ciò che fa meno riferimento ad essa, quasi a scoprire sotterranee leggi architettoniche che tutto informano e cui tutto si rapporta. Quindi nessun primato viene stabilito, quasi a rivendicare gerarchiche classificazioni dei generi e nessuna voglia di architettura come costruzione sottendono gli acquerelli e i disegni di Scolari ma soltanto quel 'muto desiderio' che acquisisce non uno statuto di seconda natura come sembra ormai destino per un'architettura storicizzata e sedimentata, ma la precarietà di un'invenzione in cui si è costretti sempre a ricominciare da capo. Ed è proprio qui tuttavia che gli elementi di permanenza non semplificabili ulteriormente si fanno principi compositivi nella loro aspirazione alla massima razionalità ed esattezza. Ed erano proprio le vincolanti necessità della tecnica, perché si liberassero all'immaginazione nel definire il proprio aspetto formale, ad essere chiamate in causa in uno scritto in cui Scolari, analizzando le aporie dell'architettura, tentava di dare sistemazione teorica al proprio lavoro. Dopo aver contrapposto la descrittività dell'analisi formale nel suo farsi classificazione e comparazione dell'esistente, alla formulazione di principi concreti del metodo formale teso a studiare le strutture compositive dell'architettura, l'imperativo di allora era l'attraversamento di ciò che Scolari, accentrando su di sé la funzione di storico e di progettista, indicava come 'residuo' della costruzione, di cui cogliere l'aspetto più profondo 'l'effetto di qualche cosa che è già tutto accaduto'. La ricerca di una specificità non era invocata in nome di una pretesa autonomia dell'architettura, del resto da lui perentoriamente negata più volte, ma piuttosto a garantirne la sopravvivenza legata com'era alla sua 'laconica indifferenza ideologica e funzionale'. Scolari poteva allora così formulare una precisa indicazione di lavoro: 'ridisegnando una forma architettonica, estraniandola dal suo contesto ovvio, ridescrivendola come se fosse vista per la prima volta e

work elements of permanence which cannot be further simplified and which become formative principles in their aspiration to the greatest possible rationality and precision. These principles are a necessary link to technology and they liberate the imagination in its formal definitions, which were discussed by Scolari in an essay in which he analyzed the puzzles of architecture and attempted to give theoretical order to his own work. Having contrasted his descriptive formal analysis of classifications and comparisons of existing conditions, with the formal method adhered to in the study of architecture — the formulation of concrete principles — Scolari, acting as both historian and planner, felt it was imperative to turn to the problem of the 'residue' of construction, 'the effect of something which has already taken place'. His search for specificity was not propelled by a belief in the autonomy of architecture, so often denied by him, but rather by a desire to guarantee architecture's survival in relation to a 'laconic, ideological and functional indifference'. In this way Scolari was able to formulate a precise definition of his work: 'redesigning an architectural form, extracting it from its obvious context, redescribing it as though it were being seen for the first time, and delaying our recognition of it, thereby freeing us of the traditional concepts of relationships between form and function and from interpretations of form as envelope. But there is more. The design of form, that is, critical design, should also call attention to the difference between an architectural work as a clearly limited phenomenon and a more free interpretation. History offers this type of analysis that which the present denies: a wealth of materials'. This position is certainly far removed from that stated by Scolari in 1973, in Rational Architecture, *the first volume in a series on architecture under his direction which provoked violent architectural debate at the time. Then, Scolari tended to single out the few but articulate voices of contemporary architectural heresy opposed to the conservative front which seemed to unite functionalism and organicism. He analyzed the two possible ways out of a by then irreversible crisis situation: — Utopia, whose proponents were centered around Florence and who were accused of romanticism, cultivated infantilism and even evasion — and the re-establishment of a discipline which chose clarification over invention, elimination of errors over the discovery of new truths. He then outlined a forced, if not concise, genealogy of the Tendenza movement which involved a generation of some of the most lively and progressive architects. This ran the gamut from Rogers to Samona, eventually spanning what were then the two most extreme poles of thought, those of Rossi and Gregotti, which contrasted simplicity with complexity, evocation with description, the possibilities of type with the repetition of a model. Still today, all Scolari's work is grounded in his conviction in a theory of architecture based on these interrelated principles: the monument, the type, the city as manufactured object, as well as reciprocal relationships between these principles which at the time seemed to outline an imaginary treatise on composition tied to these few rules: an overall indifference to the agreed upon type as recurring theme, and the extraneousness of models and their component parts. These formulations are systematically applied in a book where Rossi, in a provocative introduction, discerns in this Tendenza movement (which had used him as a point of reference) a relationship between history and the modern movement, the use and the value of typological analysis, and formal simplification which tended toward an architecture where*

ritardandone il riconoscimento, ci liberiamo dalla concezione tradizionale dei rapporti tra forma e funzione e dalla interpretazione della forma come involucro. Ma non solo. Il disegno della forma, il disegno per così dire critico, dovrà anche richiamare l'attenzione sulla differenza tra una opera architettonica come fenomeno nettamente delimitato e la sua libera interpretazione. La storia offre a questo tipo di analisi ciò che il presente nega: la ricchezza dei materiali'. Certo siamo ben lontani dalle posizioni formulate nel '73, sempre da Scolari, in quel volume 'Architettura Razionale', con cui avviava la nuova collana di architettura da lui diretta, che tante reazioni violente suscitò nel dibattito architettonico di quel momento. Allora, Scolari tendeva ad individuare le poche ma chiare voci dell'eresia architettonica contemporanea contrapposte al fronte conservatore che sembrava unire funzionalismo ed organicismo. Analizzava le due vie aperte da una situazione di crisi ormai irreversibile: quella dell'Utopia, circoscritta all'area fiorentina, accusata di romanticismo, di colto infantilismo, infine di evasione e quella della rifondazione disciplinare che sceglieva la chiarificazione all'invenzione, l'eliminazione degli errori alla scoperta di nuove verità. Tracciava quindi una forzata se non sommaria genealogia del movimento di Tendenza, attorno a cui pareva gravitare una generazione di architetti tra i più attenti e progressisti, riconoscendola in un arco che andava da Rogers a Samonà, e giungendo a quelle che allora parevano le più individuabili polarità, quella di Rossi e quella di Gregotti, contrapposte tra semplicità e complicazione, tra evocazione e descrizione, tra le possibilità del tipo e la ripetibilità del modello. Certo rimane ancor oggi in tutto il lavoro di Scolari come elemento di base la convinzione di una teoria dell'architettura basata su principi tra loro collegati: il monumento, il tipo, la città come manufatto ed i loro reciproci rapporti che allora però sembravano poter delineare un immaginario trattato di composizione legato a poche regole: indifferenza distributiva rispetto al tipo inteso come tema ricorrente e lo straniamento dei modelli e di loro parti. Queste formulazioni giungevano a darsi con tale sistematicità proprio all'interno di un libro in cui Rossi, attraverso una concitata introduzione, individuava di quella Tendenza che a lui faceva riferimento il rapporto con la storia e il movimento moderno, l'uso ed il valore dell'analisi tipologica, la semplificazione formale verso un'architettura dove la monotonia, parafrasando Schmidt, non era vista come una questione estetica ma come una questione sociale. Scolari annunciava invece attraverso questa sua prima tappa di un'iniziativa editoriale che ancor oggi è tra le poche voci di sicuro riferimento sopravvissute nel campo dell'editoria d'architettura, dopo le passate euforie in cui tutto sembrava possibile, la totalizzante intenzione di rifondare l'architettura come fatto autonomo di tecnica e cultura per la costruzione di un unico e grande progetto in cui veniva riconosciuto il filo progressista della cultura architettonica. E proprio questa aspirazione alla forma si poneva come complementare di quella critica dell'ideologia architettonica che a Venezia veniva portata avanti dal gruppo legato a Manfredo Tafuri. È proprio in questo contesto che si colloca, culturalmente, la separazione di Scolari dalla più stretta ortodossia rossiana, proprio a ridosso di quella quindicesima Triennale di Milano la cui sezione internazionale dedicata all'architettura era stata curata da Rossi in collaborazione con Scolari ed altri giovani architetti. E come ogni separazione non poteva essere che traumatica anche per

monotony, to paraphrase Schmidt, was not seen as an esthetic issue, but as a social one. Scolari, however, took an opposing viewpoint, in the form of an editorial initiative which stands out, even today, as one of the few reliable voices to have survived in the field of architectural editorials. In contrast to the euphoric past, when everything seemed possible, we have Scolari's unifying intention to re-establish architecture as a phenomenon independent from technology and culture, leading to a unique and grand project wherein the progressive thread of architectural culture would be apparent. It is precisely this desire for form which was proposed in Venice as an antidote to the work of Manfredo Tafuri's circle. In this context one can see the cultural distinction between Scolari and the more strictly orthodox work of Rossi, as opposed to the 15th Milan Triennale where the international architecture section was organized by Rossi in collaboration with Scolari and other young architects. Like any schism, this was traumatic, even more so because since 1968 Scolari had been carrying out research under Rossi's guidance. There had already been a decisive moment of pointed confrontation between the two architects during their work on a project for the Town Hall of Scandicci, where Scolari's tendency to density was seen in reaction to Rossi's rarified compositions. The Scandicci project was characterized by a series of typological differences, irreparably separated, which seemed to make a desperate attempt to relate to each other. There are, however, some surprising continuities of method and design attitudes, if not of form: in Scolari's project for the Dal Verme theater in Milan, where there is an organicism and attempt at urban integration, almost a recreation of a naturalistic continuity, if not harmony, with the context; also, in his later residential project where special attention is given to the specific resolution of the nodes which are seen as a unique problem within a defined and repetitious elementary structure; and, finally in his crucial experience working with Rossi on the Scandicci Town Hall project. One must remember, however, that as early as 1965 Scolari had come into contact with Rossi through a course given by Rogers. Rossi was quite influential, altough he wasn't on the architecture faculty, because of his attempt to address himself to a project of global scale: the logical construction of architecture. He had been thus committed since 1956, when, at the height of neorealist populism, he had concerned himself with the definition of a realist and popular architecture, the principal objective of which was to emphasize urban analysis, which he later, in 1966, systematized in his Architecture of the City, *stressing the necessity of relating urban analysis to architectural design. One can still see Rossi's influence in Scolari's 1972 project for a sports complex in Abbiategrasso, where there is maximum simplification and a denial of every complexity.*

This emphasis on planning characterizes Scolari's apprenticeship, and has since been rejected by him. It is offset by his prolific production of watercolors, and drawings, beginning with academic exercizes, figure drawings made while attending art school in the mid 1960s. He then went on to free-wheeling improvizations, finally developing a comprehensive body of work, almost a multi-faceted catalogue, in which irony, sarcasm and vision never degenerate into humor, but are the basis for a fantastic but tragically humanized bestiary. Here, the rage of a stroke, at times obsessively forming a thick web, at other times reduced to an evanescent trace, enlivens an unsettling view. These same disturbing presences can be seen in Scolari's watercolors from

il lungo lavoro di ricerca svolto da Scolari fin dal '68, sotto la guida di Rossi e che già aveva avuto una decisiva occasione di confronto serrato in cui parevano reagire la diluizione compositiva rossiana e l'aspirazione alla compattezza di Scolari, nel progetto per il Municipio di Scandicci, caratterizzatosi poi con una differenziata successione tipologica in cui l'elemento ponte pare disperatamente tentare di unire ciò che irreparabilmente è ormai disgiunto. Certo tra l'organicità ed il tentativo di integrazione urbana del precedente progetto di Scolari per il teatro Dal Verme di Milano, quasi a ricostruirne una naturalistica continuità, se non una compattezza con il contesto, oppure, allo stesso modo, tra la dispersione controllata del successivo progetto per una unità residenziale, con l'accentuata attenzione alla particolare risoluzione dei nodi visti come unico problema, all'interno di una definita struttura elementare ripetuta, e la fondamentale esperienza con Rossi per il Municipio di Scandicci, vi sono alcune sorprendenti forme di continuità di metodo e di atteggiamento progettuale se non di forma. Ma va allora ricordato al proposito che già dal '65 Scolari, attraverso il corso di Rogers aveva avuto modo di entrare in contatto con Rossi che già aveva un ruolo preciso anche se non nelle facoltà di architettura, per quel suo tentativo di indirizzarsi verso un progetto globale: la costruzione logica dell'architettura. Questo, fin da quando nel '56, in pieno clima di populismo neorealista, Rossi aveva puntato alla definizione di un'architettura realista e popolare con il principale obiettivo della messa a punto dell'analisi urbana, che troverà poi sistemazione ne 'L'architettura della città' nel '66, con la necessità di mettere in relazione l'analisi urbana e la progettazione architettonica. E sono ancora le indicazioni rossiane, sulla via della massima semplificazione ad informare anche il progetto per attrezzature sportive elaborato da Scolari nel '72 per Abbiategrasso.

A questo versante più strettamente progettuale che scandisce le tappe dell'apprendistato dell'architettura di Scolari, da lui stesso quasi sempre rimosso, egli ha contrapposto una nutrita produzione di acquerelli e disegni che a partire da accademiche esercitazioni elaborate ad una riscoperta scuola del nudo da lui frequentata a metà degli anni '60, attraverso sbrigliate improvvisazioni, giunge ad un corposo lavoro quasi di catalogazione, di numerose fisiognomiche, in cui ironia, sarcasmo e visionarietà senza mai cadere nell'umorismo, fanno da supporto ad un bestiario fantastico ma tragicamente umanizzato in cui la rabbia di un segno, a volte insistito quasi a formare una spessa trama, a volte ridotto a traccia evanescente, dà vita ad un'inquietante messa in scena. Sono le stesse presenze inquietanti a campeggiare nei macabri convegni degli acquerelli eseguiti da Scolari tra il '65 e il '69. Una natura esasperata e soggetta a distorsioni di ogni tipo fa da sfondo, come veloce passaggio cinematografico proiettato sul retro, alla mostruosità di quelle presenze. Su di essa le cose sembrano scivolare via impossibilitate a trovare qualsiasi forma di radicamento, impregnate anzi della stessa liquidità che impedisce l'assunzione di qualsiasi stabile forma. C'è quindi posto unicamente per i grotteschi personaggi rappresentati che volteggiano con la loro schiacciata presenza, non come personaggi 'antigraziosi' ma come svuotati paludamenti di una tragica mascherata in cui, smessi gli abiti, questi assumono una loro autonoma vitalità, conferendo al tutto le sembianze di una cosmica paura anziché di una lucida follia. Che la produzione di questi anni più strettamente di carattere pittorico rappresenti l'aspetto più

1965 to 1969. Nature, exasperated and subject to every type of distortion, forms a backdrop, like a speeded up fragment of film, to monstrous presences. Against this background, things seem to slide away, unable to take root and too changeable to take on stable form. There is room only for the grotesque personages who hover about as disembodied spirits, not ungraciously, but like empty costumes at a tragic masquerade where, stripped of the participants, they assume an autonomous vitality, investing the atmosphere with cosmic fear rather than simple folly. The work of these years has a more strictly pictorial quality and is somewhat liberated from the rigors which Scolari imposes on his architectural work. It must be emphasized, however, that this body of work is exceptional, seen in the context of his development. It is true that these works may suggest a connection with the best of the Milanese avant-garde in the 1950s and early 1960s (such as Piero Manzoni's experimentations before he fell under Celant's sway and adopted an attitude of neo-Dada nihilism). However, in Scolari's work these is no trace of hopeful vitalism, but only a desperate and pessimistic vision of a world where bituminous colors, or, on the other hand, colors diluted to stains of more acidic tones, seem to hold ominous portents.

Clearly there was little in the late 1960s to hint at the extraordinary turn Scolari's work would take. As an editor of Controspazio *he became an avid reader of everything then published in Italy in the architectural field. He finally took a strong cultural stand as the result of two crucial experiences: his editing, with Enzo Bonfanti, in 1970, of the monographic series of a magazine dedicated to the Bauhaus; and his teaching experience in 1972. During this same period, his main concern,* Controspazio*, became the center of the most lively architectural debates. Later, for editorial reasons, the magazine focussed on more 'Roman' issues, and Scolari found an appropriate outlet for his work. Through his re-publication of some of the basic texts on the architectural debates of the 1920s and later, in 1977, his brief participation on the editorial staff of* Lotus*, he left his mark.*

During these same years Scolari gradually abandoned the more extravagent elements in his work, extrapolating certain key figures which would later become his recurrent themes. The decade from 1970 to the present is characterized by his use of watercolor to convey his architectural ideas, together with his systematic elaboration of designs in which there is a recurrence of those same themes which were worked out in his painting. His calligraphic skill is accompanied by a surprising technical knowledge, a shrewd virtuosity, and a taste for the old and the arcane seen in the guarded craftsmanship which he just barely allows to show through in his work. It is difficult to imagine Scolari physically involved at work with his paints, with his tools. It is easier to imagine him intent on alchemical experiments. Even then, we can see him as an unexpected creator, not of architectural dreams, but of an architecture which is familiar and yet never firm or solidified, as though it exists in that moment of transition from sleep to wakefulness. There is a fear that this architecture won't remain at a safe distance from men, whose very absence is not the consequence of a desert condition, but rather the consequence of a fear of contamination by men. These unfillable voids allude to a forced concealment of the human presence rather than to the idyllic void of open spaces seen in the work of Creti, so mysterious yet calming in their very darkness, to which some of Scolari's watercolors might seem to refer. Likewise, his refusal to depict interior spaces alludes to the already mentioned exclusion of

liberatorio rispetto ad un rigorismo da Scolari impostosi nella teoria e nella pratica della architettura è certo: ciò che però è doveroso sottolineare è l'eccezionalità di questa esperienza rispetto alla consueta formazione di ogni architetto. Se quei lavori poi possono far pensare ad una tardiva ripresa di elementi che la migliore avanguardia milanese alla fine degli anni '50 e nei primi anni '60 ha sperimentato, ed intendo riferirmi alle esperienze informali di Piero Manzoni prima di imboccare, sulla via di quell'informale freddo riconosciuto da Celant, la linea dell'azzeramento neo-dada, è altrettanto certo che non v'è traccia in Scolari di alcun vitalismo carico di speranze ma solo una disperata e pessimistica visione del mondo che i colori bituminosi, o, al contrario, diluiti a macchia sino a trascolorire nei toni più acidi, sembrano caricare di infausti presagi.
Certo sul finire degli anni '60 pochi elementi potevano far presagire lo straordinario corso che avrebbe poi preso la ricerca di Scolari. Entrato nella redazione di Controspazio diventerà attento lettore di quanto si andava allora pubblicando in Italia nel campo architettonico, sino ad assumere una precisa fisionomia culturale nelle due fondamentali esperienze con Ezio Bonfanti per la redazione dei numeri monografici della rivista dedicati al Bauhaus (1970) ed alle facoltà di architettura (1972). E sarà in questi stessi anni del suo maggior impegno pubblicistico che la rivista «Controspazio» diventerà il centro del più vivace dibattito architettonico. Collocandosi poi, successivamente, la rivista, per vicende redazionali, in un'area più marcatamente romana, le scelte culturali di Scolari avranno uno sbocco preciso e nelle riedizioni di alcuni testi fondamentali del dibattito architettonico degli anni '20, nella collana da lui diretta e, più tardi, nel 1977, nella breve parentesi della sua partecipazione alla redazione di Lotus, dove lascerà un'impronta certo non marginale.
In questi stessi anni Scolari attua nelle sue opere un progressivo abbandono degli elementi più stravaganti, per estrapolare alcune figure chiave che diventeranno poi i temi più ricorrenti. La pratica dell'acquerello per parlare di architettura, affiancata da una sistematica elaborazione di disegni in cui a più riprese ritornano gli stessi temi svolti nel piccolo formato delle pitture, sarà l'elemento portante di questo decennio che va dagli anni '70 ad oggi. E la sua calligrafica perizia accompagnata da una sorprendente conoscenza tecnica, da una smaliziata abilità esecutiva, da un gusto di antiche cose e di sconosciute misture, in nome di una gelosa artigianalità appena lasciata trasparire dal suo riserbo nel mostrarsi all'opera chè, non ci si saprebbe proprio immaginare uno Scolari fisicamente alle prese con i suoi colori, con i suoi strumenti di lavoro ma, semmai, intento ad alchemici e segreti dosaggi, ne fanno fin da allora il più sorprendente creatore non certo di sogni architettonici, quanto di architetture familiari e conosciute, eppure mai fermate e solidificatesi, proprio per il loro mostrarsi nell'attimo di passaggio dal sonno alla veglia. Ed è l'orrore allora di non poterle più fermare a tener lontani dalle architetture di Scolari gli uomini la cui assenza non è la conseguenza di una condizione desertica ma la paura di ogni possibile contaminazione portata dall'uomo. Questi vuoti incolmabili che stanno attorno alle cose alludono ad un forzato nascondimento della presenza umana anziché all'idilliaco vuoto delle aperte spazialità del Creti, così piene di mistero ma così acquietanti pur nella loro tenebrosità, cui alcuni acquerelli di Scolari sembrano rimandare. La stessa

any human presence, almost an expulsion from the garden of Eden. Interiors are implied only by the dissections and exposures to which his architecture is subject, by the unexpected interruptions in his buildings, making them seem like fragments or skeletal, emptied presences. More rarely one catches a glimpse of an interior space with an indiscrete glance from above, allowed to penetrate a deliberate cut in the image. The inaccessibility, if not uninhabitability, of these places is accentuated by the complete lack of scale, substituted by relative proportions without consistency, making images appear too small or buildings too large, and finally negating any kind of function. This is all depicted in an atmosphere of inequilibrium which nonetheless never invests the individual presences with a surreal dimension, even when they are immersed in a climate in which the author has resorted to every type of spatial and temporal distortion. Yet there is a continuous effort to render these places habitable: the landscape is completely worked out, planned and almost subdued by man. And the gliders which hover motionless and insistently above the wastelands seem to anxiously scrutinize the existing conditions for possibilities of survival.
The watercolors do not show something invented, but rather, something that we usually think belongs to others and which would never really involve us. The reality of satellites above us become an irrefutable fact and an unexpected point of reference. It is their perfection that makes them dismaying, like some of the machines which Scolari's architectural constructions seem to imitate. In their exhausting elegance they refer to a whole range of things, from Breguet's perfectionism to the mechanism illustrated in the plates of Diderot's and D'Alembert's Encyclopedie, *to the most modern construction machines. In J. Lecornut's documented histories and anecdotes on air navigation and G.L. Pesce's on underwater exploration, up to Leatlin's experiences, and in an unprejudiced look through the United States Patent Office's official catalogues, one is struck by a visionary atmosphere which mimics the 'Viajes y Aventuras' figurines of the Cromos Recreativos. These daring realizations may have suggested an iconographic starting point to Scolari for some of his more sophisticated imagery. Certainly, he does not accept his figurative world as ready-made. It is, on the other hand, perfectly integrated and a natural participant in a totality which he has sought and obtained without an Icarean dream of the possible levitation of elements, which would interfere with his professed efforts to transplant and root every figure in its proper place. Over and above the most typically pictorial elements, the minute and thorough drawings which accompany all Scolari's work, like a contrapuntal melody, take on a certain urgency. They become both the verification of past arguments and proposals for new ideas, barely perceptible, at the edges of past issues. His drawing thereby becomes an autonomous formulation with its own life. His reflections, his obsessions, seem to be scrupulously recorded in his compendium-notebooks in which Scolari seems to tie together his most wide ranging thoughts on architecture with his most minute, only apparently similar, annotations.*

Francesco Moschini

negazione di ogni possibilità di configurare degli spazi interni, allude alla già accennata estromissione di ogni presenza umana, quasi ad una cacciata dal paradiso terrestre. Ciò che potrà esser letto, potrà esserlo soltanto grazie a sezionamenti e squadernamenti cui paiono spesso sottoporsi quelle architetture, grazie ad improvvise ed impreviste interruzioni di quelle costruzioni che si danno come frammenti e come scheletriche presenze svuotate. Più raramente si potranno cogliere quei preclusi interni con uno sguardo indiscreto dall'alto che a volte il particolare taglio della veduta concede. Ad accentuare poi l'inaccessibilità, se non l'inabitabilità di quelle architetture, contribuisce inoltre l'assoluta mancanza di elementi di misurazione, sostituita dai soli rapporti, così come l'assenza di scala per cui si presentano sempre o immagini troppo piccole, o architetture troppo grandi, e infine la cassazione di ogni forma di funzione. Tutto ciò in una situazione di spiazzamento che tuttavia non riesce mai a collocare in una dimensione surreale le singole presenze, anche quando sono immerse in un clima in cui l'autore è ricorso ad ogni forma di stravolgimento spaziale e temporale. Eppure c'è uno sforzo continuo per rendere abitabili quei luoghi: il paesaggio è completamente trattato, progettato e quasi raddolcito dall'uomo. E gli alianti che immobili stazionano con tanta insistenza sopra quelle lande, sembrano scrutarne ansiosi le reali condizioni di sopravvivenza.
Non c'è nulla d'inventato in ciò che mostrano quegli acquerelli, ma soltanto la rivelazione di ciò cui siamo soliti pensare come cose appartenenti ad altri, come non ci toccassero mai da vicino. La realtà dei satelliti che sono sopra di noi diventa così un dato inconfutabile ed un imprevisto termine di confronto. È la loro perfezione a renderci sgomenti così come lo è la precisione di certe macchine che quelle costruzioni architettoniche sembrano mimare spaziando nei loro riferimenti dall'estenuante raffinatezza del perfezionismo dei Breguet all'esibito meccanicismo illustrato dalle tavole dell'Enciclopedie del Diderot e D'Alambert, alle più moderne macchine da grandi lavori. E se le storie documentarie e aneddottiche della navigazione aerea di J. Lecornu o della navigazione sottomarina di G.L. Pesce giù sino all'esperienza del Letatlin, passando spregiudicatamente attraverso i cataloghi ufficiali degli United States Patent Offices, il tutto rievocato in un'accesa visionarietà che mima la naïveté di quelle figurine di Viajes y aventuras dei Cromos Recreativos, possono aver fatto da spunto iconografico per Scolari nella definizione della sua imagerie più sofisticata, per le loro azzardate strutturazioni, certo tutto questo mondo figurativo non viene però assunto come ready-made. Viene anzi perfettamente integrato e naturalmente reso partecipe di una totalità perseguita ed ottenuta senza che l'icareo sogno di una possibile lievitazione degli elementi possa mettere in forse l'ostentato sforzo di radicamento e di riappaesamento di ogni figura. Ed allora si fa più pressante la necessità che, al di là degli elementi più tipicamente pittorici, un disegno insistito e minuzioso accompagni quasi come un controcanto le singole opere di Scolari, sino a farsi verifica del già trattato e proposta di novità su scarti appena percepibili rispetto alle acquisizioni raggiunte. Il disegno diventa così autonoma formulazione con una propria vita. Ed i suoi ritorni, le sue ossessioni, sembrano puntualmente registrati su quei taccuini-breviari cui Scolari pare legare le più spaziate riflessioni e le più minute annotazioni solo apparentemente sempre simili a se stesse.

Francesco Moschini

Acquerelli a colori, 1970-1979

Watercolors in color, 1970-1979

1. Città incerta, 1970, acquerello, cm. 13 × 18.
1. Uncertain City, 1970, watercolor, cms. 13 × 18.
2. Quando l'oracolo si innamora, 1970, acquerello, cm. 13 × 18.
2. When the oracle falls in love, 1970, watercolor, cms. 13 × 18.

3. La piazza malata, 1971, acquerello, cm. 13 × 18.
3. The sick square, 1971, watercolor, cms. 13 × 18.
4. Sardegna Nord-Orientale, Capo Boi, 1973, acquerello, cm. 13 × 18.
4. Sardinia North East, Cape Boi, 1973, watercolor, cms. 13 × 18.

5. La fine della città, 1973, acquerello, cm. 18 × 24.
5. The end of the city, 1973, watercolor, cms. 18 × 24.
6. Le muse svianti, 1971, acquerello, cm. 12,5 × 16.
6. The wandering Muses, 1971, watercolor, cms. 12.5 × 16.

7. Perché, 1973, acquerello, cm. 13 × 18.
7. Because, 1973, watercolor, cms. 13 × 18.
8. Ricordo di Yantra, 1973, acquerello, cm. 13 × 18.
8. Memory of Yantra, 1973, watercolor, cms. 13 × 18.

9. Villars I, 1973, acquerello, cm. 13 × 18.
9. Villars I, 1973, watercolor, cms. 13 × 18.
10. Villars II, 1973, acquerello, cm. 13 × 18.
10. Villars II, 1973, watercolor, cms. 13 × 18.

11. Il passero solitario, 1974, acquerello, cm. 13 × 18.
11. The solitary sparrow, 1974, watercolor, cms. 13 × 18.
12. La piramide malata, 1974, acquerello, cm. 24 × 36,3.
12. The sick pyramid, 1974, watercolor, cms. 24 × 36.3.

13. Fortezza a Sud-Est, 1974, acquerello, cm. 18 × 13.
13. Fortress in the South East, 1974, watercolor, cms. 18 × 13.

14. Passaggio urbano, 1974, acquerello, cm. 18 × 13.
14. Urban passage, 1974, watercolor, cms. 18 × 13.

15. Osservazioni elementari sulla natura e l'artificio ad uso improprio, 1974, 48 acquerelli, cm. 4 × 6.
15. Elementary observations on nature and artifice, 1974, 48 watercolor, cms. 4 × 6.

16. Osservazioni elementari sulla natura e l'artificio ad uso improprio, 1974, 48 acquerelli, cm. 4 × 6.
16. Elementary observations on nature and artifice, 1974, 48 watercolors, cms. 4 × 6.

17. Osservazioni elementari sulla natura e l'artificio ad uso improprio, 1974, 48 acquerelli, cm. 4 × 6.
17. Elementary observations on nature and artifice, 1974, 48 watercolors, cms. 4 × 6.

18. Osservazioni elementari sulla natura e l'artificio ad uso improprio, 1974, 48 acquerelli, cm. 4 × 6.
18. Elementary observations on nature and artifice, 1974, 48 watercolors, cms. 4 × 6.

19. Glaciazione, 1974, acquerello, cm. 13 × 18.
19. Glaciation, 1974, watercolor, cms. 13 × 18.
20. Auxilium Perniciosum, 1975, acquerello, cm. 13 × 18.
20. Auxilium Perniciosum, 1975, watercolor, cms. 13 × 18.

21. Ghiaccio per elevazioni, 1976, acquerello, cm. 13 × 18.
21. Ice for elevations, 1976, watercolor, cms. 13 × 18.
22. La fortezza nascosta, 1975, acquerello, cms. 13 × 18.
22. The hidden fortress, 1975, watercolor, cms. 13 × 18.

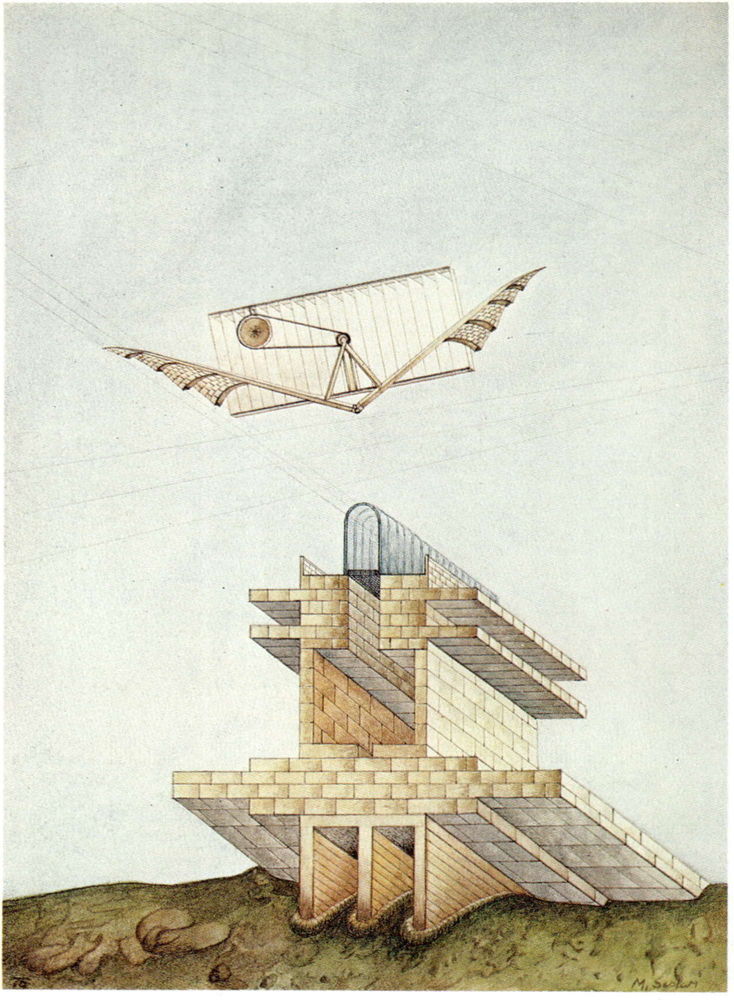

23. Le desespoir de Janus, progetto in collaborazione con Leon Krier, 1975, acquerello, cm. 29,5 × 21.
23. Le Desespoir de Janus, project in collaboration with Leon Krier, 1975, watercolor, cms. 29,5 × 21.

24. Gas station inn, 1975, acquerello, cm. 18 × 13.
24. Gas station inn, 1975, watercolor, cms. 18 × 13.

25. Addio Melampo, 1975, acquerello, cm. 29,7 × 25,4.
25. Farewell Melampo, 1975, watercolor, cms. 29.7 × 25.4.

26

27

26. Alpine Architektur I, 1975, 6 acquerelli, cm. 5 × 5.
26. Alpine Architektur I, 1975, 6 watercolors, cms. 5 × 5.
27. Alpine Architektur II, 1975, 6 acquerelli, cm. 5 × 5.
27. Alpine Architektur II, 1975, 6 watercolors, cms. 5 × 5.

28

28. Casanovas Heimfahrt, 1975, 6 acquerelli, cm. 5 × 5.
28. Casanovas Heimfahrt, 1975, 6 watercolors, cms. 5 × 5.

29

30

29. Pyramid Landscape, 1975, 6 acquerelli, cm. 5 × 5.
29. Pyramid Landscape, 1975, 6 watercolors, cms. 5 × 5.
30. Architettura sospesa, 1975, 6 acquerelli, cm. 5 × 5.
30. Tensile architecture, 1975, 6 watercolors, cms. 5 × 5.

31

31. La casa del cielo, 1975, 6 acquerelli, cm. 5 × 5.
31. The house of the sky, 1975, 6 watercolors, cms. 5 × 5.

32

33

3

32. Dream references from 'Memoires d'Adrien', 1976, 6 acquerelli, cm. 5 × 5.
32. Dream references from 'Memoires d'Adrien', 1976, 6 watercolors, cms. 5 × 5.

33. Forqualquier, 1975, acquerello, cm. 13 × 18.
33. Forqualquier, 1975, watercolor, cms. 13 × 18.
34. Composizione con aliante, 1976, acquerello, cm. 13 × 18.
34. Composition with glider, 1976, watercolor, cms. 13 × 18.

35

6

37

35. Atlantic wall, 1976, 6 acquerelli, cm. 5 × 5.
35. Atlantic wall, 1976, 6 watercolor, cms. 5 × 5.
36. L'angelo sterminatore, 1976, acquerello, cm. 18 × 25,5.
36. The avenging angel, 1976, watercolor, cms. 18 × 25.5

37. Forth bridge, 1975, acquerello, cm. 18 × 25,5.
37. Forth bridge, 1975, watercolor, cms. 18 × 25.5.

38.39. Appunti di viaggio dal libro 'Photographs', 1976, 48 acquerelli, cm. 4 × 6,3.
38.39. Travel notes from the book 'Photographs', 1976, 48 watercolors, cms. 4 × 6.3.

40. L'incontro, 1976, acquerello, cm. 19,7 × 15.
40. The meeting, 1976, watercolor, cms. 19.7 × 15.

41. L'era industriale, 1976, acquerello, cm. 18 × 13.
41. The industrial age, 1976, watercolor, cms. 18 × 13.

42. Cantiere alpino, 1977, acquerello, cm. 18 × 13.
42. Alpine construction yard, 1977, watercolor, cms. 18 × 13.

43. Monumento, 1977, acquerello, cm. 25,5 × 18.
43. Monument, 1977, watercolor, cms. 25.5 × 18.

44. Stazione aerometrica, 1977, acquerello, cm. 18 × 13.
44. Aerometric station, 1977, watercolor, cms. 18 × 13.

45. Le pietre d'attesa sono perdute (Funerale triangolare), 1978, acquerello, cm. 18 × 13.
45. The stones of waiting are lost (Triangular funeral), 1978, watercolor, cms. 18 × 13.

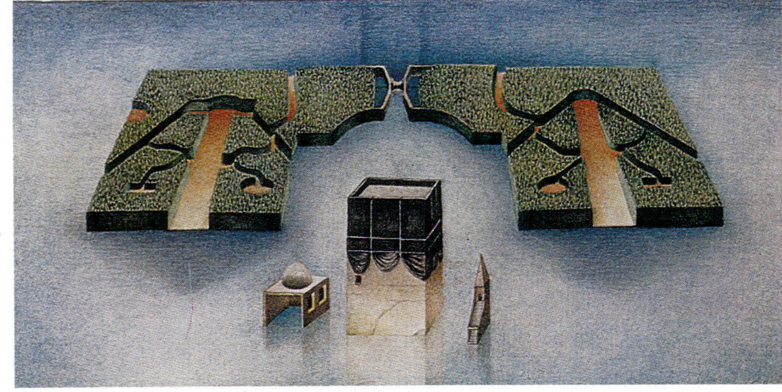

46. Il sogno di Innocenzo III, 1978, acquerello, cm. 23,8 × 18.
46. The dream of Innocent III, 1978, watercolor, cms. 23.8 × 18.
47. Il pilota del labirinto, 1978, acquerello, cm. 18 × 13.
47. The pilot of the labyrinth, 1978, watercolor, cms. 18 × 13.
48. La macchina dell'oblio o, la storia liberata, 1978, acquerello, cm. 17,8 × 17,8.
48. The forgetting machine, or history set free, 1978, watercolor, cms. 17.8 × 17.8.

49. Architettura del limite, 1979, acquerello, cm. 15 × 20.
49. Architecture of the limits, 1979, watercolor, cms. 15 × 20.
50. Archeologia artificiale, 1979, acquerello, cm. 18,4 × 26,3.
50. Artificial archaeology, 1979, watercolor, cms. 18.4 × 26.3.

51. Il ponte della donna onesta, 1979, acquerello, cm. 20 × 15.
51. The bridge of the honest woman, 1979, watercolor, cms. 20 × 15.

52. Gaspar David Friedrich cerca il Riesengebirge, 1979, olio su tela cartonata, cm. 29,7 × 20.
52. Gaspar David Friedrich looks for the Riesengebirge, 1979, oil on canvas, with cardboard backing, cms. 29.7 × 20.

53. Terme elioterapiche sull'Atlantico, 1977, acquerello, cm. 36,5 × 51.
53. Heliotherapeutic baths on the Atlantic, 1977, watercolor, cms. 36.5 × 51.
54. The secret town, 1978, acquerello, cm. 25,5 × 36,4.
54. The secret town, 1978, watercolor, cms. 25.5 × 36.4.

55. Ultental, 1978, acquerello, cm. 18 × 13.
55. Ultental, 1978, watercolor, cms. 18 × 13.

56. Capanno, 1979, acquerello, cm. 19,3 × 15.
56. Hut, 1979, watercolor, cms. 19.3 × 15.

Acquerelli, 1965-1979

Watercolors, 1965-1979

1. Composizione, 1965, acquerello e inchiostro di china.
1. Composition, 1965, watercolor and india ink.
2. La corsa dei calamai dietro lo specchio, 1965, acquerello, cm. 25 × 35.
2. The race of the ink-wells behind the mirror, 1965, watercolor, cms. 25 × 35.

3. I pensieri dell'aria, 1965, acquerello, cm. 10,5 × 9,5.
3. The thoughts of the air, 1965, watercolor, cms. 10.5 × 9.5.
4. Numana, 1965, acquerello, cm. 20 × 30.
4. Numana, 1965, watercolor, cms. 20 × 30.

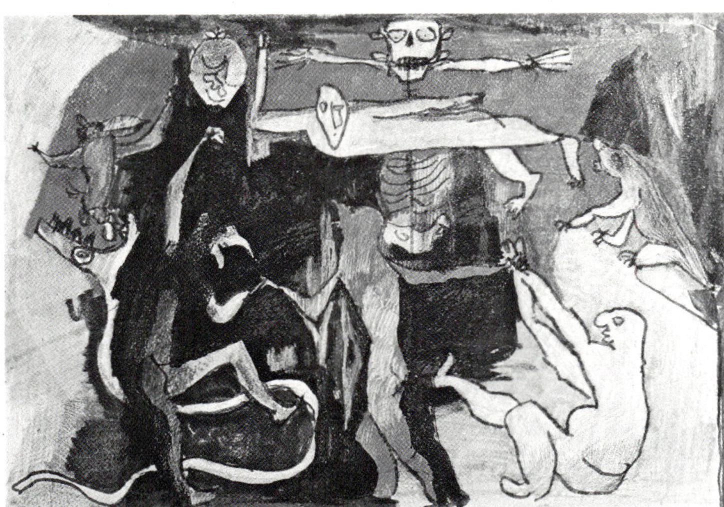

5. Senza titolo, 1965, acquerello, cm. 24 × 19.
5. Untitled, 1965, watercolor, cms. 24 × 19.
6. Spingistringetti che donna avevo, 1966, matita e inchiostro su cartoncino, cm. 25 × 35.
6. Spingistringetti what a woman I had, 1966, pencil and ink on cardboard, cm. 25 × 35.

7. Ruteli Trombettieri e Chiappalardo sorpresi all'imbrunire, 1966, acquerello, cm. 24 × 19.
7. Ruteli Trombettieri and Chiappalardo surprised at twilight, 1966, watercolor, cms. 24 × 19.
8. La Gola come un filtro di Ippocrasso, 1966, tempera e inchiostro, cm. 25 × 35.
8. The Throat as an Hippocratic filter, 1966, tempera and ink, cms. 25 × 35.

9. I saltatori, 1966, acquerello e matita, cm. 24 × 35.
9. The tumblers, 1966, pencil and watercolor, cms. 24 × 35.
10. Matto categorico e matto algebrico, 1966, collage e inchiostri, cm. 25 × 20.
10. Categoric and algebraic madman, 1966, collage and ink, cms. 25 × 20.

11. La paralisi dei cocomeri, 1966, acquerello, cm. 24 × 35.
11. The paralysis of the watermelons, 1966, watercolor, cms. 24 × 35.
12. Pollo incinta, 1966, guazzo, cm. 26 × 18,5.
12. Pregnant chicken, 1966, gouache, cms. 26 × 18.5.

13. Numana 1966, acquerello su collage di carta velina, cm. 25 × 20.
13. Numana, 1966, watercolor on collage of onion-skin paper, cms. 25 × 20.
14. Senza titolo, 1967, acquerello e inchiostro.
14. Untitled, 1967, watercolor and ink.

15. Maschera, 1967, acquerello su cartoncino cerato, cm. 25 × 28,5.
15. Mask, 1967, watercolor on waxed cardboard, cms. 25 × 28.5.
16. Senza titolo, 1967, acquerello.
16. Untitled, 1967, watercolor.

17. Senza titolo, 1967, acquerello, cm. 13 × 18.
17. Untitled, 1967, watercolor, cms. 13 × 18.
18. La macchina del sonno, 1968, acquerello, cm. 13 × 18.
18. The sleep machine, 1968, watercolor, cms. 13 × 18.

19. Il mare di Numana, 1967, acquerello, cm. 13 × 18.
19. The sea of Numana, 1967, watercolor, cms. 13 × 18.
20. Il libro della guerra, 1968, acquerello, cm. 13 × 17,5.
20. The war book, 1968, watercolor, cms. 13 × 17.5.

21. Il tic-tac della luce sulle case, 1968, acquerello, cm. 13 × 18.
21. The tic-tac of light on houses, 1968, watercolor, cms. 13 × 18.
22. L'ultimo volo della cometa, 1968, olio su tela incollata su legno compensato, cm. 32 × 31.
22. The comet's last flight, 1968, oil on canvas glued to blockboard, cms. 32 × 31.

23. L'isola di Positano, 1968, acquerello, cm. 13 × 18.
23. The island of Positano, 1968, watercolor, cms. 13 × 18.
24. Elicantropus marino con capelli in fiamme, 1968, acquerello, cm. 13 × 18.
24. Sea horse with flaming mane, 1968, watercolors, cms. 13 × 18.

25. Paesaggio bulgaro, 1968, olio su masonite, cm. 38 × 28.
25. Bulgarian landscape, 1968, oil on hardboard, cms. 38 × 28.

26. L'astronauta, 1968, gessetti su cartoncino, cm. 25 × 23.
26. The astronaut, 1968, pastel on cardboard, cms. 25 × 23.
27 Senza titolo, 1969, tempera e tecnica mista, cm. 50 × 66.
27. Untitled, 1969, tempera and mixed media, cms. 50 × 66.

28. Der Grosse Tag, 1970, acquerello, cm. 18 × 13.
28. Der Grosse Tag, 1970, watercolor, cms. 18 × 13.
29. Rumori del fondo, 1970, acquerello, cm. 13 × 23,7.
29. Background noises, 1970, watercolor, cms. 13 × 23.7.

30. Il forte Nord prima del grande caldo, 1970, acquerello, cm. 18 × 13.
30. The North Fort before the great heat, 1970, watercolor, cms. 18 × 13.
31. Picchius Maior, 1971, acquerello e matita, cm. 13 × 18.
31. Picchius Major, 1971, watercolor and pencil, cms. 13 × 18.

32. Meteorite, 1971, acquerello e collage, cm. 16,5 × 24.
32. Meteorite, 1971, watercolor and collage, cms. 16.5 × 24.

33. L'artigiano, 1971, acquerello, cm. 17 × 16,5.
33. The artisan, 1971, watercolor, cms. 17 × 16.5.
34. Itaca, il libro del tempo, 1971, acquerello, matita, gesso e cera fusa in intagli, cm. 22 × 25.
34. Ithaca, the book of time, 1971, watercolor, pencil, chalk and encaustic engraving, cms. 22 × 25.

35. Cosmologia, 1972, acquerello su tavola di legno preparata al litopone con inserimento di ex-voto in metallo argentato, cm. 16 × 19.
35. Cosmology, 1972, watercolor on wood panel primed with lithopone, with insert of ex-voto in silvered metal, cms. 16 × 19.
36. Errore di rotta, 1972, acquerello, cm. 13 × 18.
36. Mistaken route, 1972, watercolor, cms. 13 × 18.

37. Zoologia, 1972, acquerello su tavola preparata a litopone, cm. 20 × 20.
37. Zoology, 1972, watercolor on panel primed with lithopone, cms. 20 × 20.
38. Fortificazione stellare, 1973, acquerello, cm. 13 × 18.
38. Stellar fortification, 1973, watercolor, cms. 13 × 18.

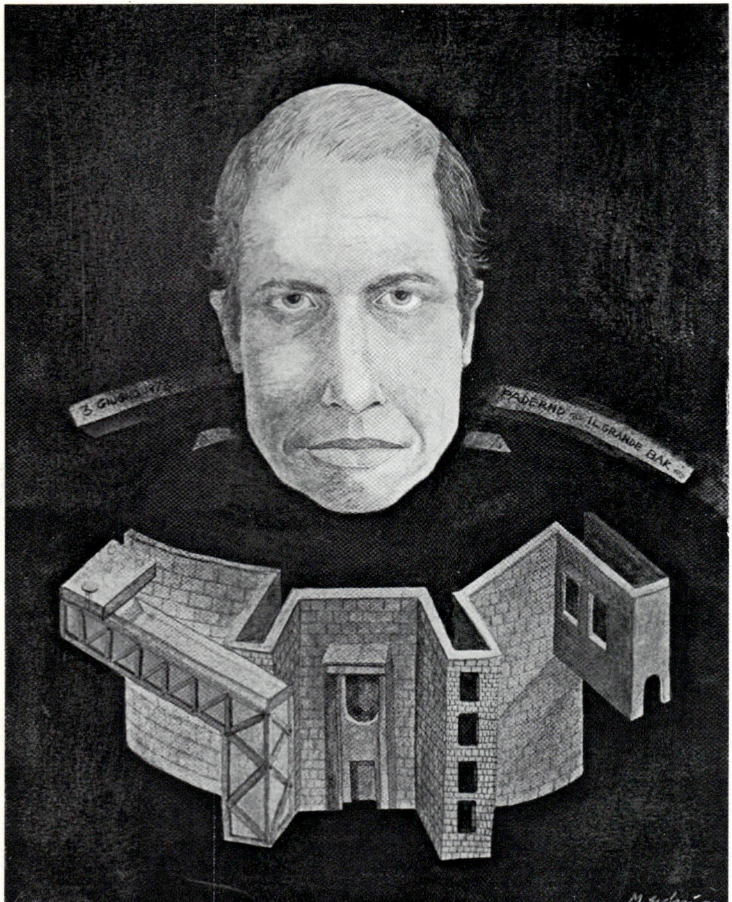

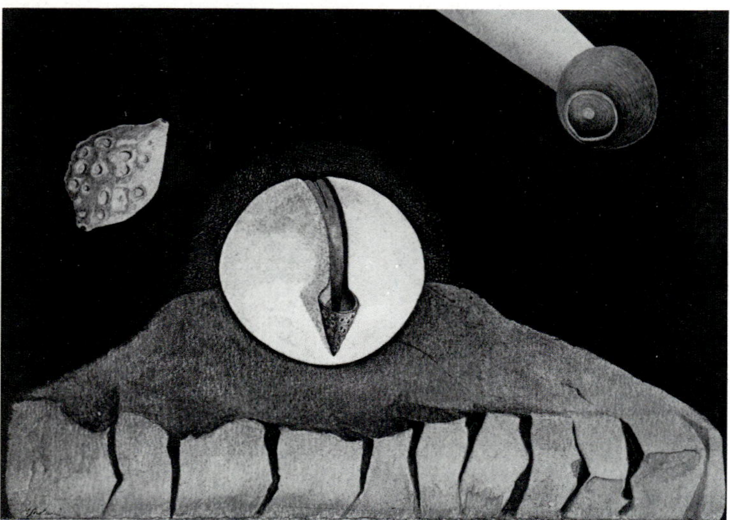

39. Ritratto di Giorgio Bachkaus, 1973, acquerello, cm. 16,5 × 24.
39. Portrait of Giorgio Bachkaus, 1973, watercolor, cms. 16.5 × 24.
40. Sfera celeste, 1974, acquerello, cm. 13 × 18.
40. Celestial sphere, 1974, watercolor, cms. 13 × 18.

41. Inutile attesa, 1973, acquerello, cm. 13 × 18.
41. Useless wait, 1973, watecolor, cms. 13 × 18.
42. L'arca di Noè, 1973, acquerello e matita, cm. 13 × 18.
42. Noah's ark, 1973, watercolor and pencil, cms. 13 × 18.

43. La stella Nera, 1973, acquerello, cm. 18 × 13.
43. The black star, 1973, watercolor, cms. 18 × 13.
44. Ammonite irriconoscente, 1973, acquerello, cm. 13 × 18.
44. Ungrateful Ammonite, 1973, watercolor, cms. 13 × 18.

45. Terremoto in alto, 1973, acquerello e china di fondo, cm. 18 × 13.
45. Earthquake on high, 1973, watercolor on india ink background, cms. 18 × 13.
46. Scatola per meteore, 1973, acquerello, cm. 13 × 18.
46. Meteor-box, 1973, watercolor, cms. 13 × 18.

47. Città vegetale, 1974, acquerello, cm. 13 × 18.
47. Vegetal city, 1974, watercolor, cms. 13 × 18.
48. Nuvole da Sud Est, città industriale, 1974, acquerello e matite Derwent, cm. 13 × 18.
48. Clouds from the South East, industrial city, 1974, watercolor and Derwent watercolor pencils, cms. 13 × 18.

49. I segni dell'acqua su un panno di lino crudo, 1974, acquerello, cm. 13 × 18.
49. The signs of water on a cloth of raw linen, 1974, watercolor, cms. 13 × 18.
50. Destini nell'etere, 1974, acquerello e matita, cm. 13 × 18.
50. Destinies in the ether, 1974, watercolor and pencil, cms. 13 × 18.

51. Pyramid story, 1974, acquerello e matita su tavola preparata, cm. 25,8 × 29,8.
51. Pyramid story, 1974, watercolor and pencil on prepared panel, cms. 25.8 × 29.8.
52. Le risalite e il naufragio, 1974, acquerello, cm. 13 × 18.
52. The ascending slopes and the shipwreck, 1974, watercolor, cms. 13 × 18.

53. Isola silenziosa, 1974, acquerello, cm. 13 × 18.
53. Silent island, 1974, watercolor, cms. 13 × 18.
54. Soggiorno londinese, 1974, acquerello, cm. 18 × 24.
54. London sojourn, 1974, watercolor, cms. 18 × 24.

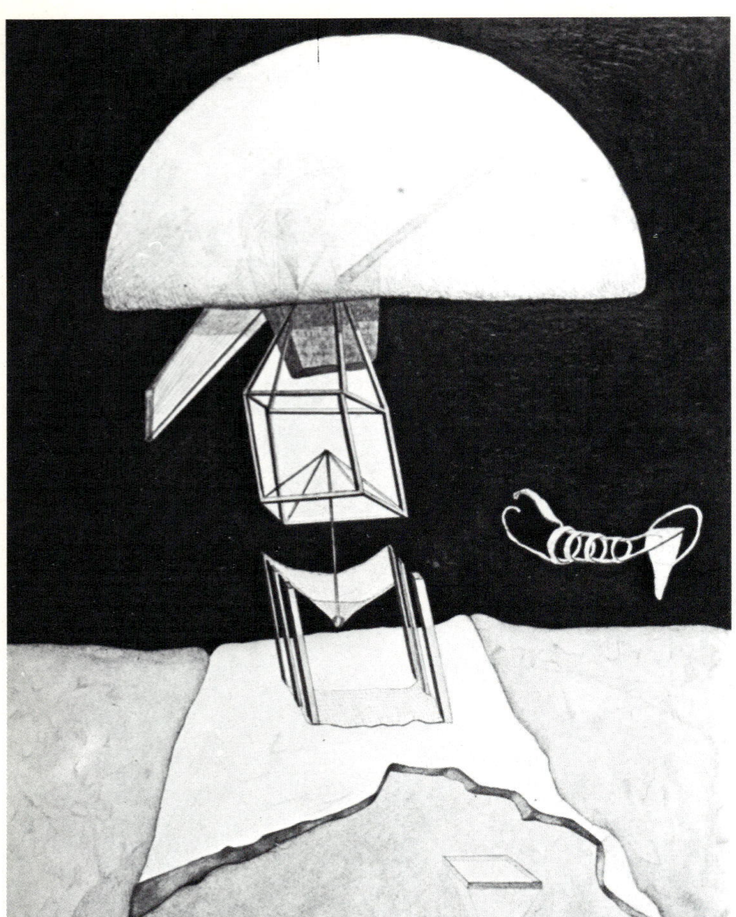

55. Volo sottomarino, 1974, acquerello, cm. 18 × 13.
55. Submarine flight, 1974, watercolor, cms. 18 × 13.

56. Cometa misteriosa, 1974, acquerello, cm. 11,3 × 8,8.
56. Mysterious comet, 1974, watercolor, cms. 11.3 × 8.8.

57. Per Ofelia, 1975, acquerello, diam. cm. 24,5.
57. For Ophelia, 1975, watercolor, diameter cms. 24.5.

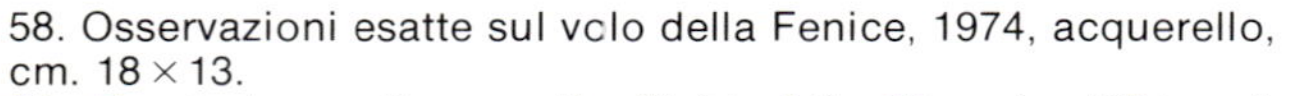

58. Osservazioni esatte sul vclo della Fenice, 1974, acquerello, cm. 18 × 13.
58. Exact observations on the flight of the Phoenix, 1974, watercolor, cms. 18 × 13.
59. Passaggio, 1974, acquerello, cm. 8 × 18.
59. Passage, 1974, watercolor, cms. 8 × 18.

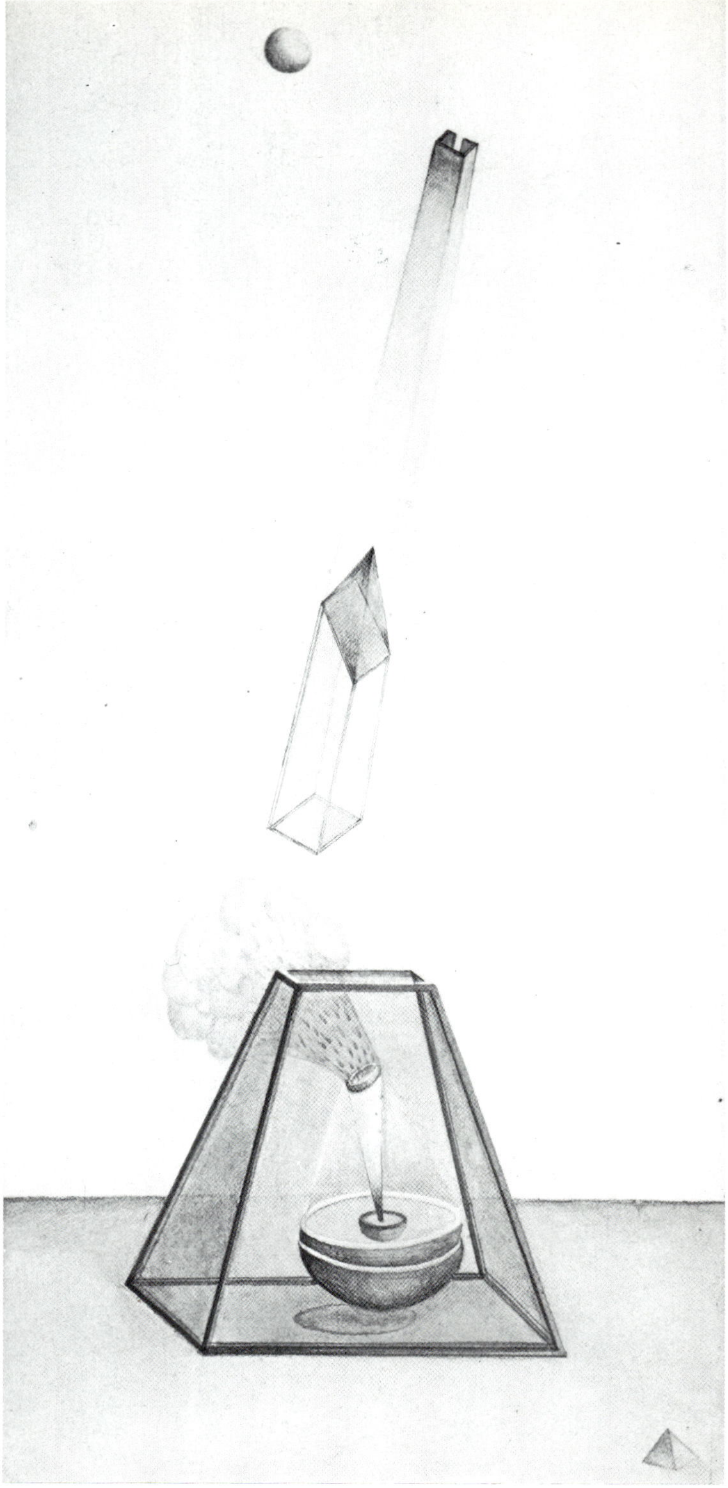

60. Organicazione, 1974, acquerello, cm. 18 × 8.
60. Organication, 1974, watercolor, cms. 18 × 8.

61. Fortezza malata, 1976, acquerello, cm. 5×5.
61. Sick fortress, 1976, watercolor, cms. 5×5.
62. L'ultima finestra, 1976, acquerello, cm. 5×5.
62. The last window, 1976, watercolor, cms. 5×5.

63. Fortezza malata, 1976, acquerello, cm. 5×5.
63. Sick fortress, 1976, watercolor, cms. 5×5.
64. Macchina per guardare, 1976, acquerello, cm. 5×5.
64. Watching machine, 1976, watercolor, cms. 5×5.

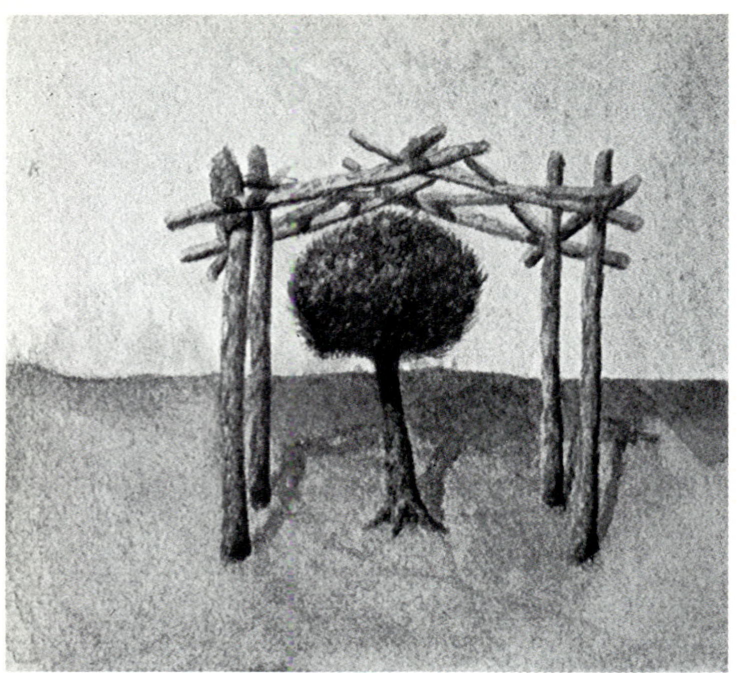

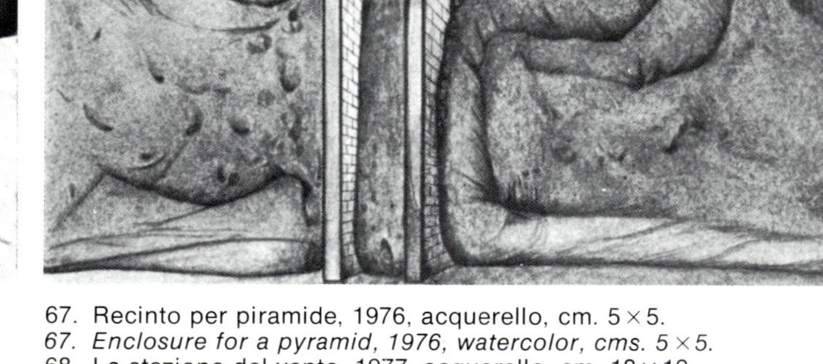

65. La prima capanna, 1976, acquerello, cm. 5 × 5.
65. The first hut, 1976, watercolor, cms. 5 × 5.
66. Il sogno dell'argonauta, 1976, acquerello, cm. 18 × 13.
66. The argonaut's dream, 1976, watercolor, cms. 18 × 13.

67. Recinto per piramide, 1976, acquerello, cm. 5 × 5.
67. Enclosure for a pyramid, 1976, watercolor, cms. 5 × 5.
68. La stazione del vento, 1977, acquerello, cm. 18 × 13.
68. The wind station, 1977, watercolor, cms. 18 × 13.

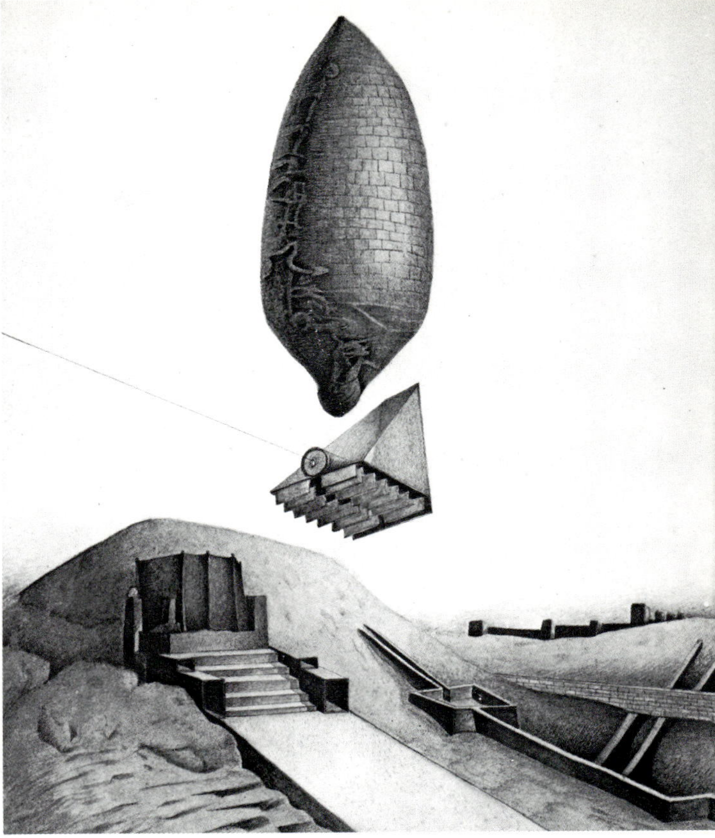

69. Rarefazione, 1977, acquerello, cm. 18 × 13.
69. Rarefaction, 1977, watercolor, cms. 18 × 13.
70. Sleepless traveller, 1977, acquerello, cm. 13,3 × 15.
70. Sleepless traveller, 1977, watercolor, cms. 13.3 × 15.

71. Experimentum periculosum, la macchina dell'aria, 1977, acquerello, cm. 18 × 13.
71. Experimentum periculosum, the air-machine, 1977, watercolor, cms. 18 × 13.
72. La rabbia nei boschi, 1978, acquerello, cm. 17,8 × 17,8.
72. Anger in the woods, 1978, watercolor, cms. 17.8 × 17.8.

73. Omaggio a Giotto, 1978, acquerello, cm. 20 × 15.
73. Homage to Giotto, 1978, watercolor, cms. 20 × 15.

74. Città di mare, 1979, olio su carta telata, cm. 47×39,5.
74. Sea city, 1979, oil on canvas-backed paper, cms. 47×39.5.

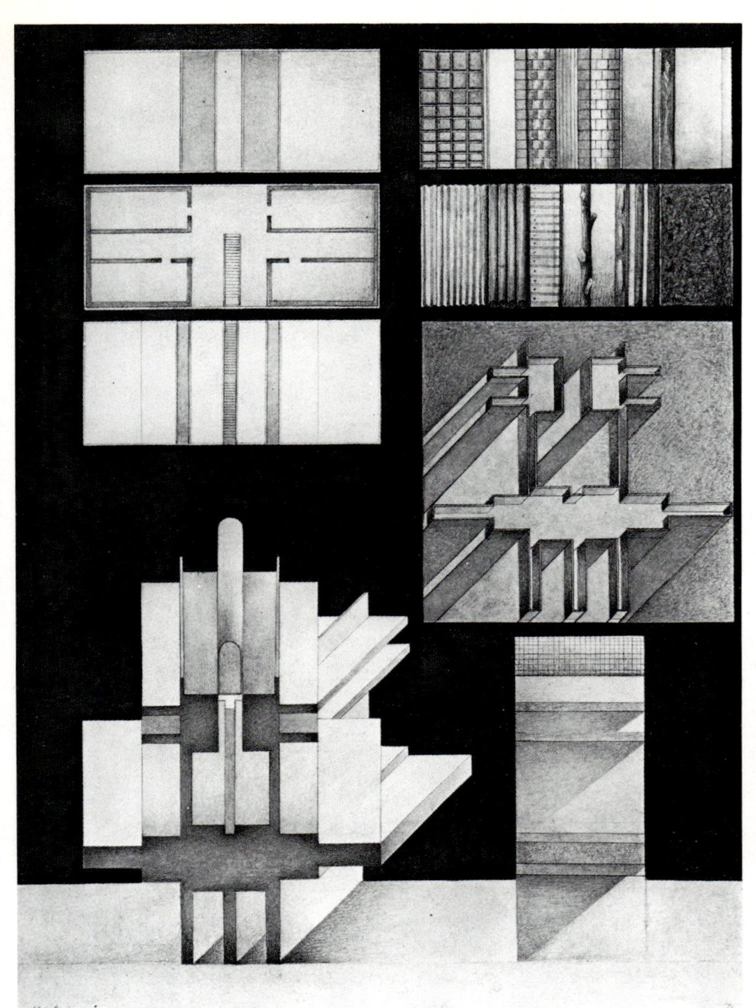

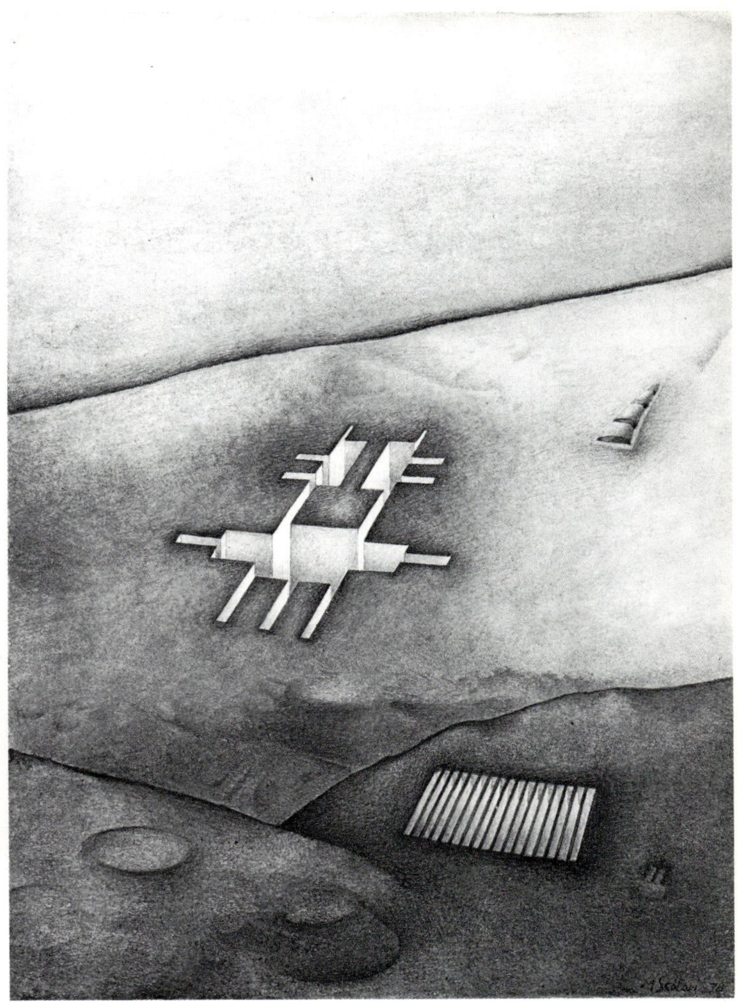

75. Project, 1978, acquerello, cm. 23,5 × 16,3.
75. Project, 1978, watercolor, cms. 23.5 × 16.3.

76. L'architettura sepolta, 1978, acquerello, cm. 18 × 13.
76. Buried architecture, 1978, watercolor, cms. 18 × 13.

77. Recinto urbano, 1979, acquerello, cm. 25 × 25.
77. Urban enclosure, 1979, watercolor, cms. 25 × 25.

Disegni, incisioni, collages, 1964-1979

Drawings, engravings, collages, 1964-1979

1. Appunti dal viaggio in Spagna, 1964, 6 disegni a matita.
1. Notes from a journey to Spain, 1964, 6 pencil drawings.

2. Appunti da un concerto, 1964, 6 disegni a penna.
2. Notes from a concert, 1964, 6 pen drawings.

3. Appunti da un concerto, 1966, 4 disegni a penna.
3. Notes from a concert, 1966, 4 pen drawings.

4. Appunti da un concerto, 1966, 6 disegni a matita.
4. Notes from a concert, 1966, 6 pencil drawings.

5. Nudo, 1966, disegno a matita.
5. Nude, 1966, pencil drawing.

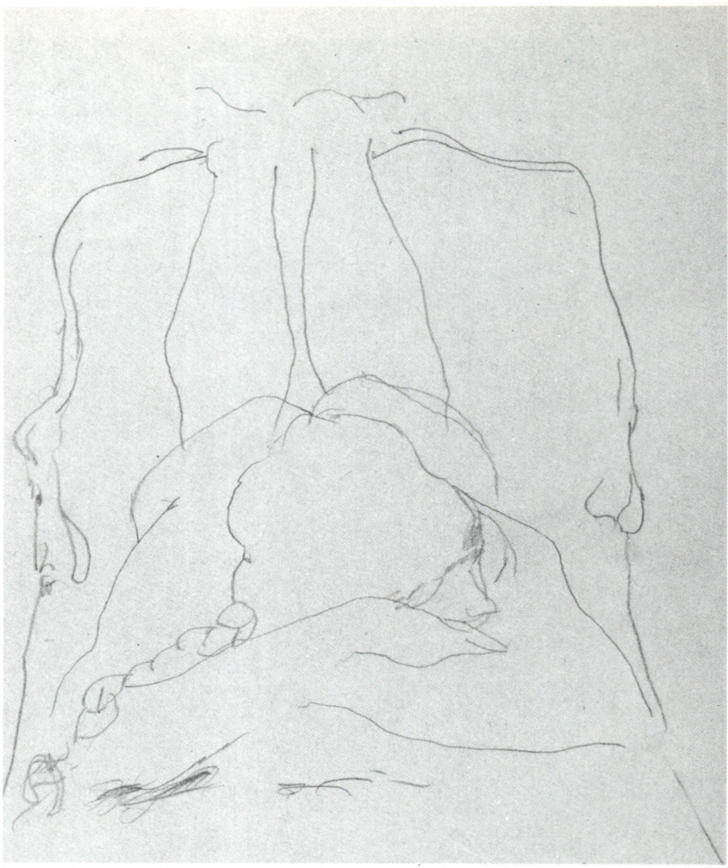

6. Nudo, 1966, disegno a matita.
6. Nude, 1966, pencil drawing.

7. Nudo, 1966, disegno a matita.
7. Nude, 1966, pencil drawing.

8. Nudo, 1966, disegno a matita.
8. Nude, 1966, pencil drawing.

9. Fisiognomiche, 1969, 6 disegni a penna dal libro omonimo.
9. Physiognomics, 1969, 6 pen drawings from the homonymous book.

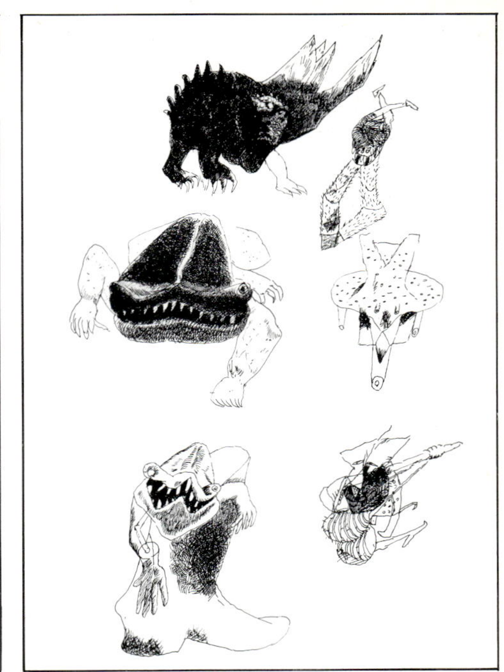

10. Fisiognomiche, 1969, 6 disegni a penna dal libro omonimo.
10. Physiognomics, 1969, 6 pen drawings from the homonymous book.

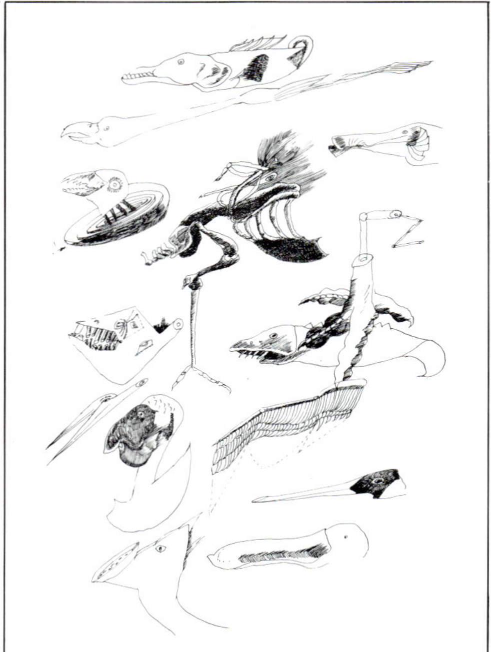

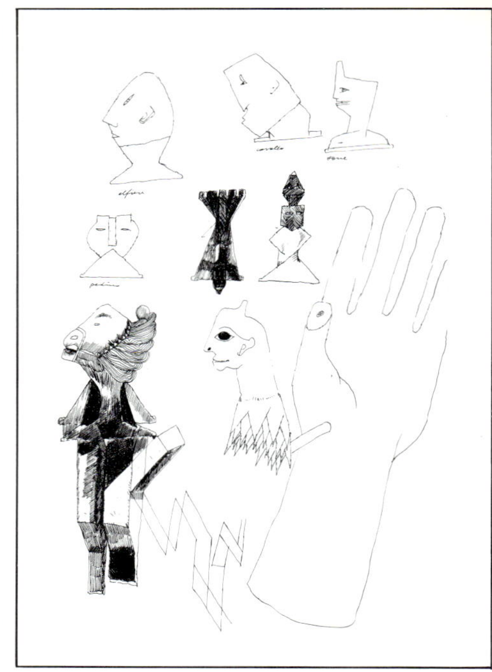

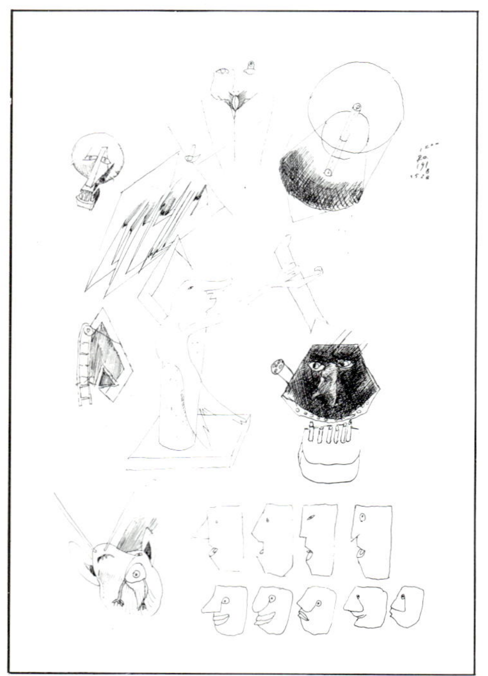

11. Fisiognomiche, 1969, 6 disegni a penna dal libro omonimo.
11. Physiognomics, 1969, 6 pen drawings from the homonymous book.

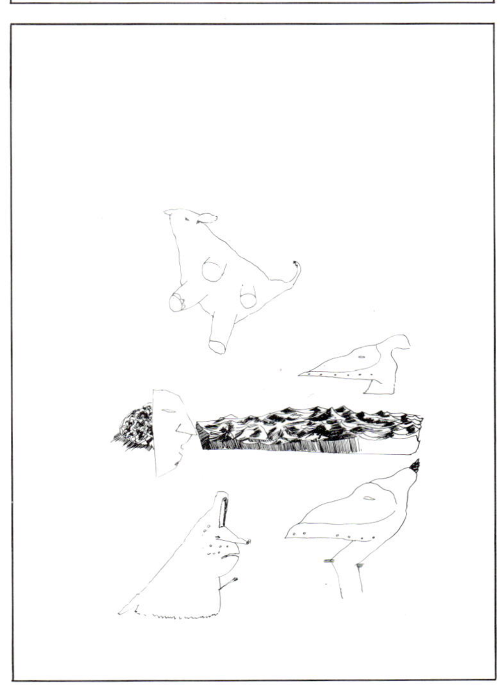
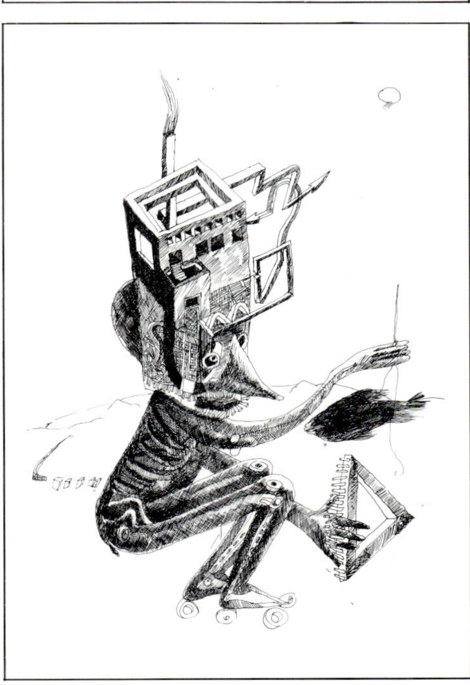

12. Fisiognomiche, 1969, 6 disegni a penna dal libro omonimo.
12. Physiognomics, 1969, 6 pen drawings from the homonymous book.

13. Fisiognomiche, 1969, 6 disegni a tecnica mista dal libro omonimo.
13. Physiognomics, 1969, 6 drawings in mixed media from the homonymous book.

14. Furore, 1969, puntasecca.
14. Furor, 1969, drypoint.

15. L'apprendista stregone, 1970, puntasecca.
15. The sorcerer's apprentice, 1970, drypoint.

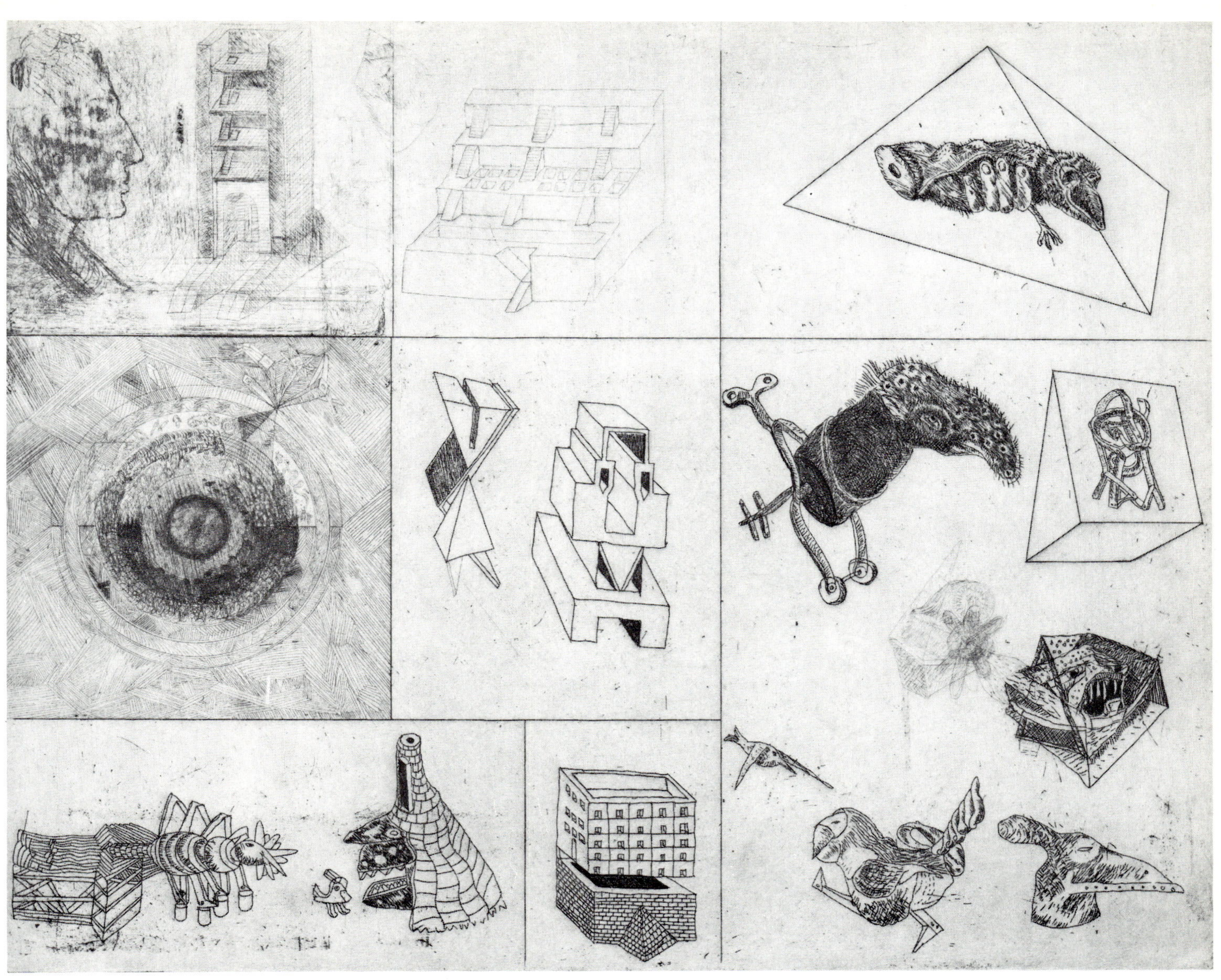

16. Il messaggero degli dei, 1970-72, acquaforte.
16. The messanger of the Gods, 1970-72, etching.

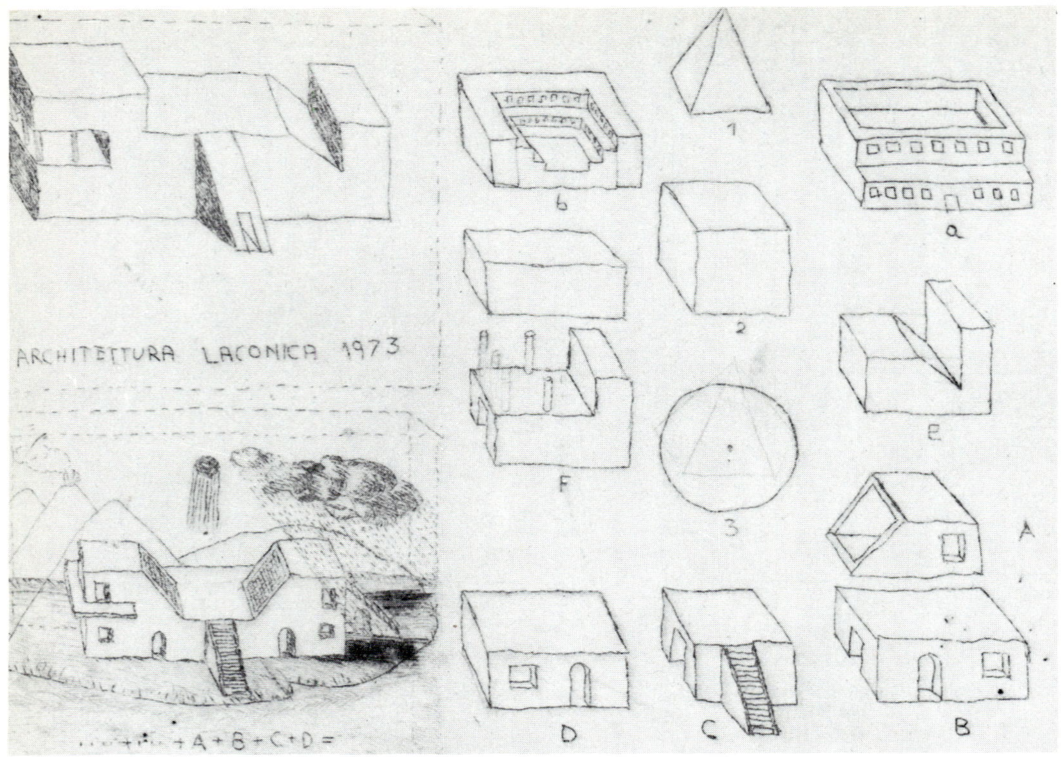

17. Architettura Laconica, 1973, acquaforte.
17. Laconic architecture, 1973, etching.
18. Grand Hotel, 1973, acquaforte.
18. Grand Hotel, 1973, etching.

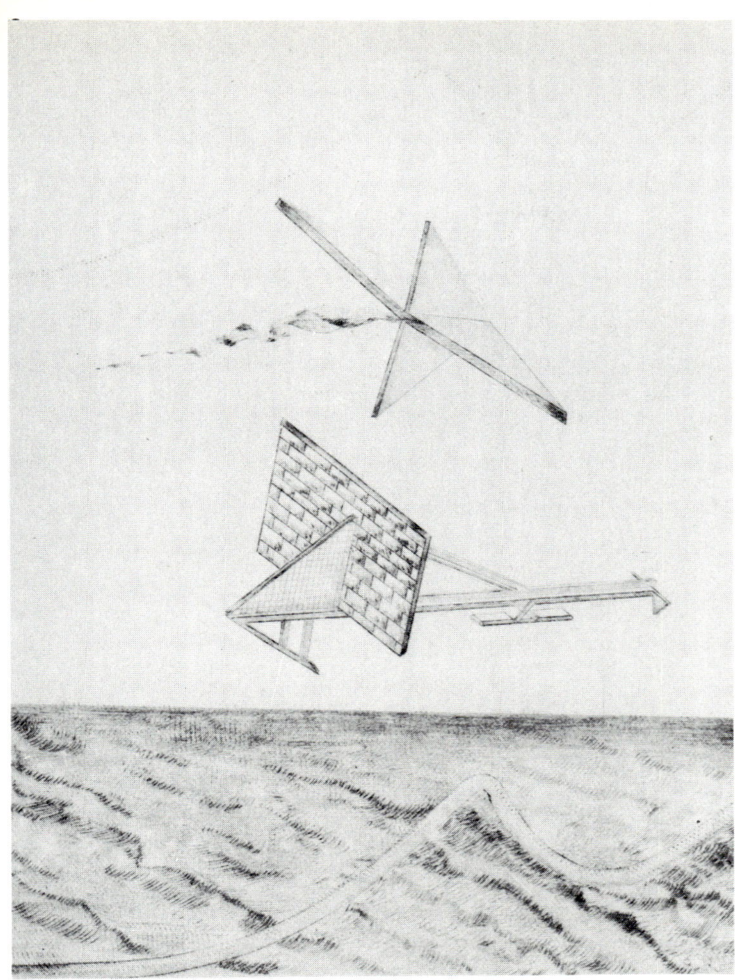

19. Rotte incrociate, 1974, puntasecca.
19. Crossed routes, 1974, drypoint.

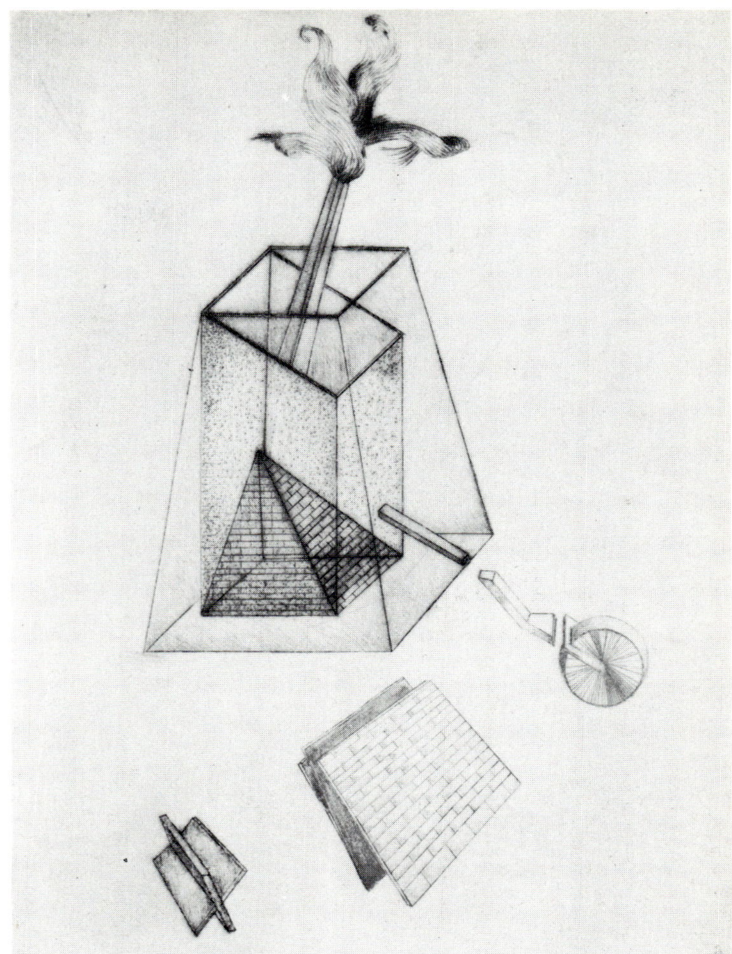

20. Scomposizione, 1974, puntasecca.
20. De-composition, 1974, drypoint.

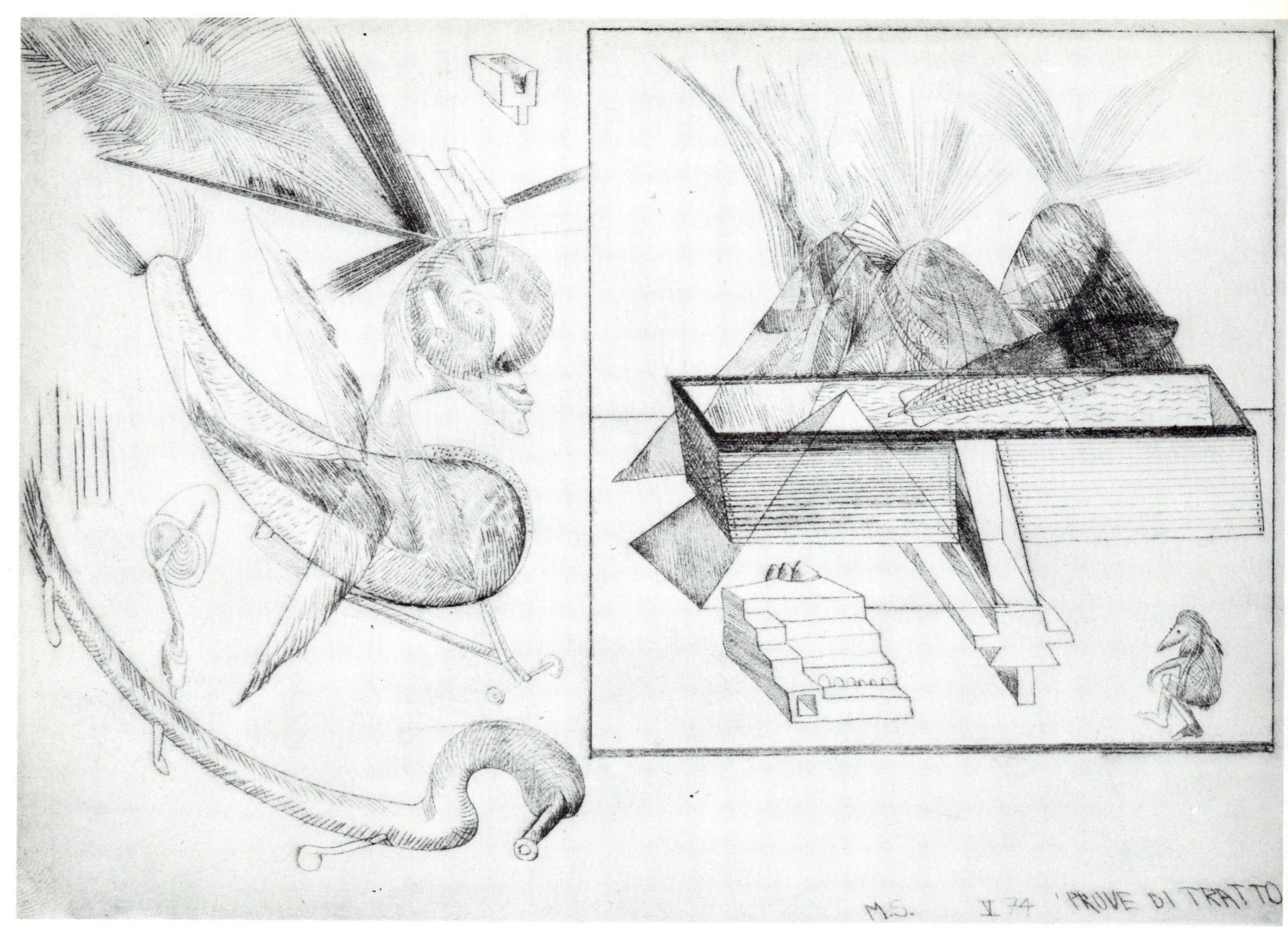

21. Prove di tratto, 1974, puntasecca.
21. Renderings, 1974, drypoint.

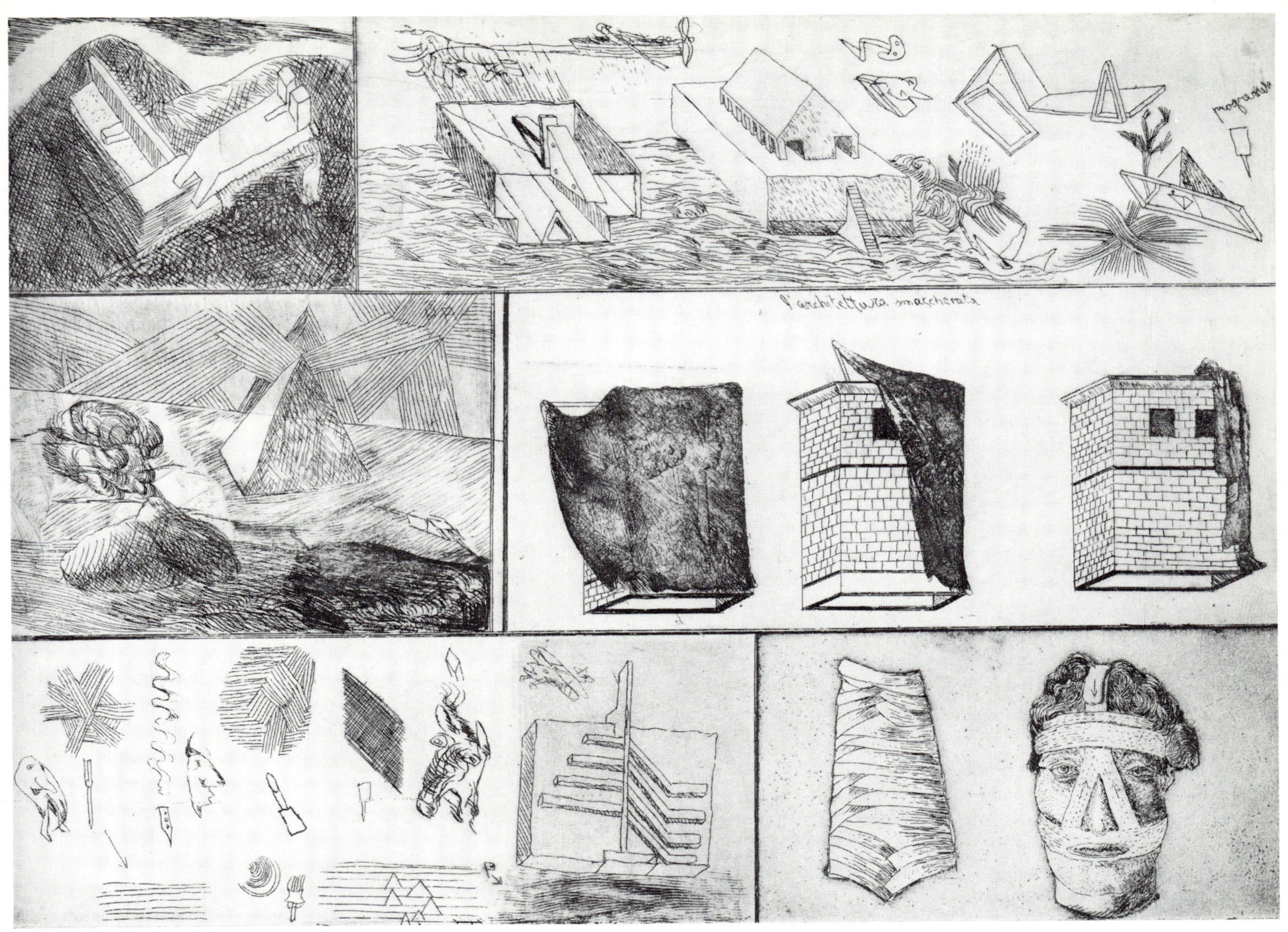

22. L'architettura mascherata, 1974, acquaforte.
22. Masked architecture, 1974, etching.

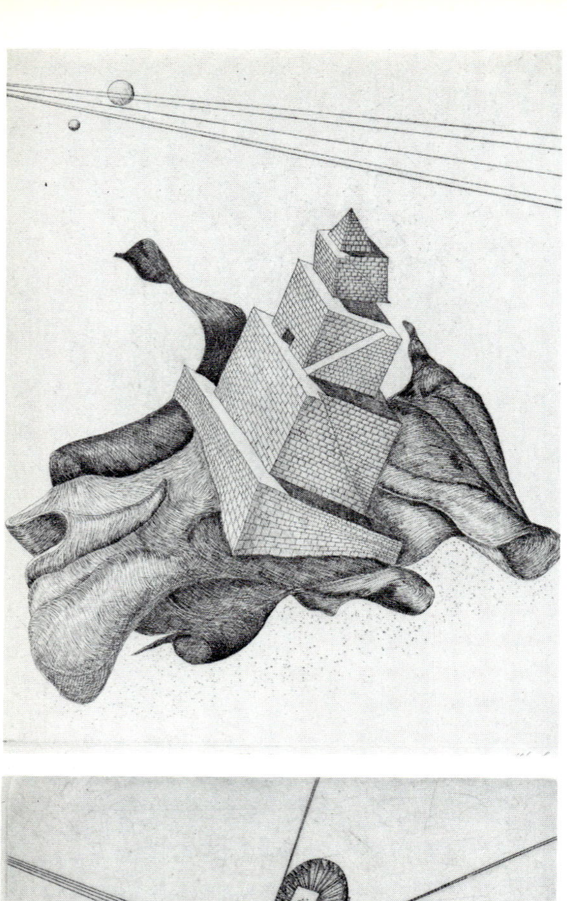

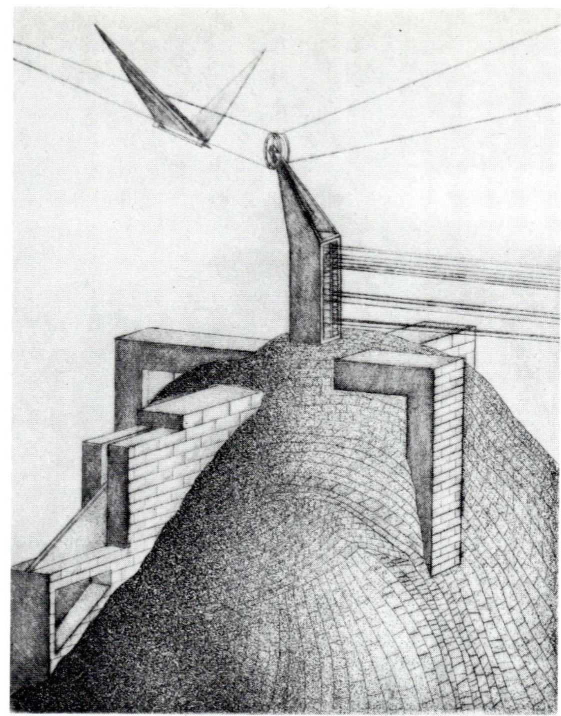

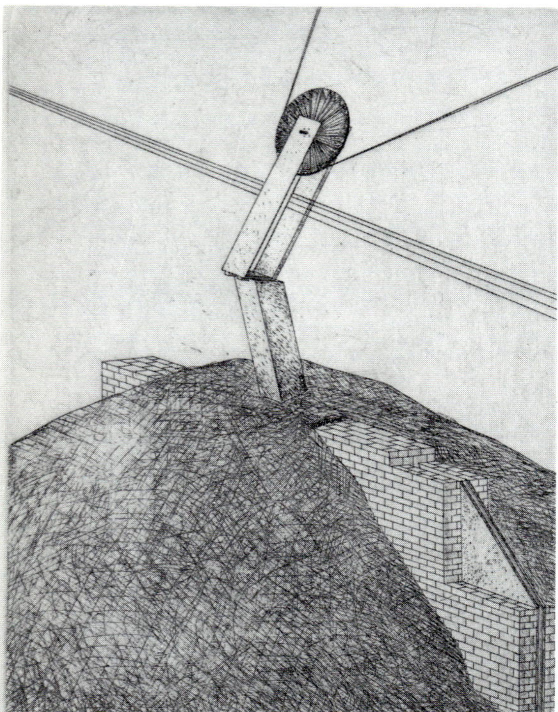

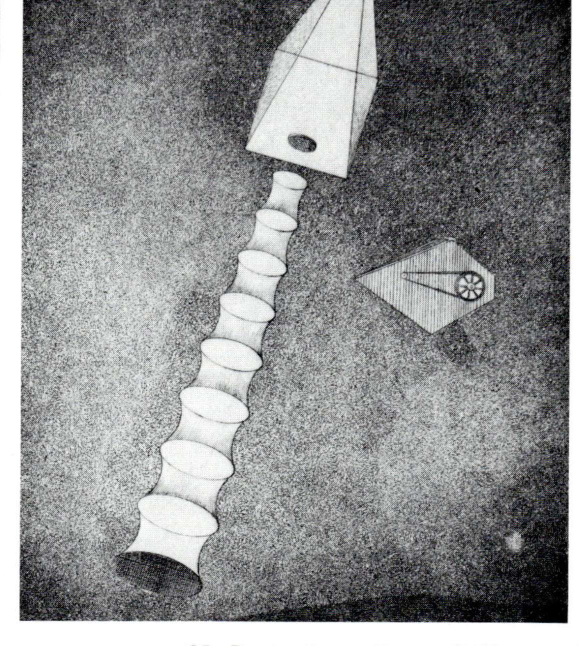

23. Frattura, 1974, acquaforte.
23. Fracture, 1974, etching.
24. Rotazione lontana, 1975, acquaforte.
24. Distant rotation, 1975, etching.

25. Punto di non ritorno, 1975, acquaforte e acquatinta.
25. Point of no return, 1975, etching and aquatint.
26. Pesca abissale, 1975, acquaforte e acquatinta.
26. Abyssal fishing, 1975, etching and aquatint.

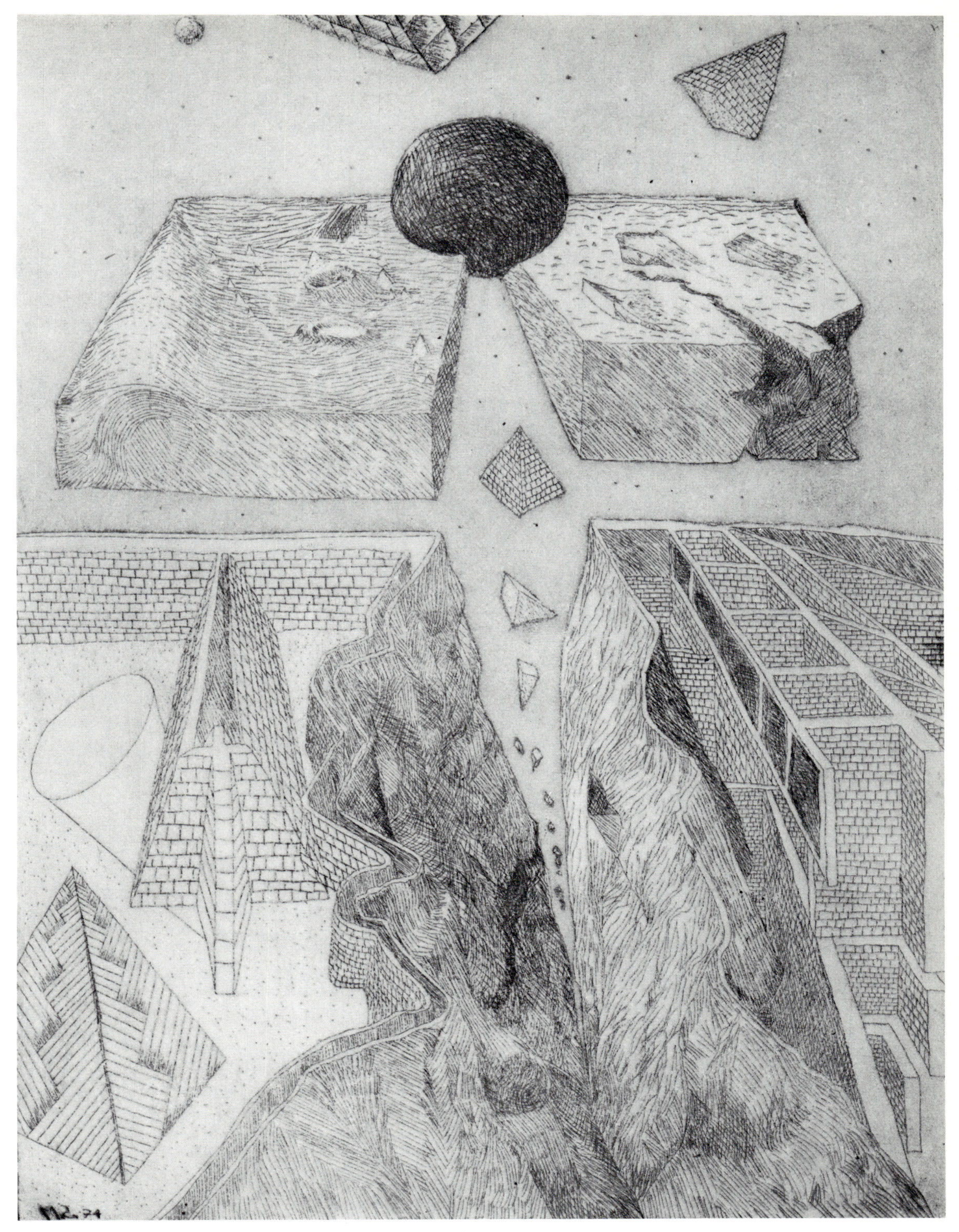

27. La perdita del centro, 1974, acquaforte.
27. The loss of centre, 1974, etching.

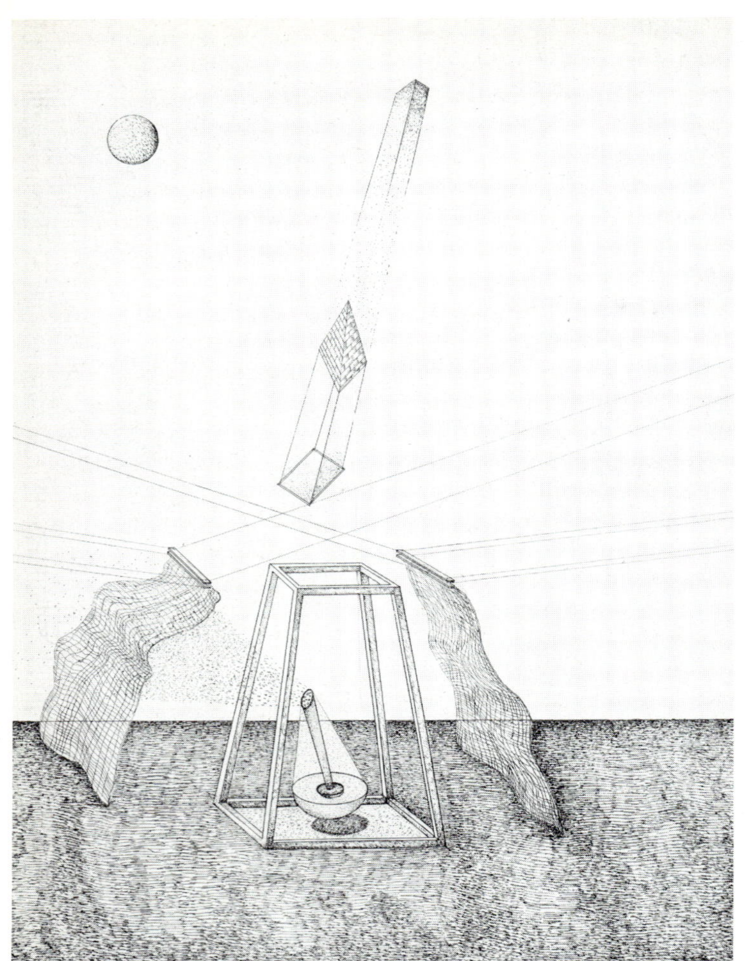

28. Organicazione, 1977, acquaforte.
28. Organization, 1977, etching.

29. New York - New York, 1977, acquaforte.
29. New York - New York, 1977, etching.

30. Aliante in volo con figure, 1972, collage.
30. Glider in flight with figures, 1972, collage.

31. Icaro meccanico, 1972, collage.
31. Mechanical Icarus, 1972, collage.

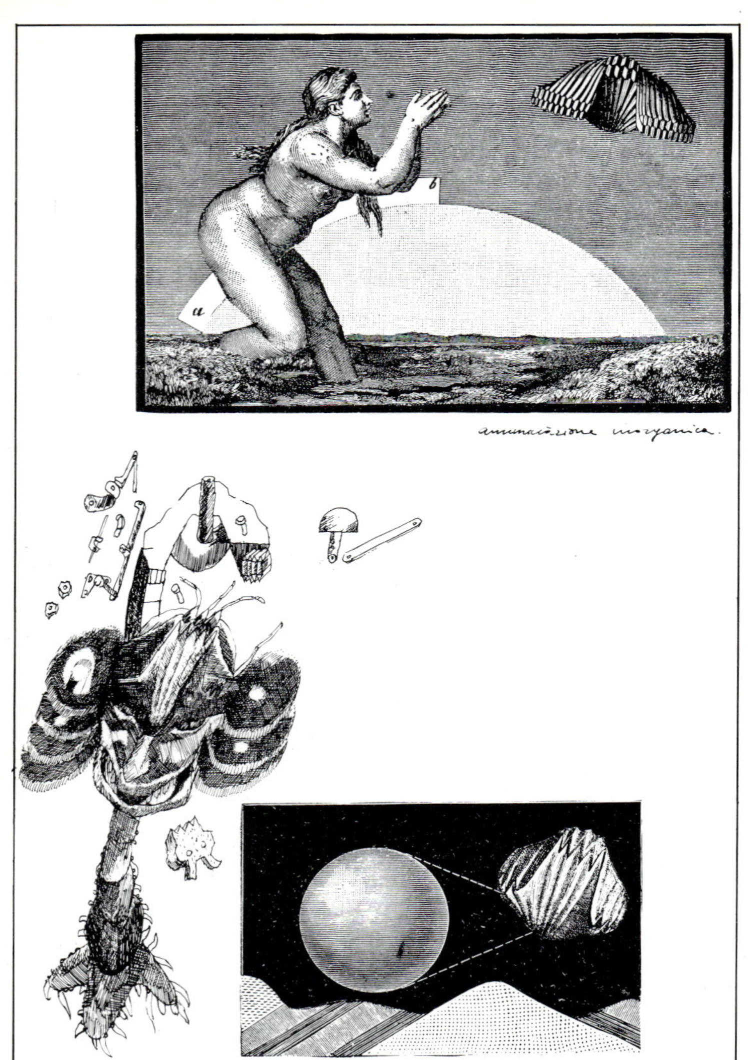

32.33. Collages con fisiognomiche, figure ed elementi di laconica, 1972.
32.33. Collages with physiognomics figures and laconic elements, 1972.

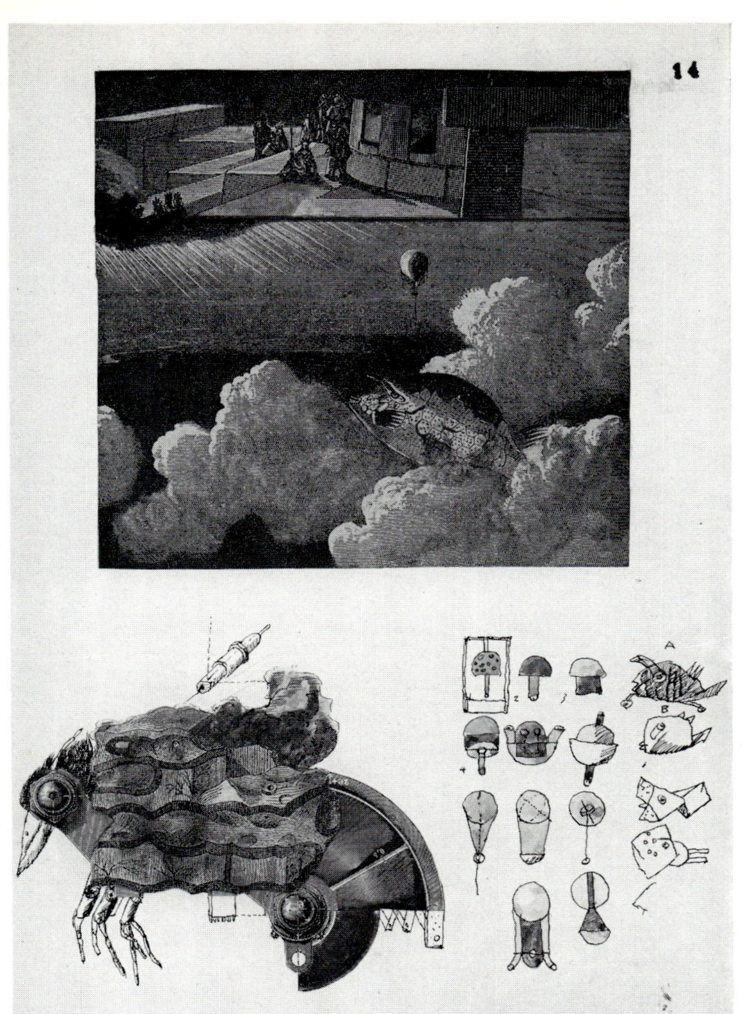

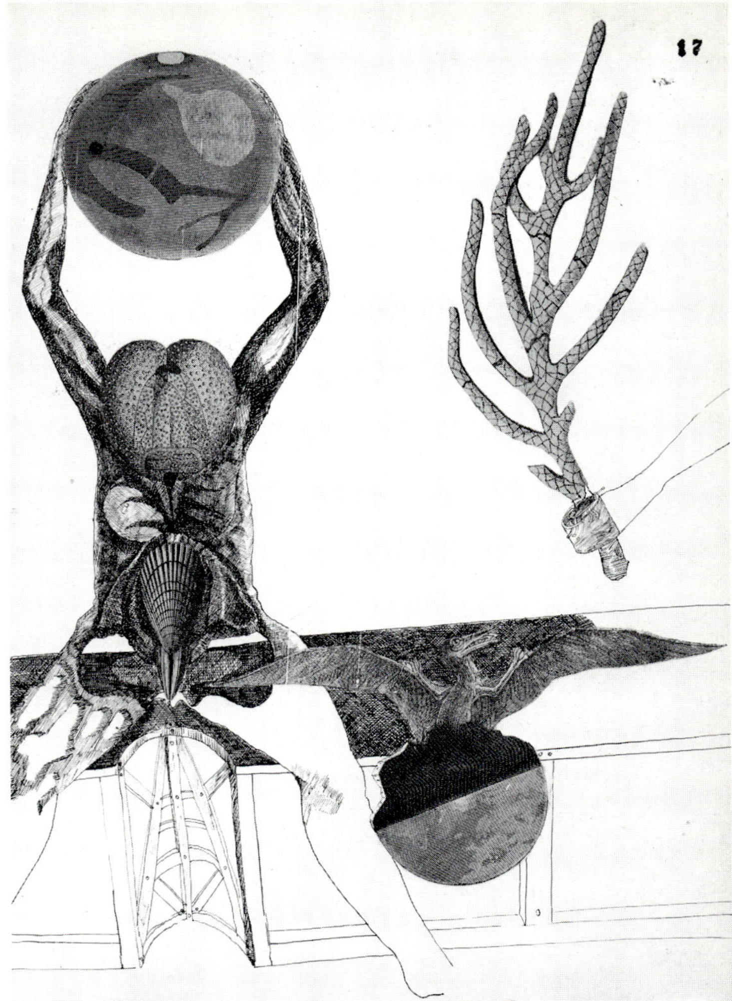

34.35. Collages di elementi diversi, 1972.
34.35. Collages of various elements, 1972.

36.37. Omaggio a Max Ernst, 1972, collages.
36.37. Homage to Max Ernst, 1972, collages.

38.39.40.41. Omaggio a Max Ernst, 1972, collages.
38.39.40.41. Homage to Max Ernst, 1972, collages.

42.43. Omaggio a Max Ernst, 1972, collages.
42.43. Homage to Max Ernst, 1972, collages.

L'apprendistato dell'architettura, 1967-1972

Architectural apprenticeship, 1967-1972.

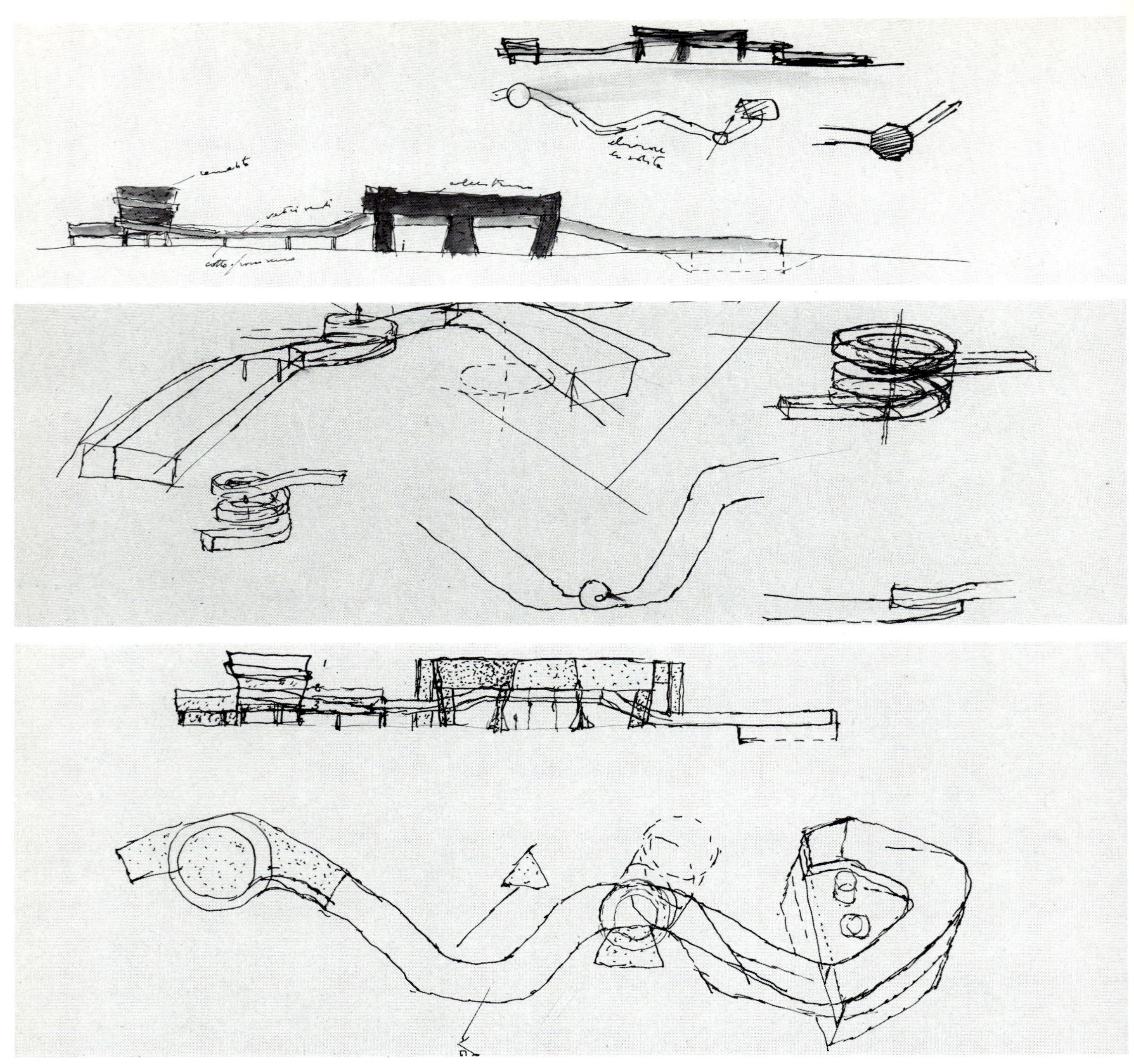

Progetto per il teatro 'Dal Verme' a Milano, 1967.
Project for the theatre 'Dal Verme' in Milan, 1967.

1. Studi per pianta, prospetti e materiali.
1. Study for the plan, prospects, and materials.

2. Particolare della rampa.
2. Detail of the ramp.

3. Studio del prospetto e del percorso principale.
3. Study of the prospect and the main passage.

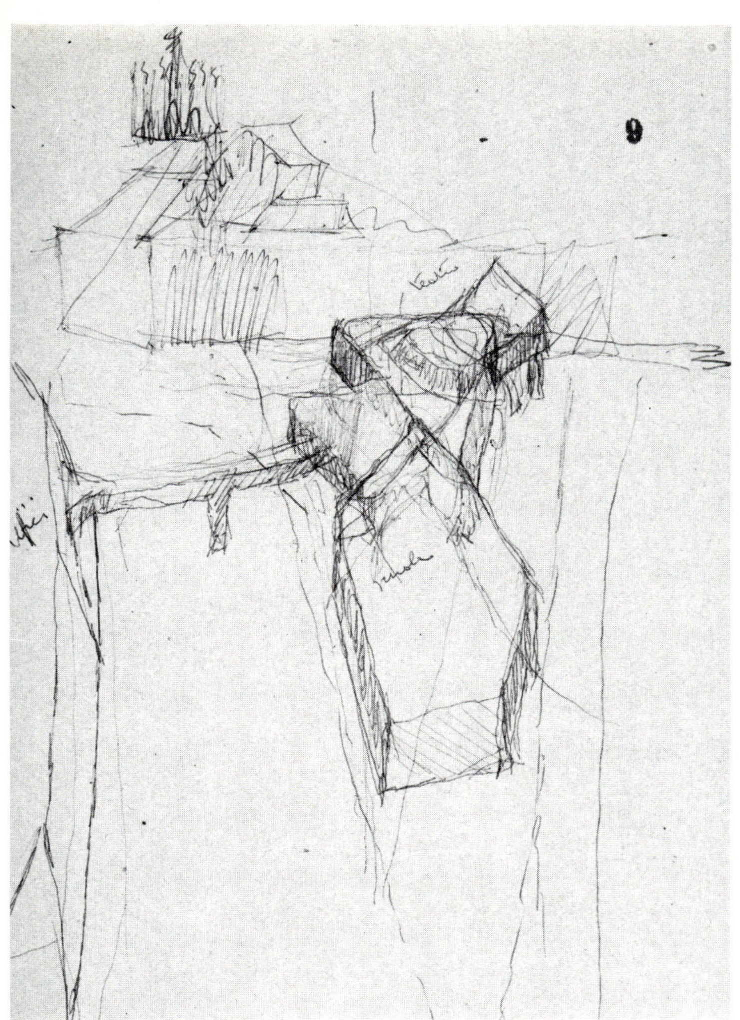

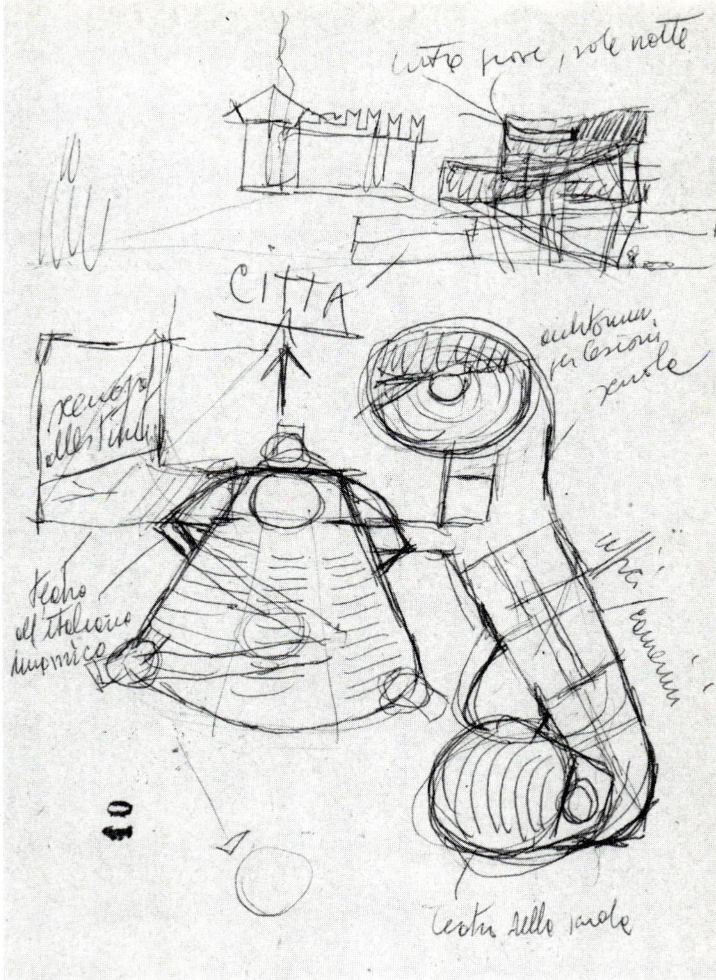

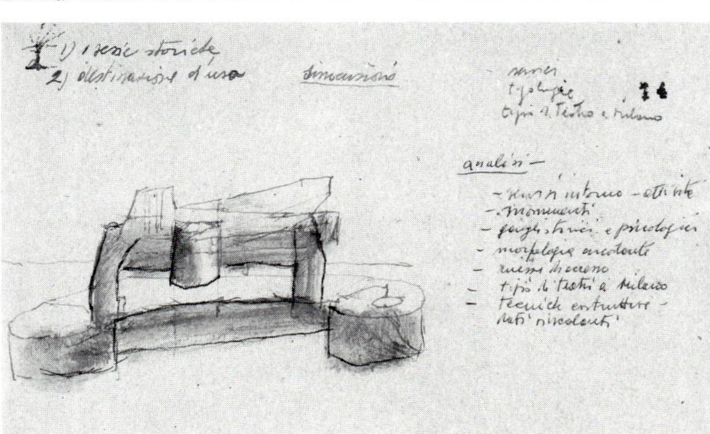

4. Il teatro ed il suo rapporto con la città.
4. The theatre and its relation to the city.
5. Schizzo volumetrico.
5. Volumetric sketch.

6. Destinazioni d'uso.
6. Destinations for use.
7. Studio del prospetto.
7. Study of the prospect.

8. Studio assonometrico del teatro.
8. Axonometric study of the theatre.

9. Studio assonometrico del teatro.
9. Axonometric study of the theatre.

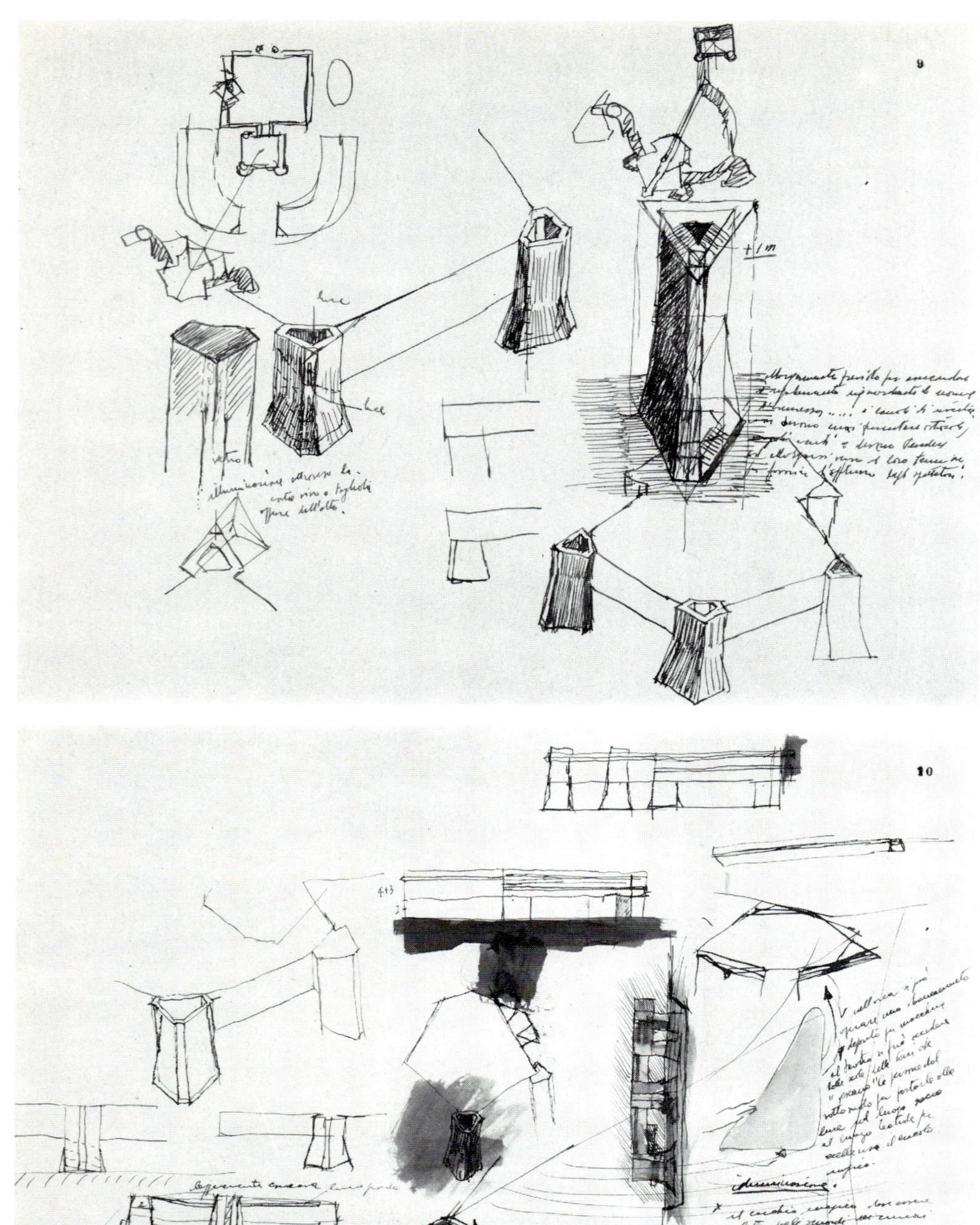

10. Studio planimetrico e particolare del corpo scala.
10. Planimetric study and detail of the stair-well.
11. Studi di alcuni nodi.
11. Studies of some key points.

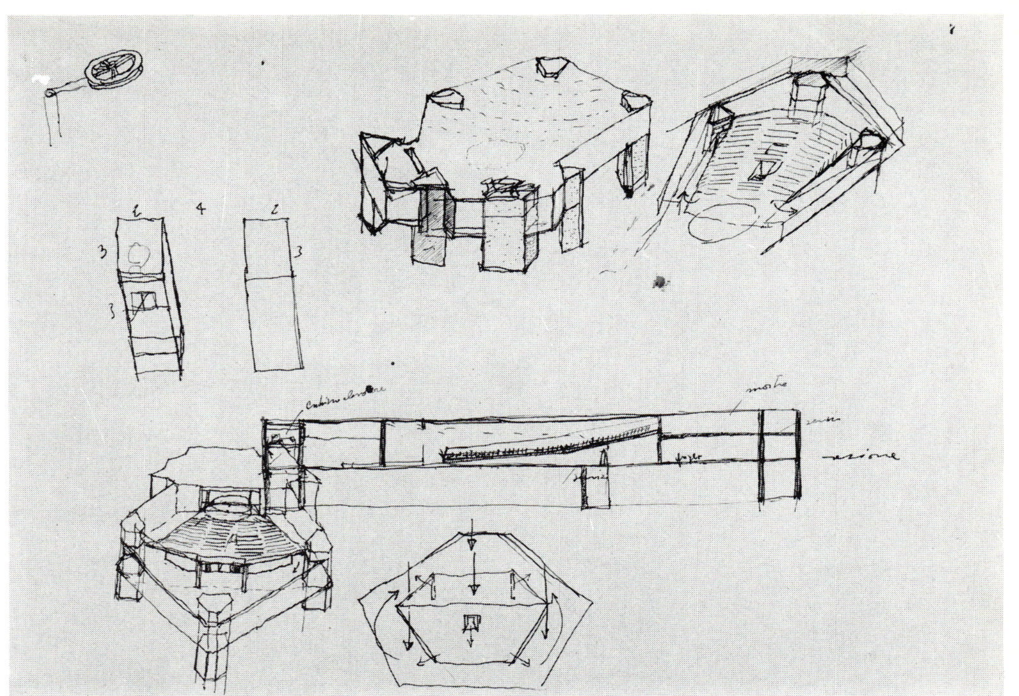

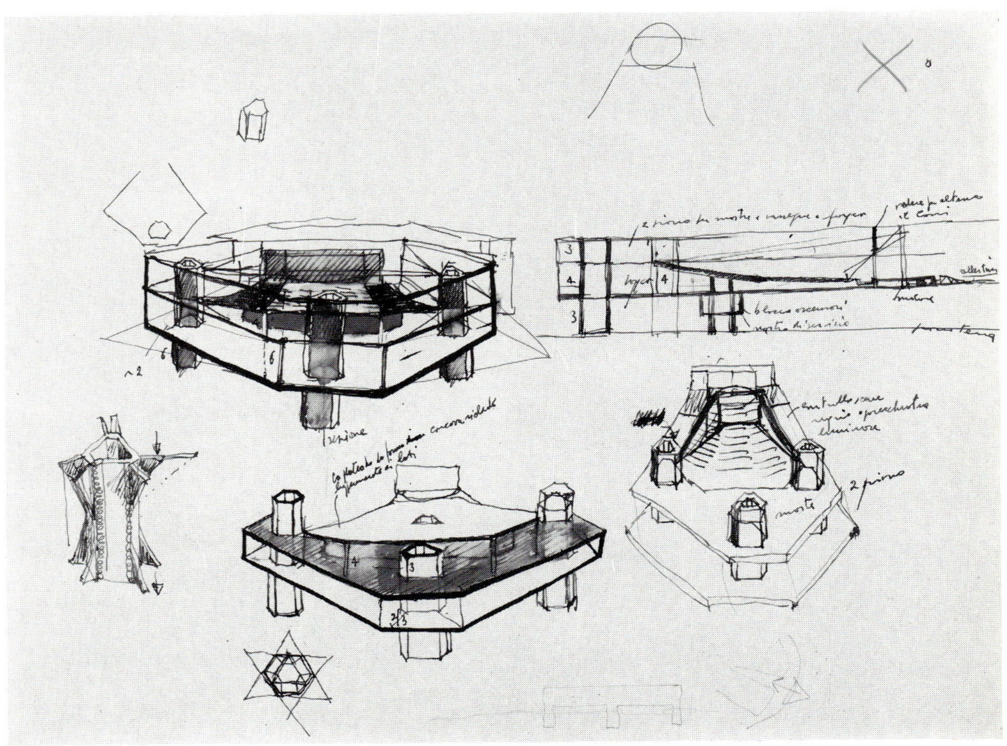

12. Studi sulla distribuzione interna del teatro.
12. Studies of the internal distribution of the theatre.
13. Studi sulla distribuzione interna del teatro.
13. Studies of the internal distribution of the theatre.

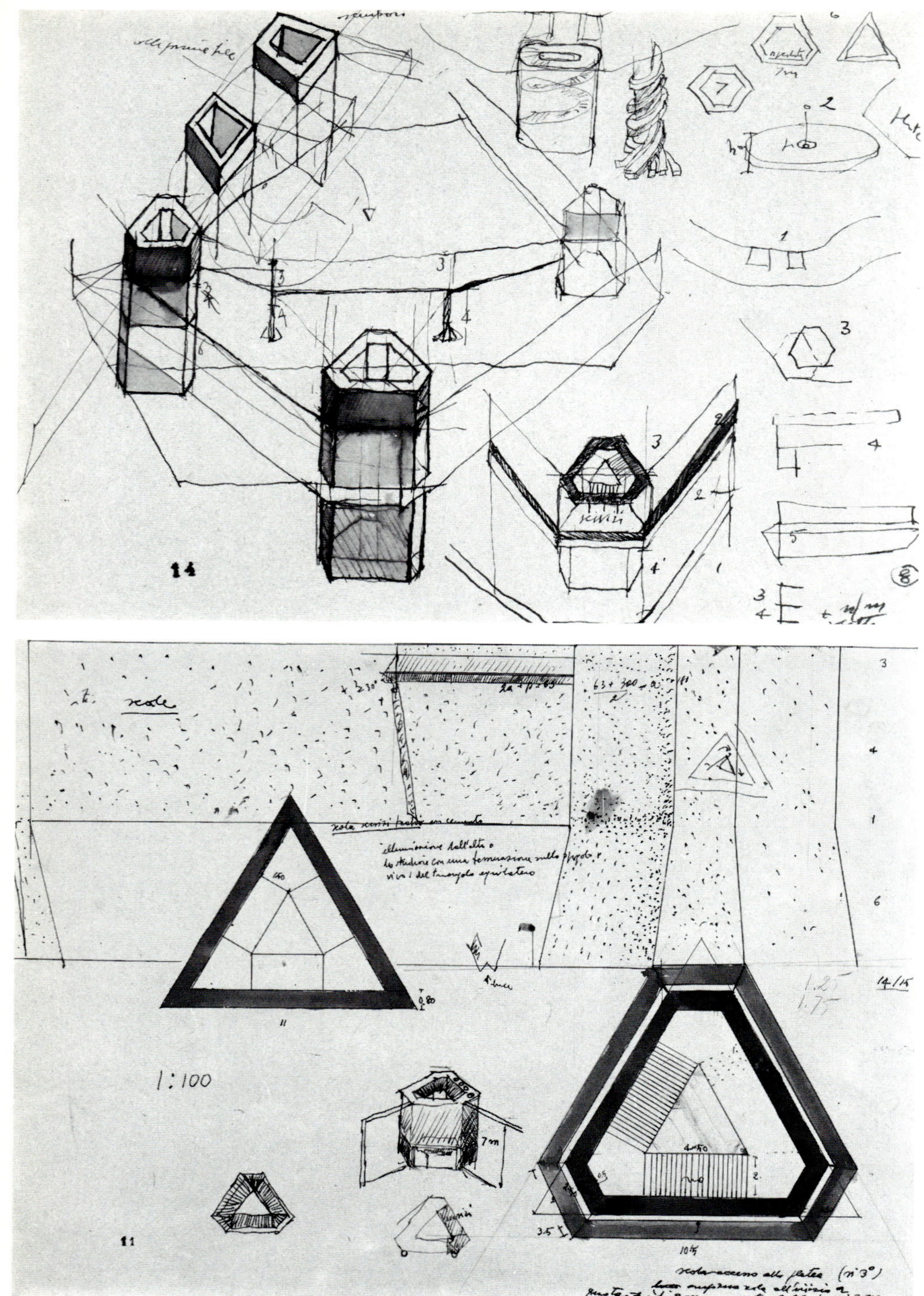

14. Studi dei corpi scala.
14. Studies of the stair-well.
15. Particolare del corpo scala.
15. Detail of the stair-well.

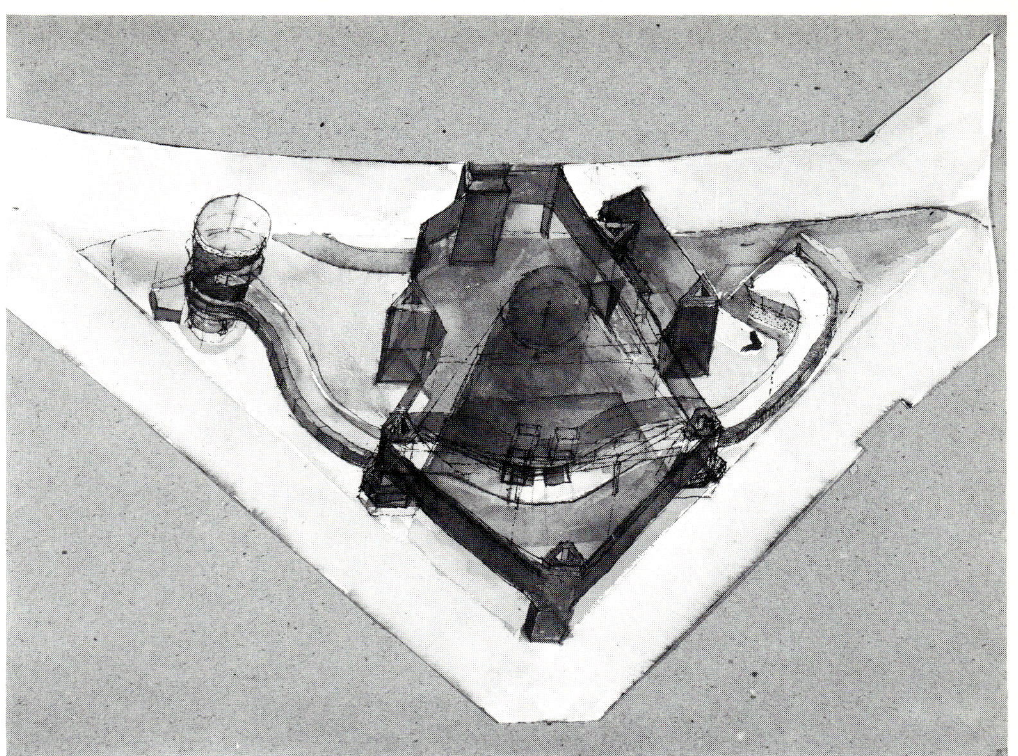

16. Assonometria sezionata.
16. Axonometric cross-section.
17. Veduta generale del prospetto.
17. General view of the prospect.

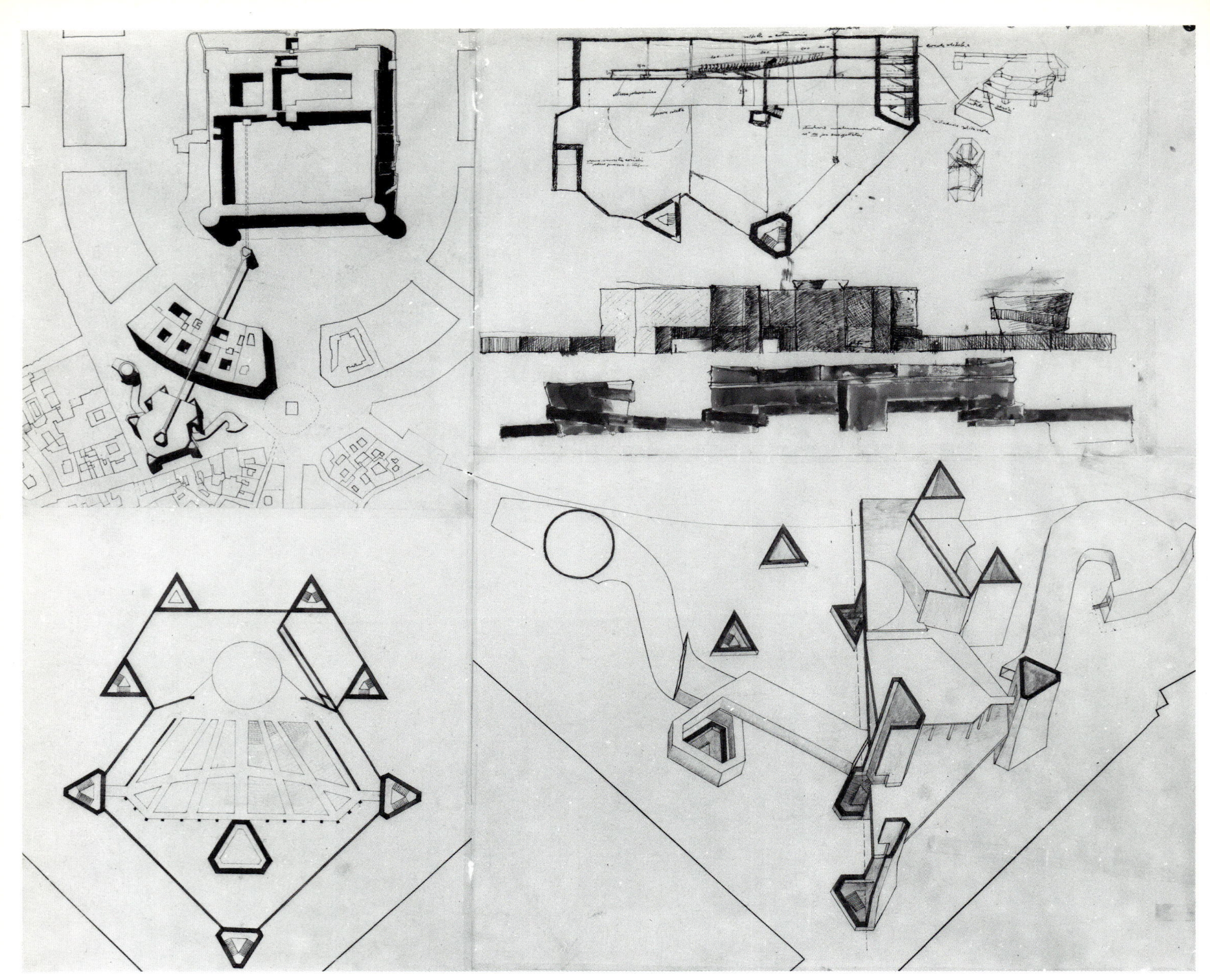

18. Tavola descrittiva del progetto con planimetria, sezione, prospetto, pianta ed assonometria del teatro.
18. Descriptive table of the project with plan, cross-section, prospect, plan and axonometry of the theatre.

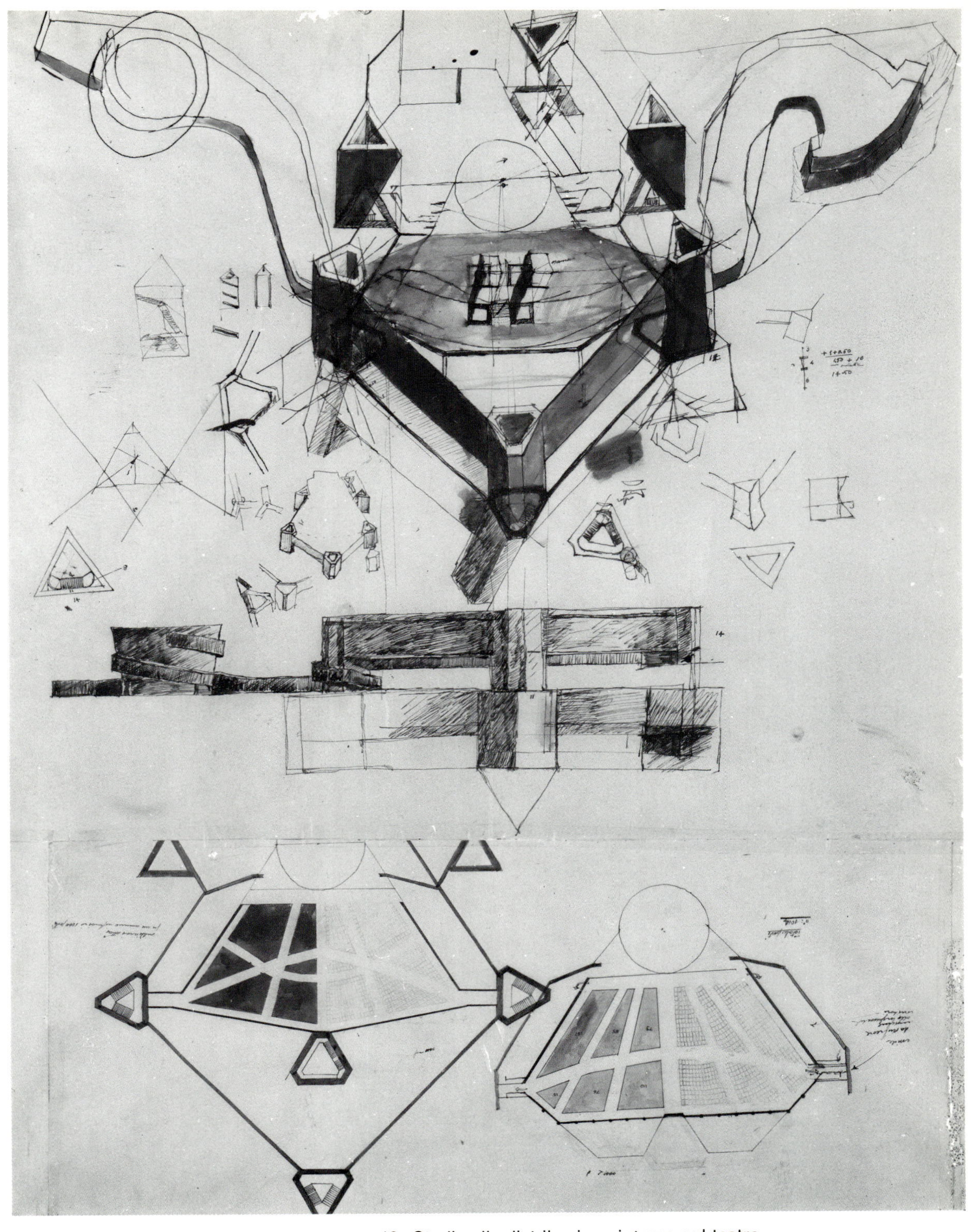

19. Studi sulla distribuzione interna del teatro.
19. Studies of the internal distribution of the theatre.

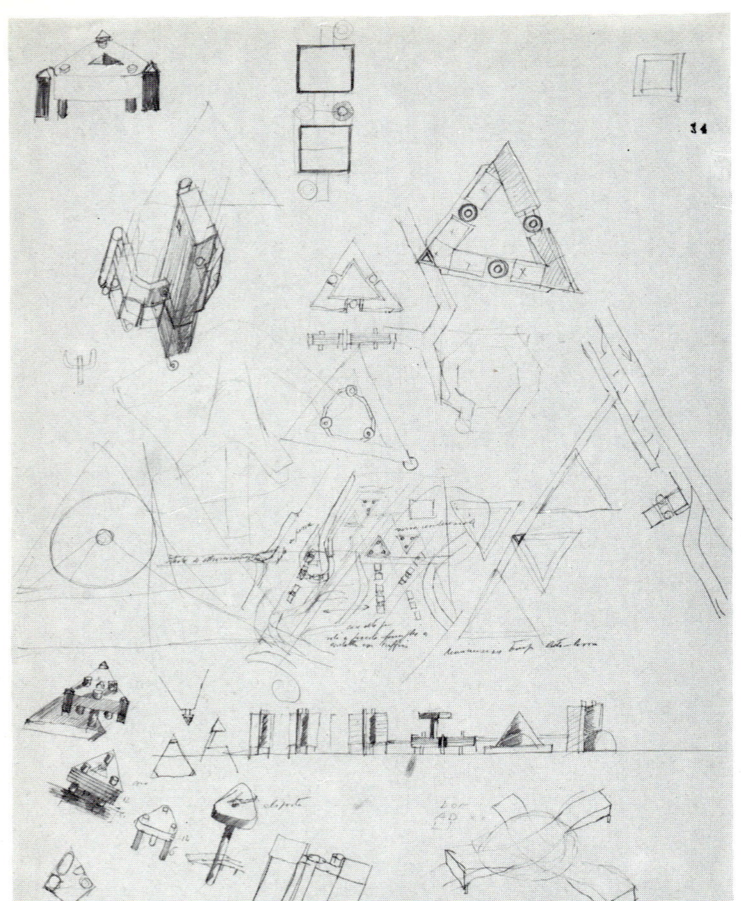

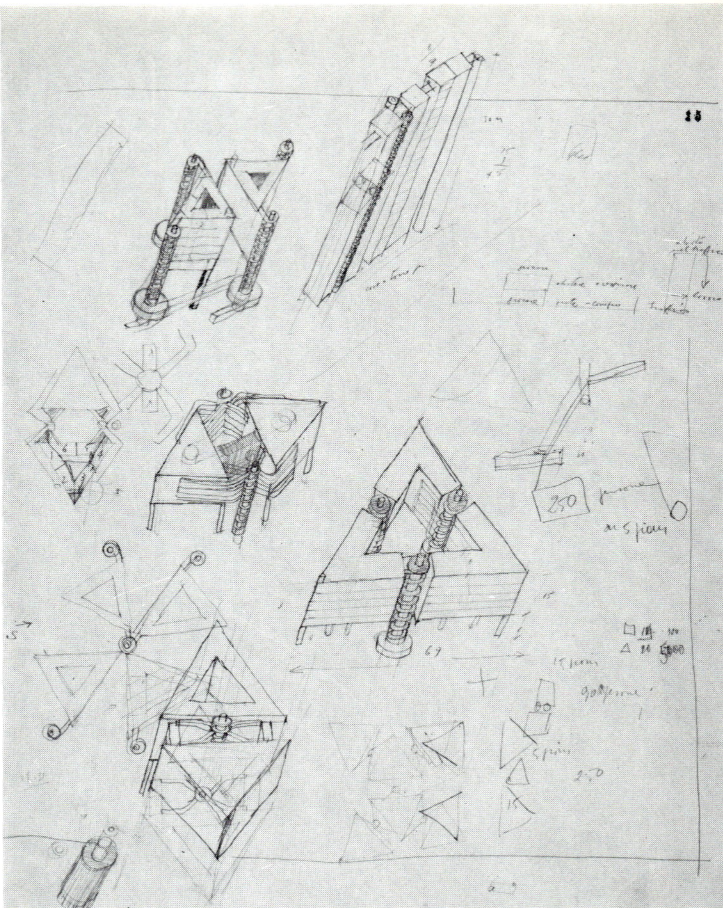

Progetto per una unità residenziale, 1968.
Project for a residential unity, 1968.

20. Studi iniziali sulla tipologia triangolare.
20. Initial studies of triangular typology.

21. Studi iniziali sulla tipologia triangolare e sull'aggregazione.
21. Initial studies of triangular typology and aggregation.

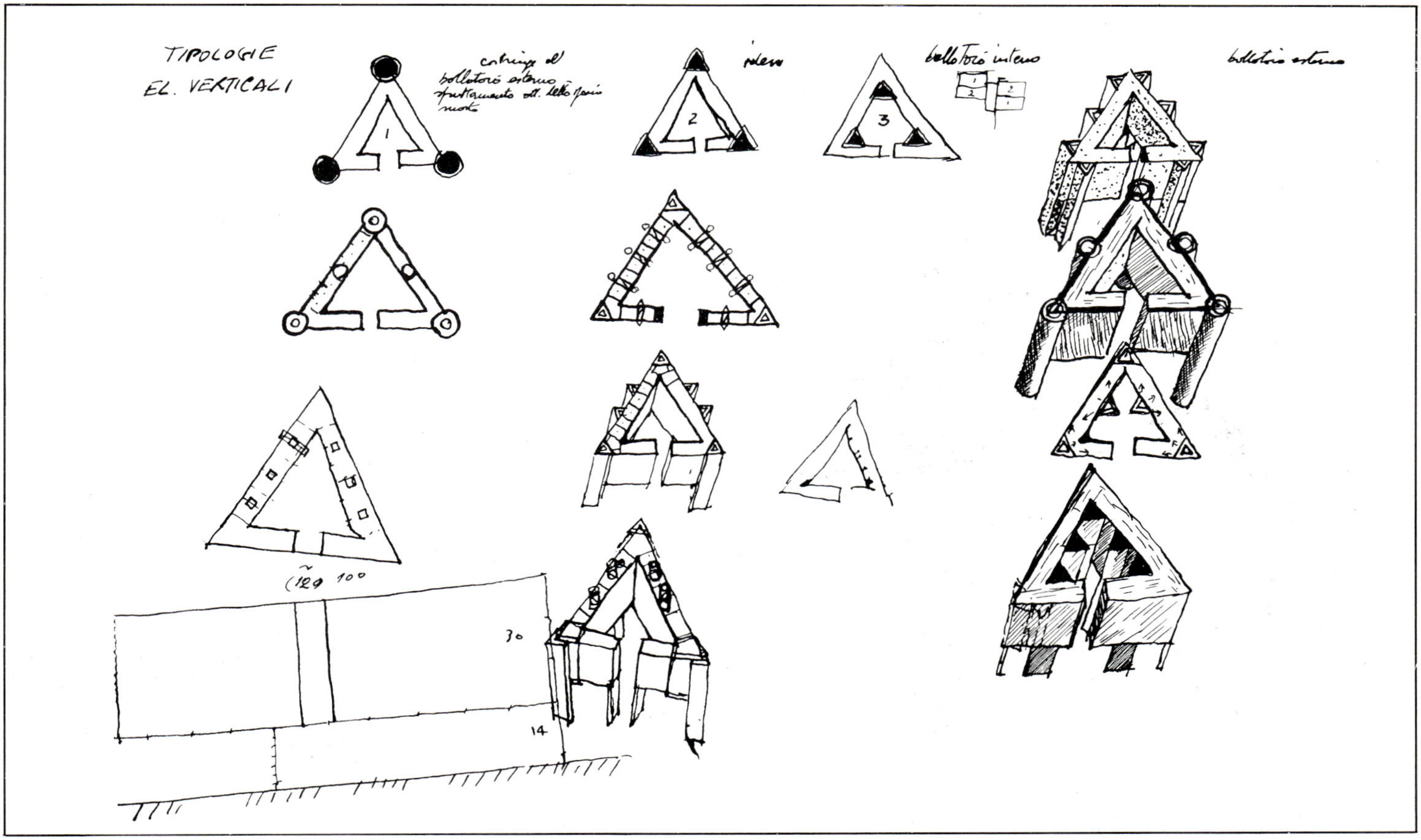

22. Studi sulla distribuzione dei corpi scala e variazioni sugli elementi verticali.
22. Studies of the distribution of the stair-wells and variations on the vertical elements.
23. Studi sulla distribuzione dei corpi scala e variazioni sugli elementi verticali.
23. Studies of the distribution of the stair-wells and variations on the vertical elements.

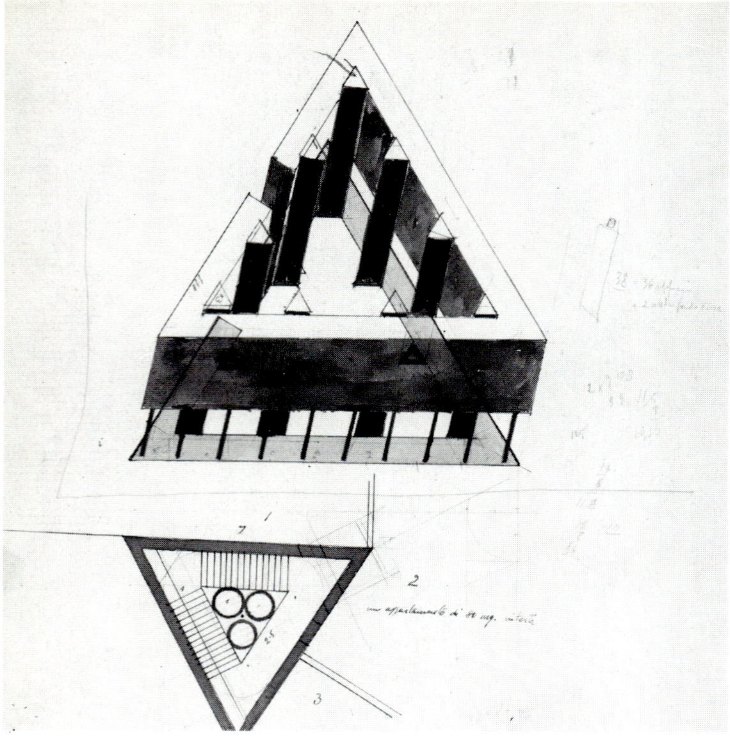

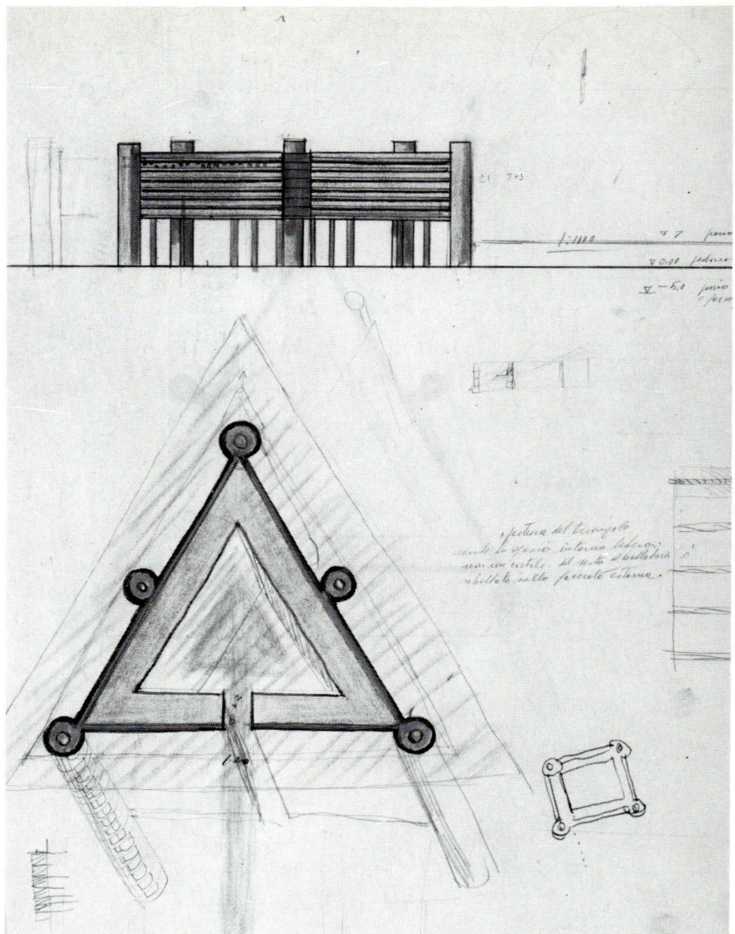

24. Studio tipologico e particolare del corpo scala.
24. Typological study and detail of the stair-well.
25. Studio tipologico.
25. Typological study.

26. Studio del prospetto e assonometria.
26. Study of the prospect and axonometry.

27. Studio tipologico con l'inserimento degli elementi verticali.
27. Typological study with the positioning of the vertical elements.
28. Studio tipologico con l'inserimento degli elementi verticali.
28. Typological study with the positioning of the vertical elements.

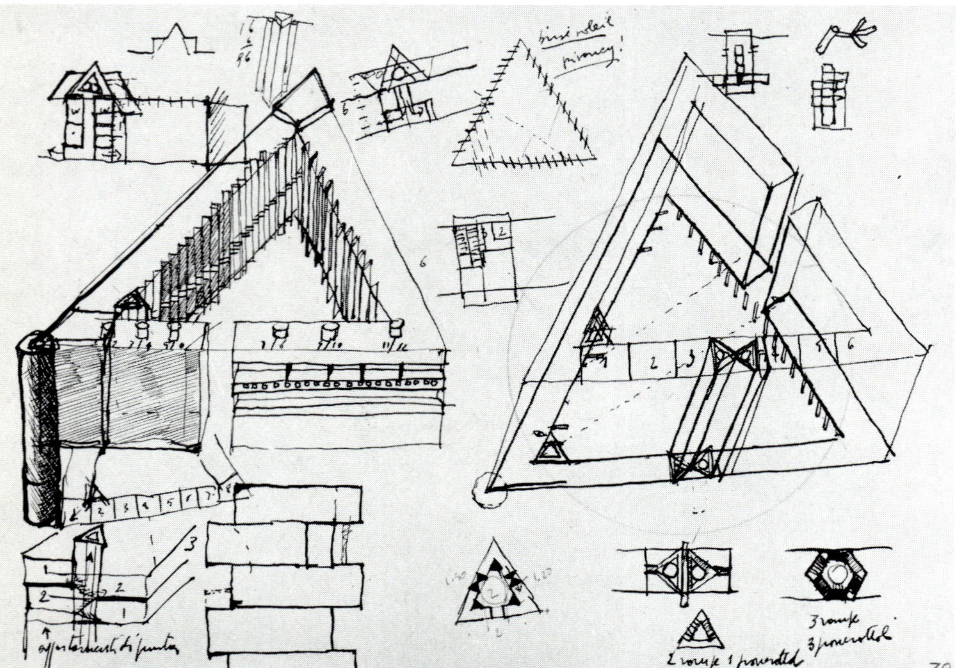

29. Studio dell'aggregazione dei tipi e delle cellule.
29. Study of the aggregation of the types and cells.
30. Studio tipologico.
30. Typological study.

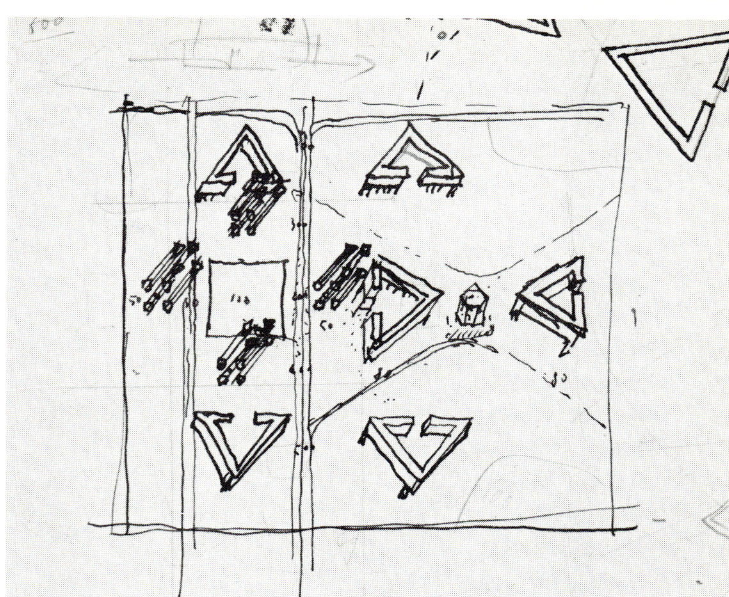

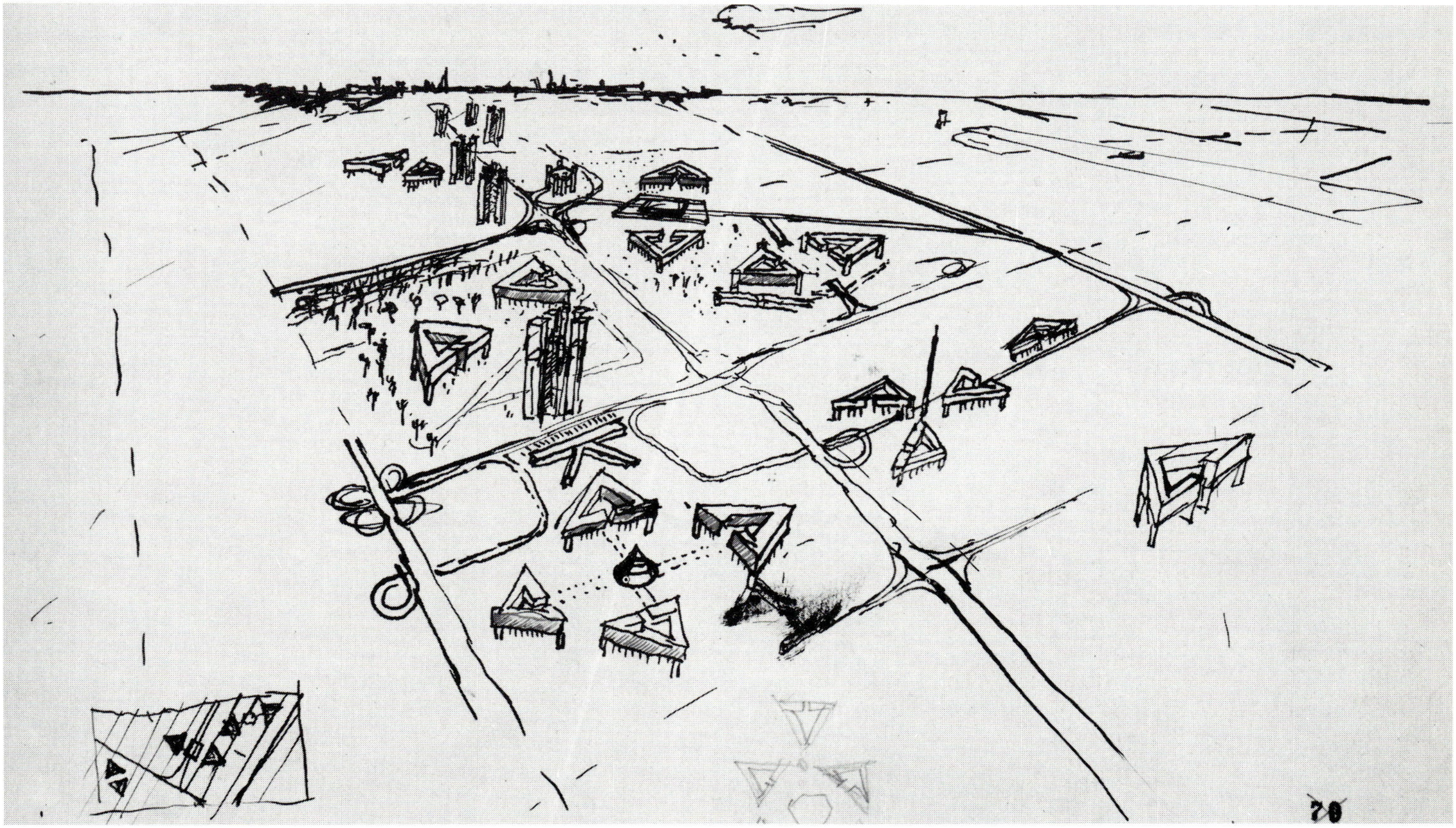

31. Planivolumetrico generale.
31. General volumetric plan.
32. Planivolumetrico generale.
32. General volumetric plan.

33. Veduta aerea dell'unità residenziale.
33. Aerial view of the residential unity.

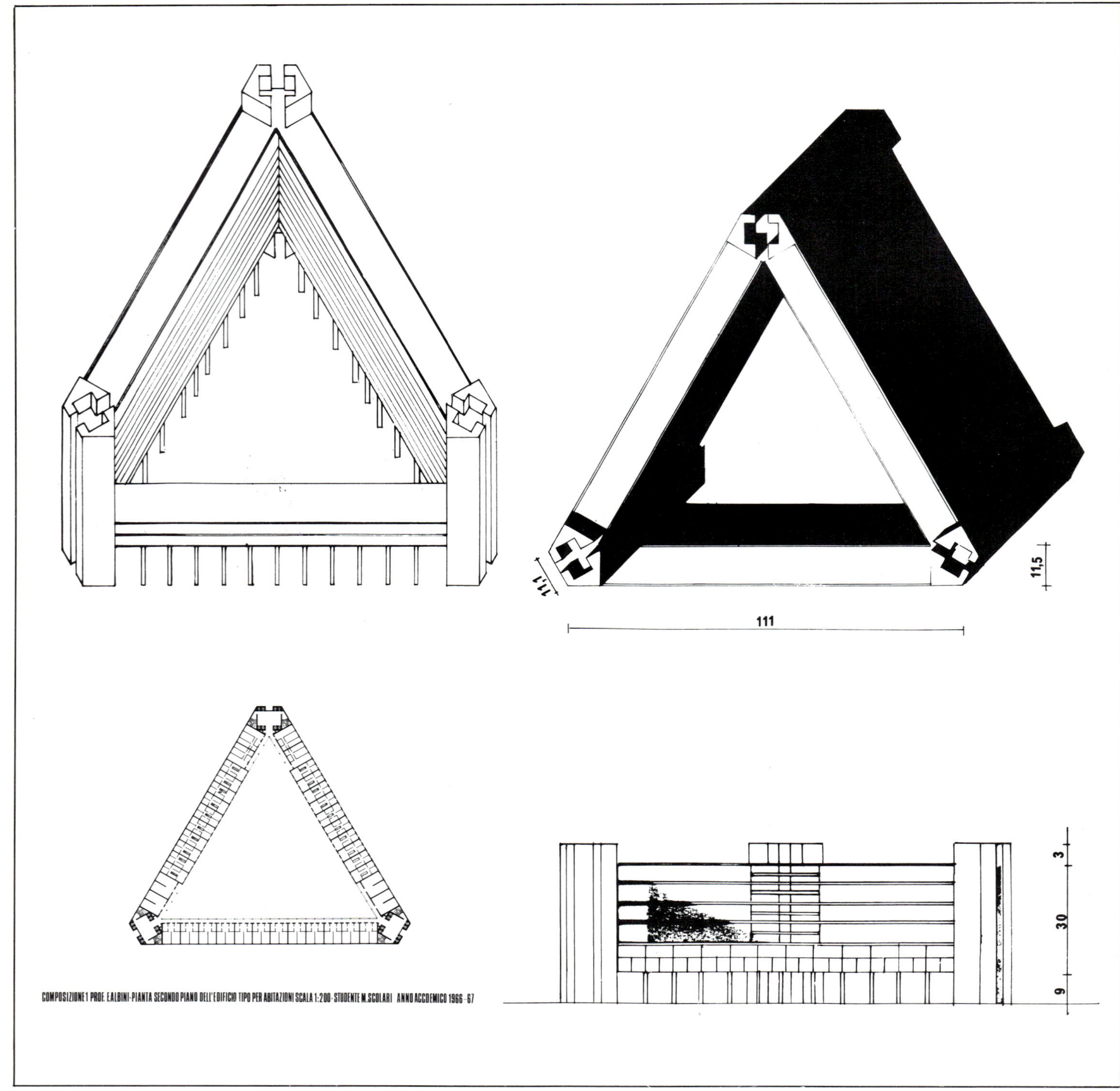

34. Assonometria, prospetto e pianta delle coperture dell'edificio tipo, con relativa pianta generale.
34. Axonometry, prospect, and plan of the coverings of the modular building, with relative general plan.

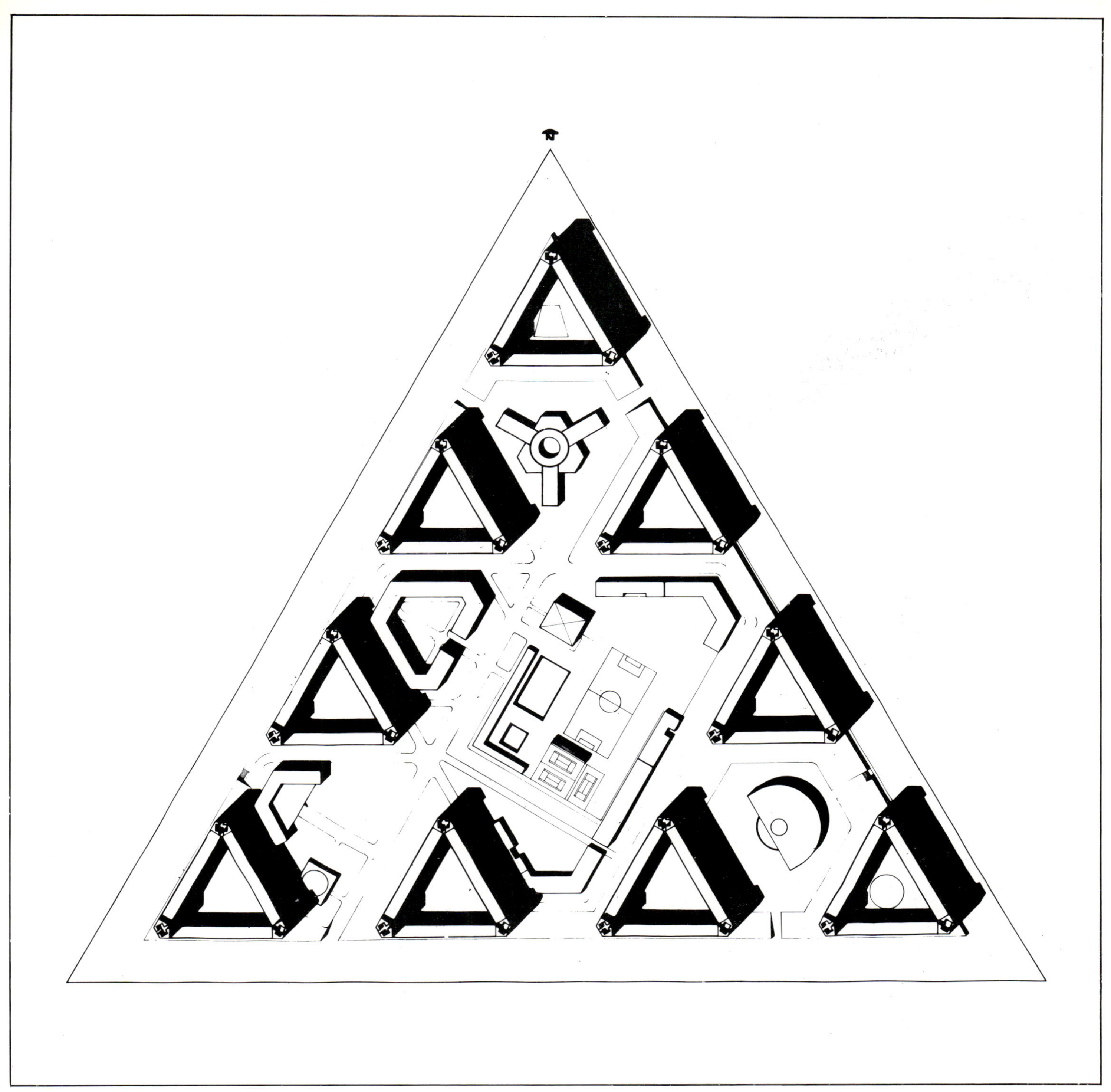

35. Planimetria generale dell'unità residenziale.
35. General plan of the residential unity.

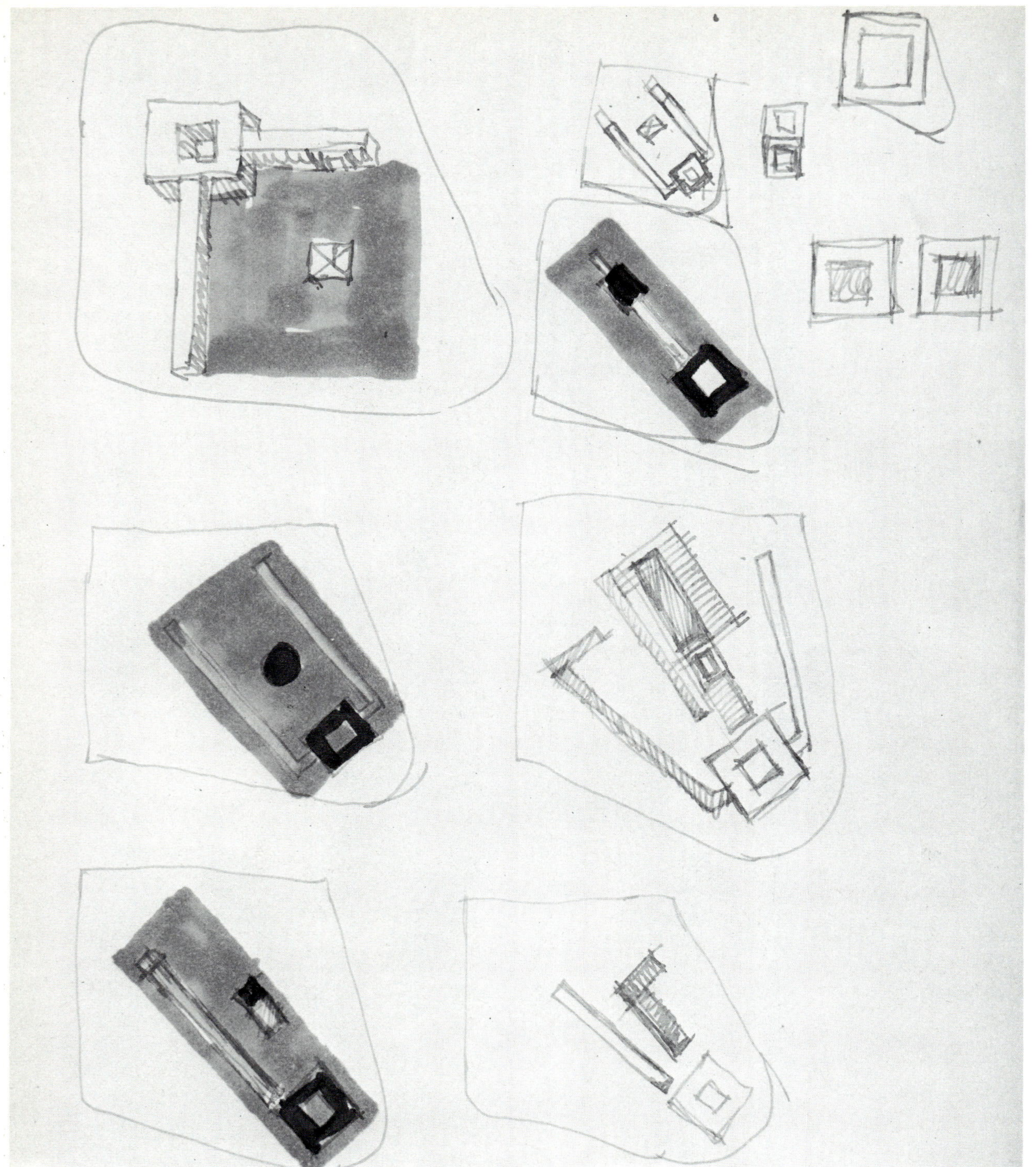

Studi per il municipio di Scandicci, in collaborazione con Aldo Rossi, 1968.
Studies for the Town Hall at Scandicci, collaboration with Aldo Rossi 1968.

36. Studi sulla distribuzione degli elementi.
36. Studies of the distribution of the elements.

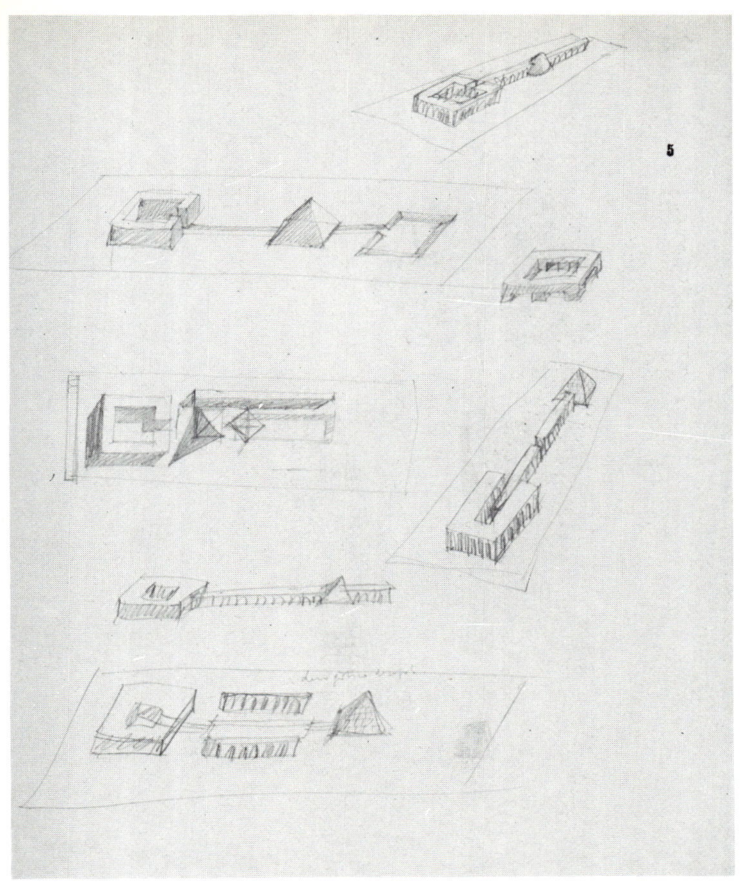

37. Studi assonometrici sull'aggregazione delle parti.
37. Axonometric studies on the aggregation of the parts.
38. L'edificio a corte.
38. The building with the courtyard.

39. Studi sull'elemento di collegamento tra le parti.
39. Studies on the linking element of the parts.
40. Schema della pianta.
40. Scheme of the plan.

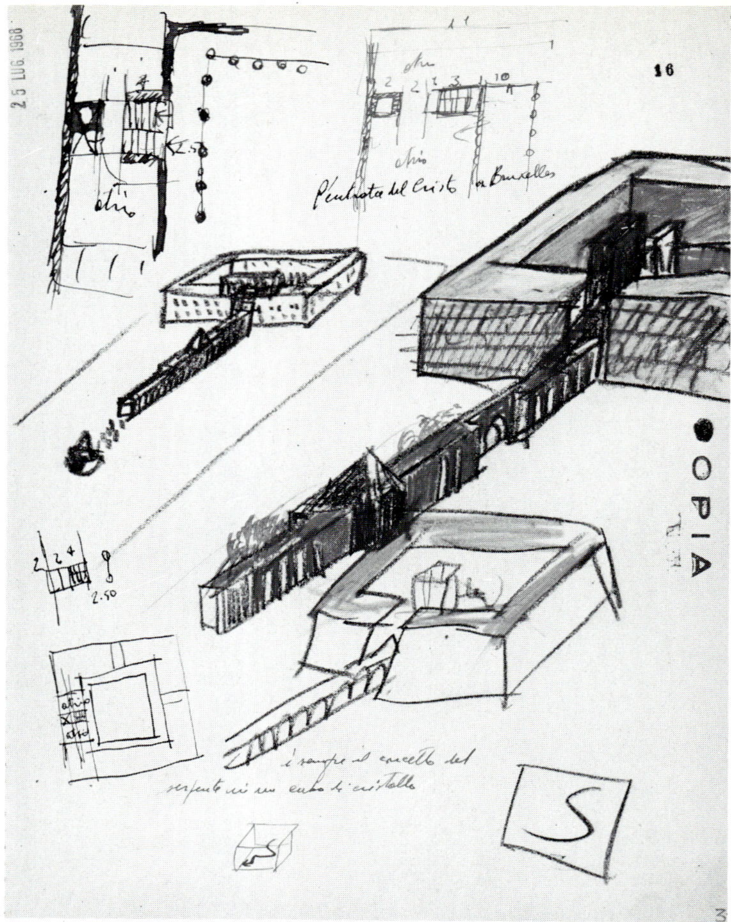

41. Abaco delle possibili aggregazioni.
41. Abacus of the possible aggregations.

42. Studi sull'elemento a corte.
42. Studies of the element with the courtyard.

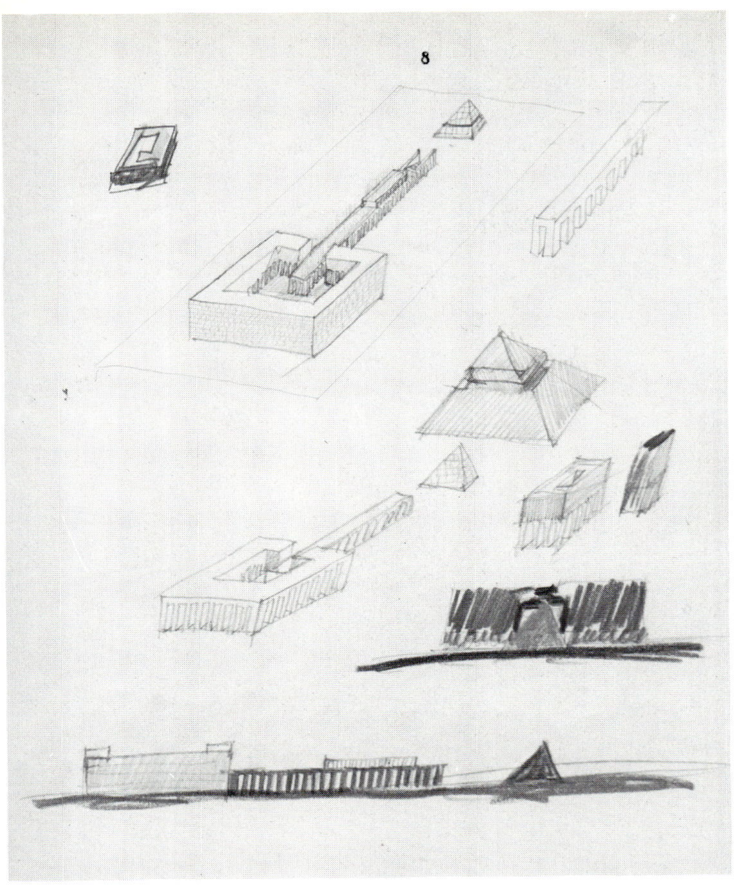

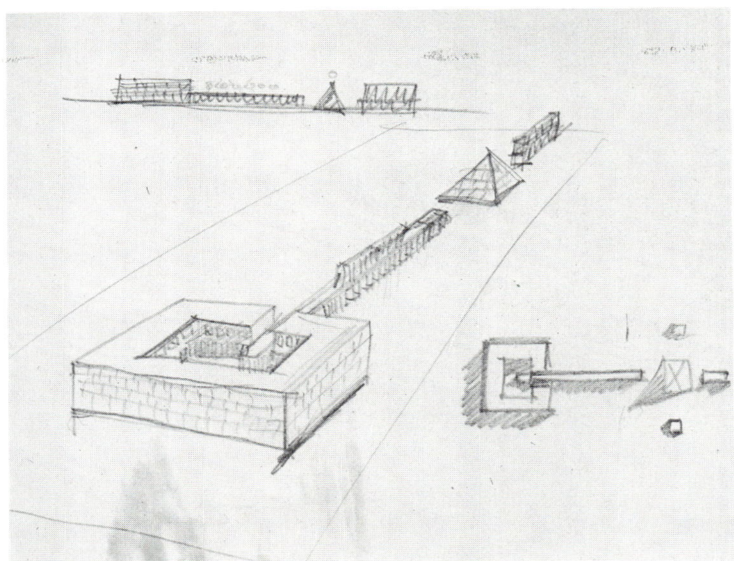

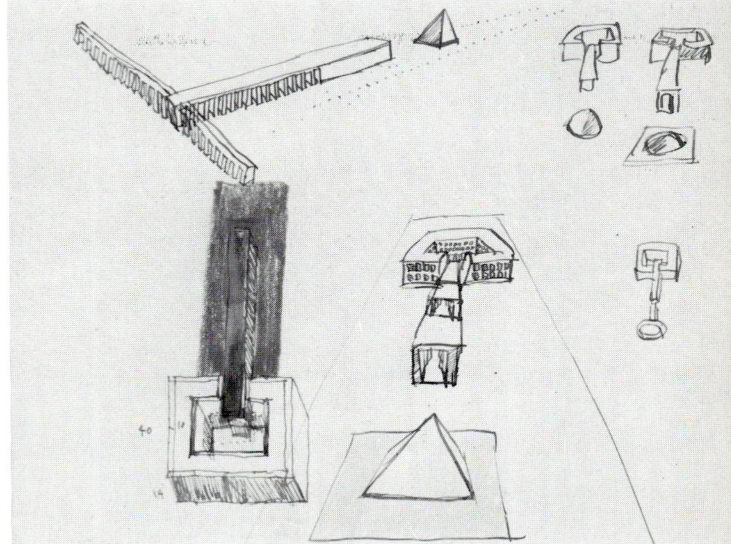

43. Studi assonometrici e di prospetto.
43. Axonometric and prospect studies.
44. Studi assonometrici e di prospetto.
44. Axonometric and prospect studies.

45. Studi sulla distribuzione.
45. Studies of the distribution.
46. Gli elementi di raccordo tra le parti.
46. The elements of inter-relation of the parts.

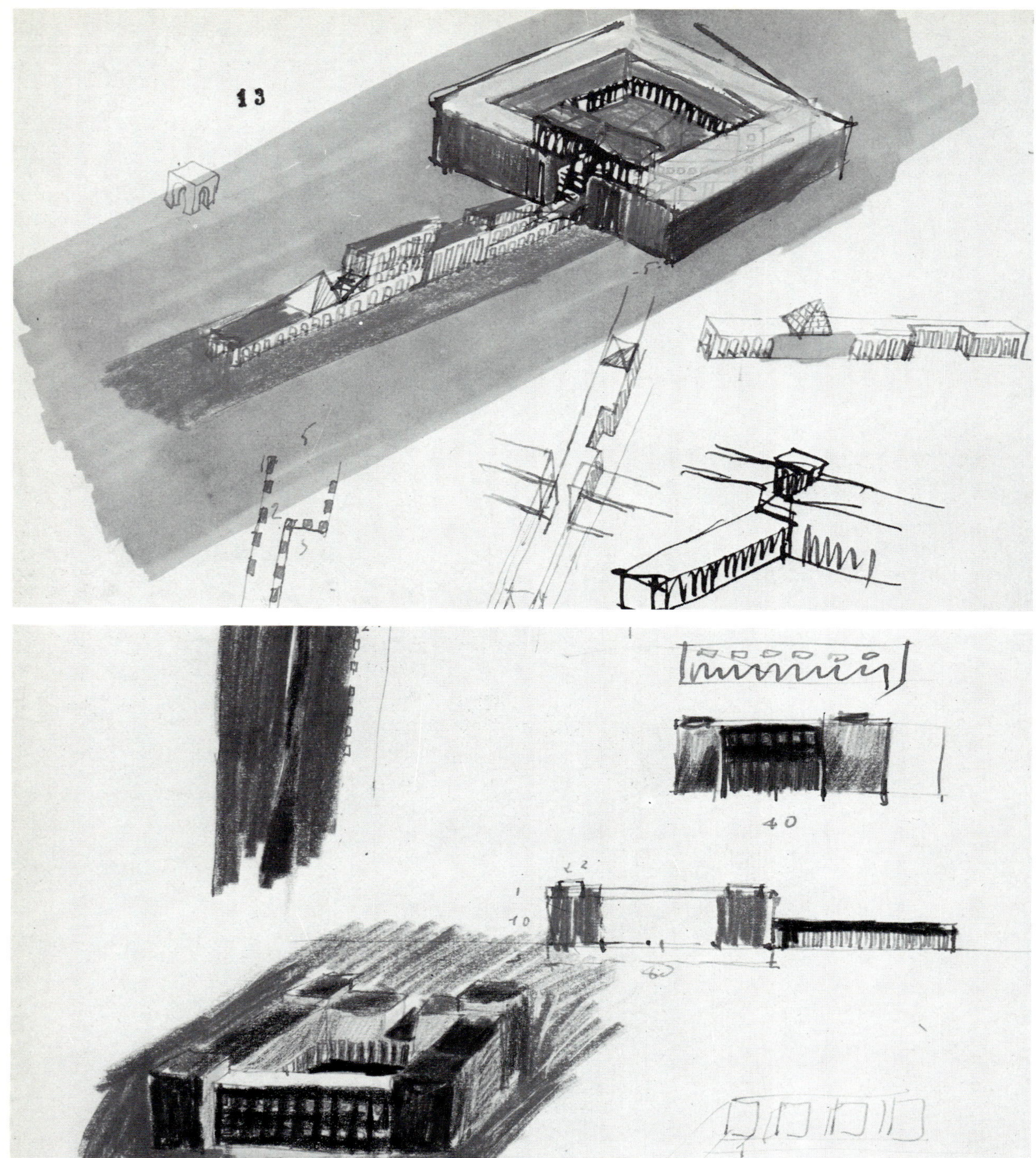

47. Studio particolareggiato sull'elemento a corte.
47. Detailed study of the element with courtyard.
48. Studio particolareggiato sull'elemento a corte.
48. Detailed study of the element with courtyard.

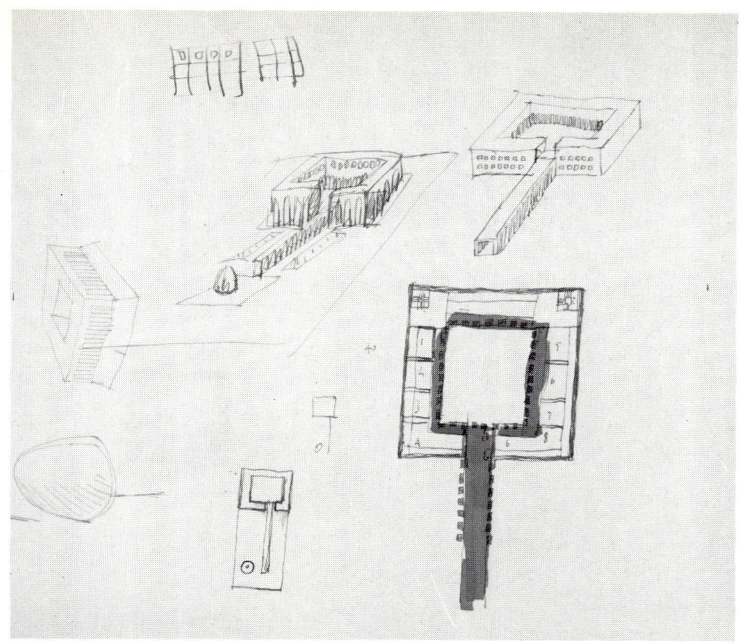

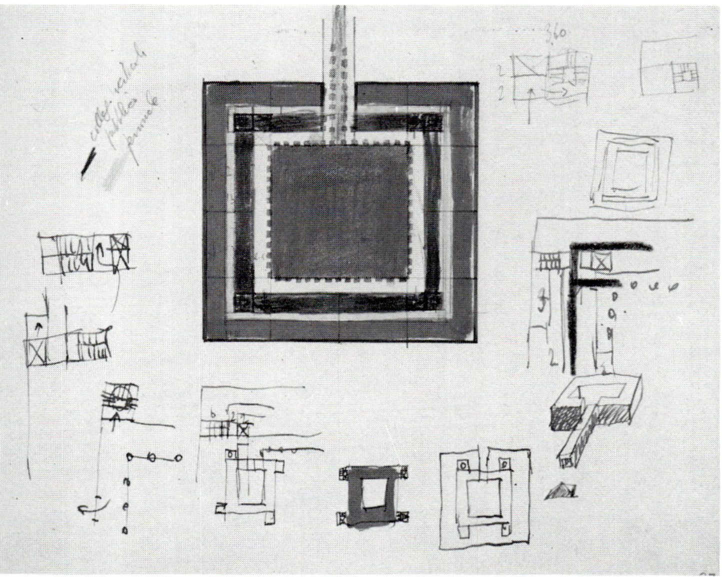

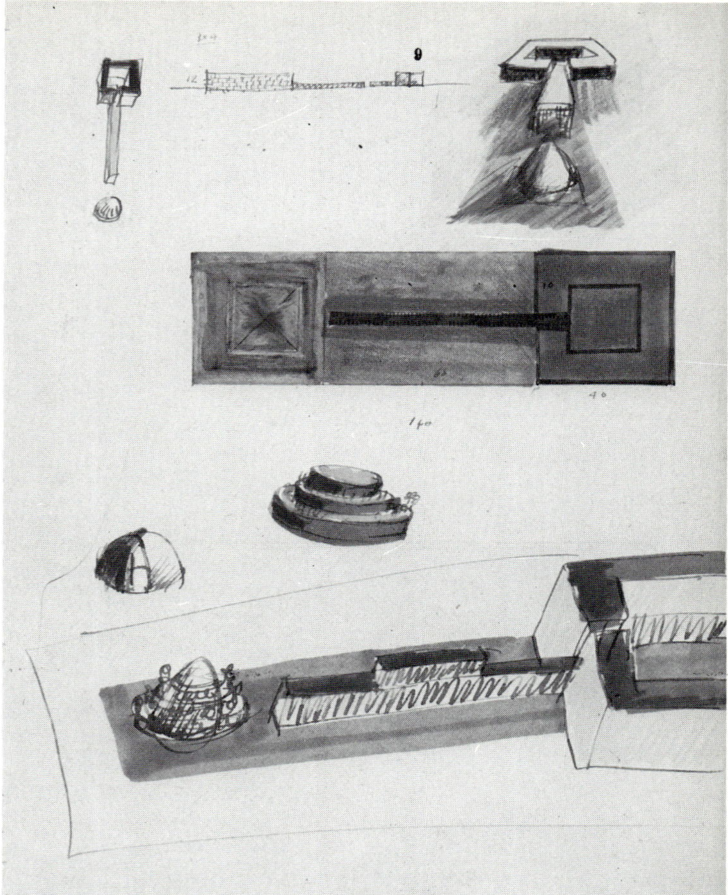

49. Studi sull'elemento a corte.
49. Studies of the element with courtyard.
50. Pianta e variazioni sull'elemento a corte.
50. Plan and variations on the element with courtyard.

51. L'intero edificio con alcune varianti.
51. The entire building with some variations.

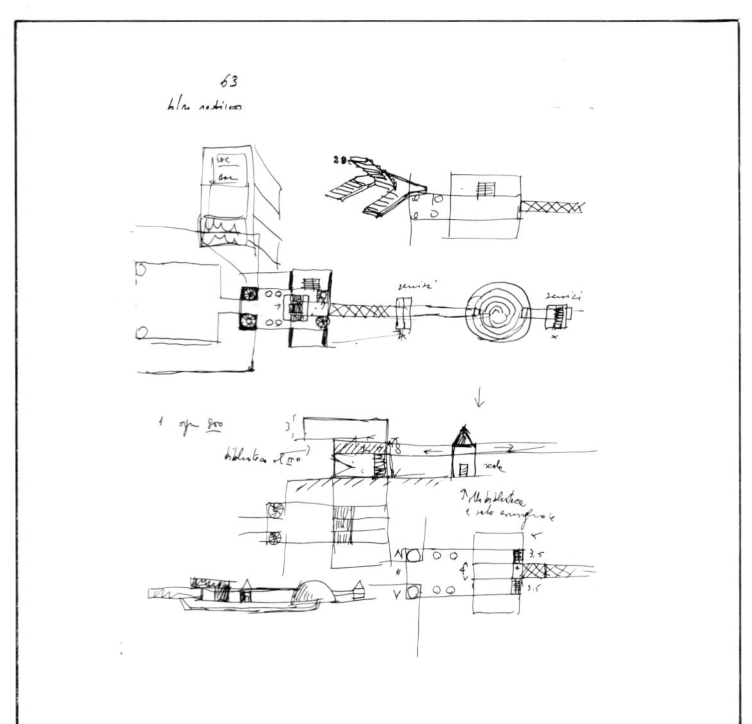

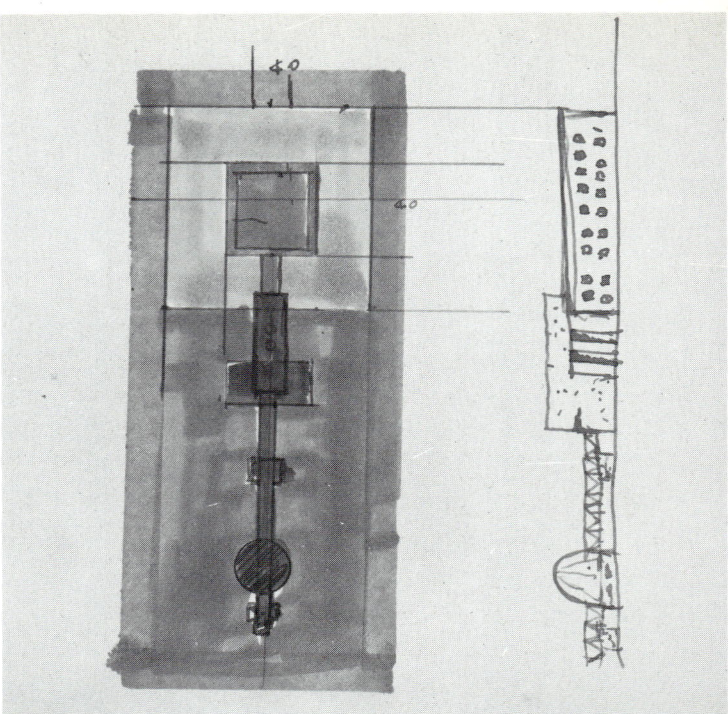

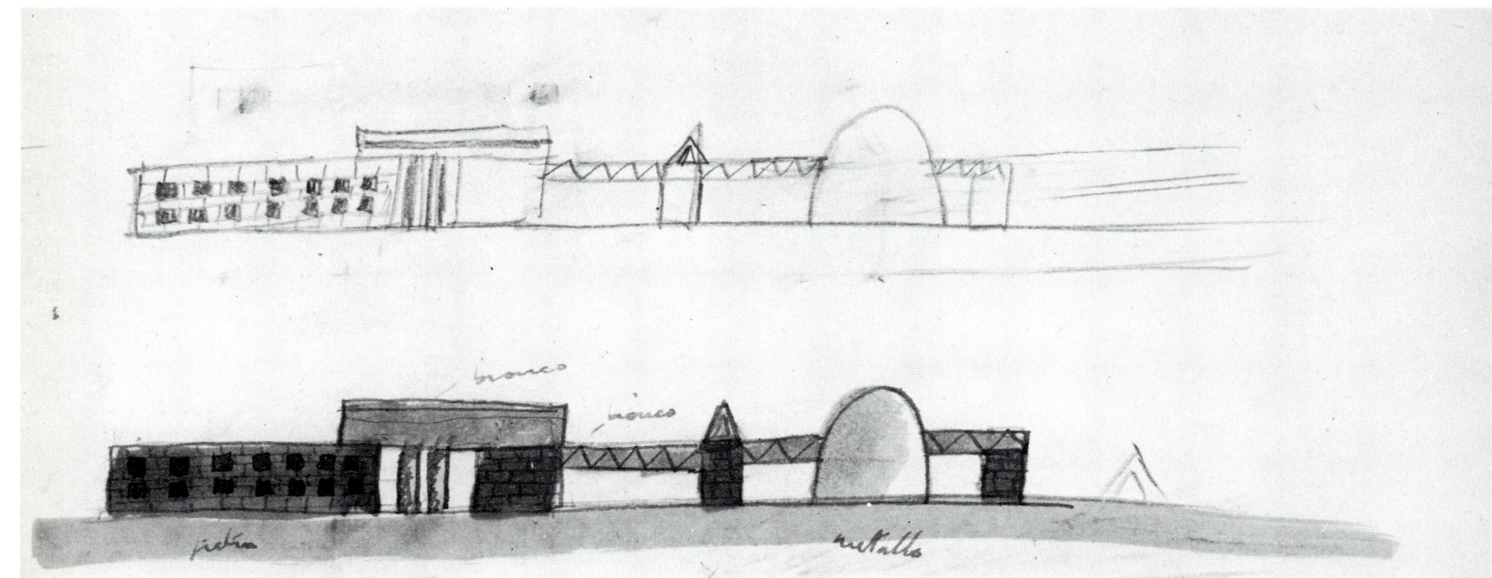

52. Appunti sulla soluzione definitiva dell'edificio.
52. Notes on the definitive solution of the building.
53. Prospetti dell'intero complesso.
53. Prospects of the entire complex.

54. Pianta e prospetto dell'intero complesso.
54. Plan and prospect of the entire complex.

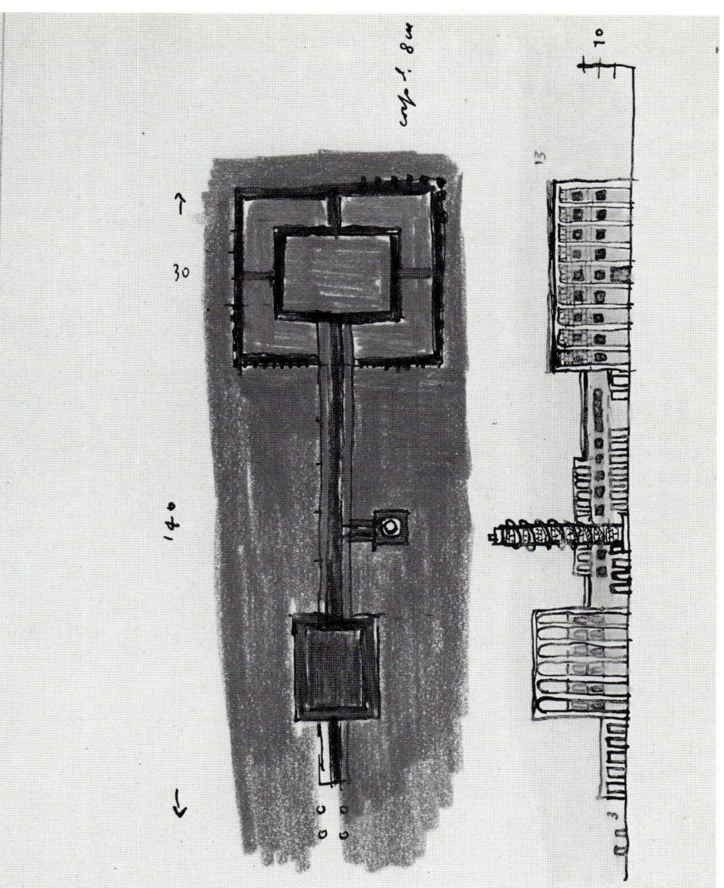

55. Variante della soluzione definitiva dell'intero complesso.
55. Variation of the definitive solution of the entire complex.
56. Prospetto della variante della soluzione definitiva dell'intero complesso.
56. Prospect of the variation to the definitive solution of the entire complex.

57. Pianta e prospetto della variante della soluzione definitiva dell'intero complesso.
57. Plan and prospect of the variation to the definitive solution of the entire complex.

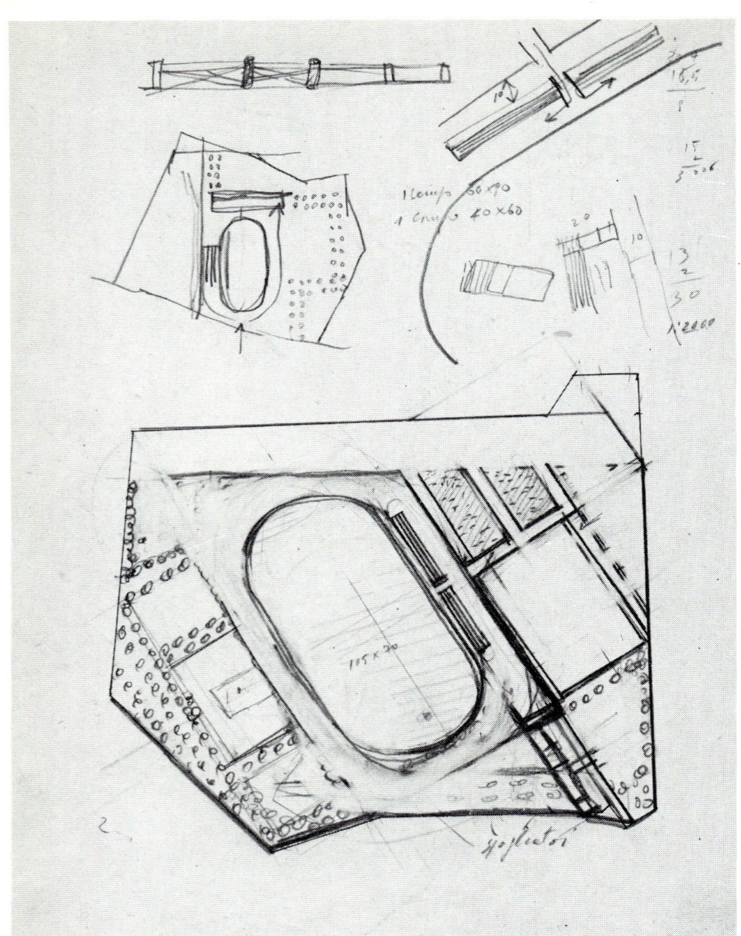

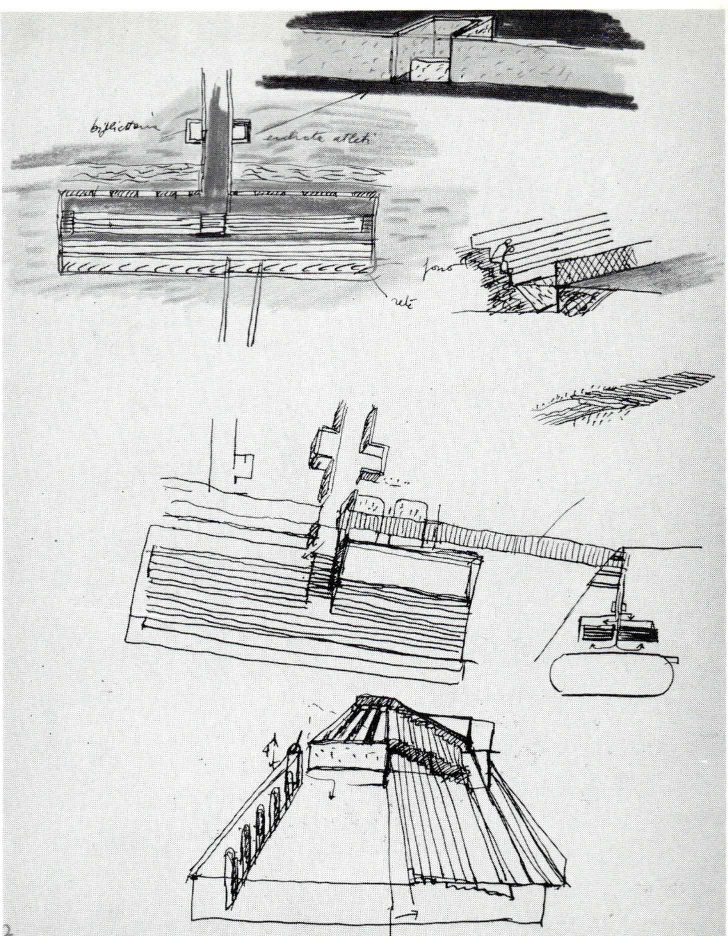

Progetto per attrezzature sportive ad Abbiategrasso, 1972.
Project fot the sports centre at Abbiategrasso, 1972.

58. Studio della planimetria generale.
58. Study of the general plan.

59. Studio della gradonata attrezzata.
59. Study of the equipped stands.

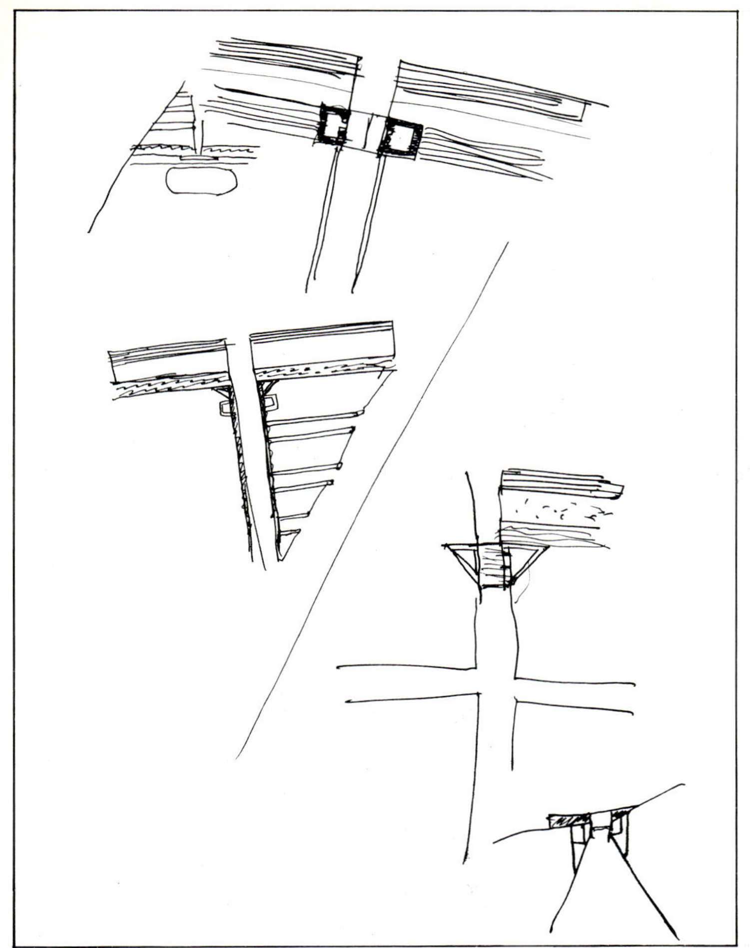

60. Studio della gradonata attrezzata.
60. Study of the equipped stands.
61. Appunti sulla soluzione di alcuni nodi.
61. Notes on the solution of some key-points.

62. Studio della gradonata attrezzata.
62. Study of the equipped stands.

63. Sezione della gradonata e volumetria generale.
63. Cross-section of the stands and volumetric aspect.
64. Studio della gradonata e del prospetto principale.
64. Study of the stands and of the main prospect.

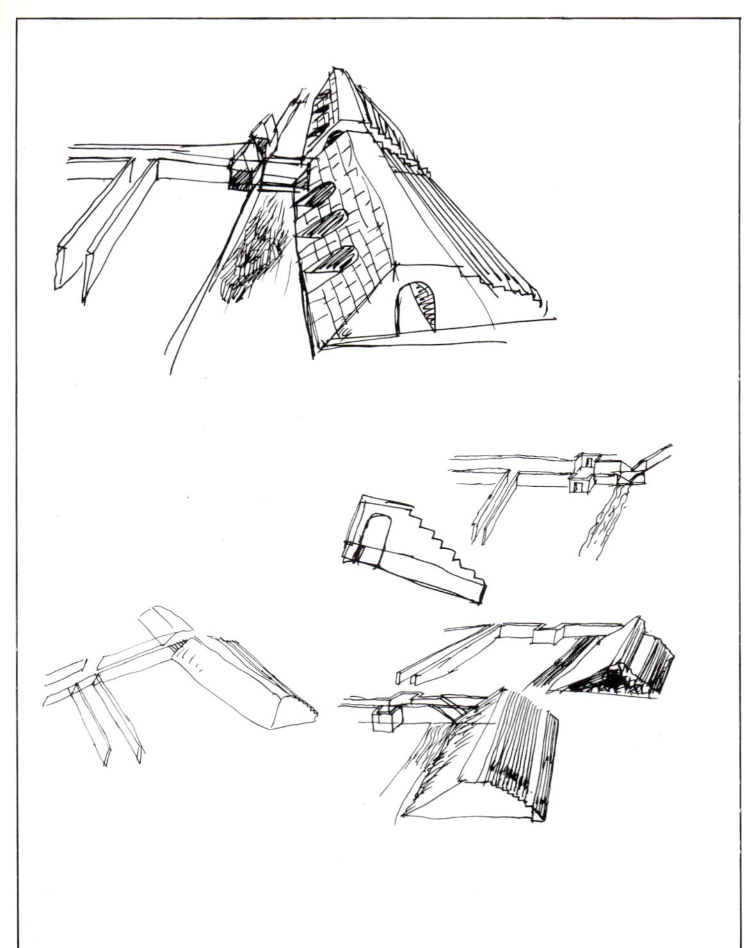

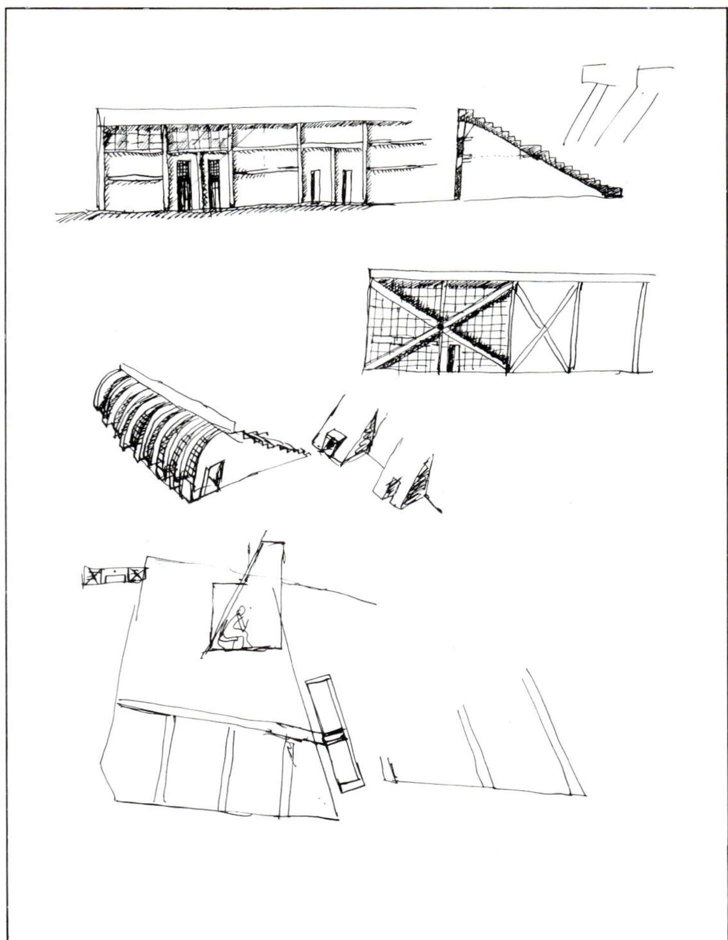

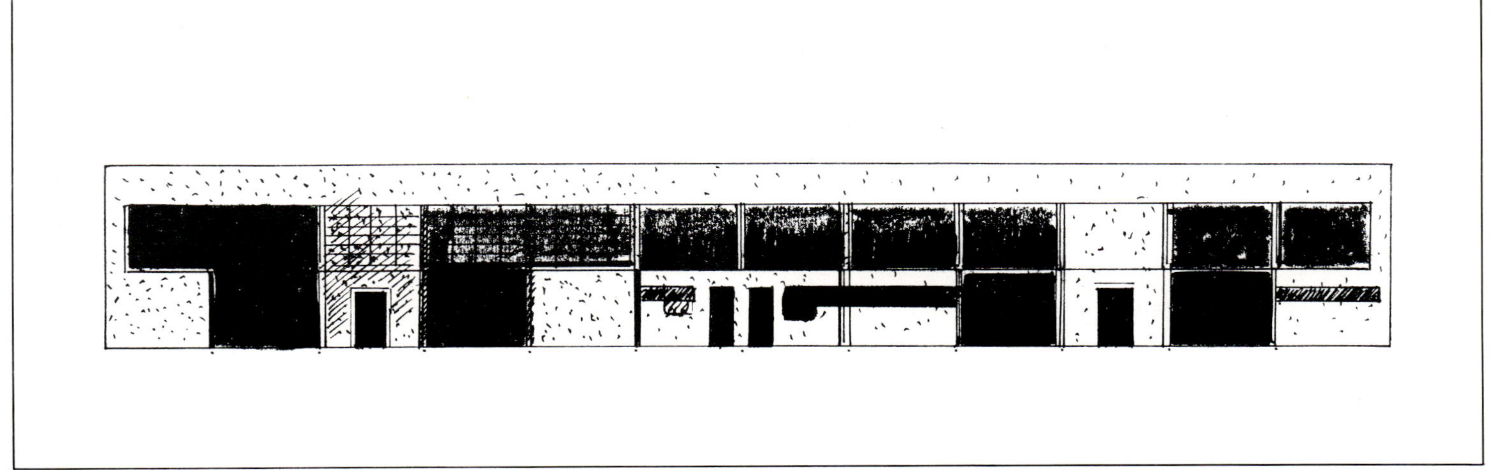

65. Studi prospettici della gradonata attrezzata.
65. Prospective study of the equipped stands.
66. Sezione e particolari di prospetto.
66. Cross section and details of the prospect.

67. Studio del prospetto.
67. Study of the prospect.

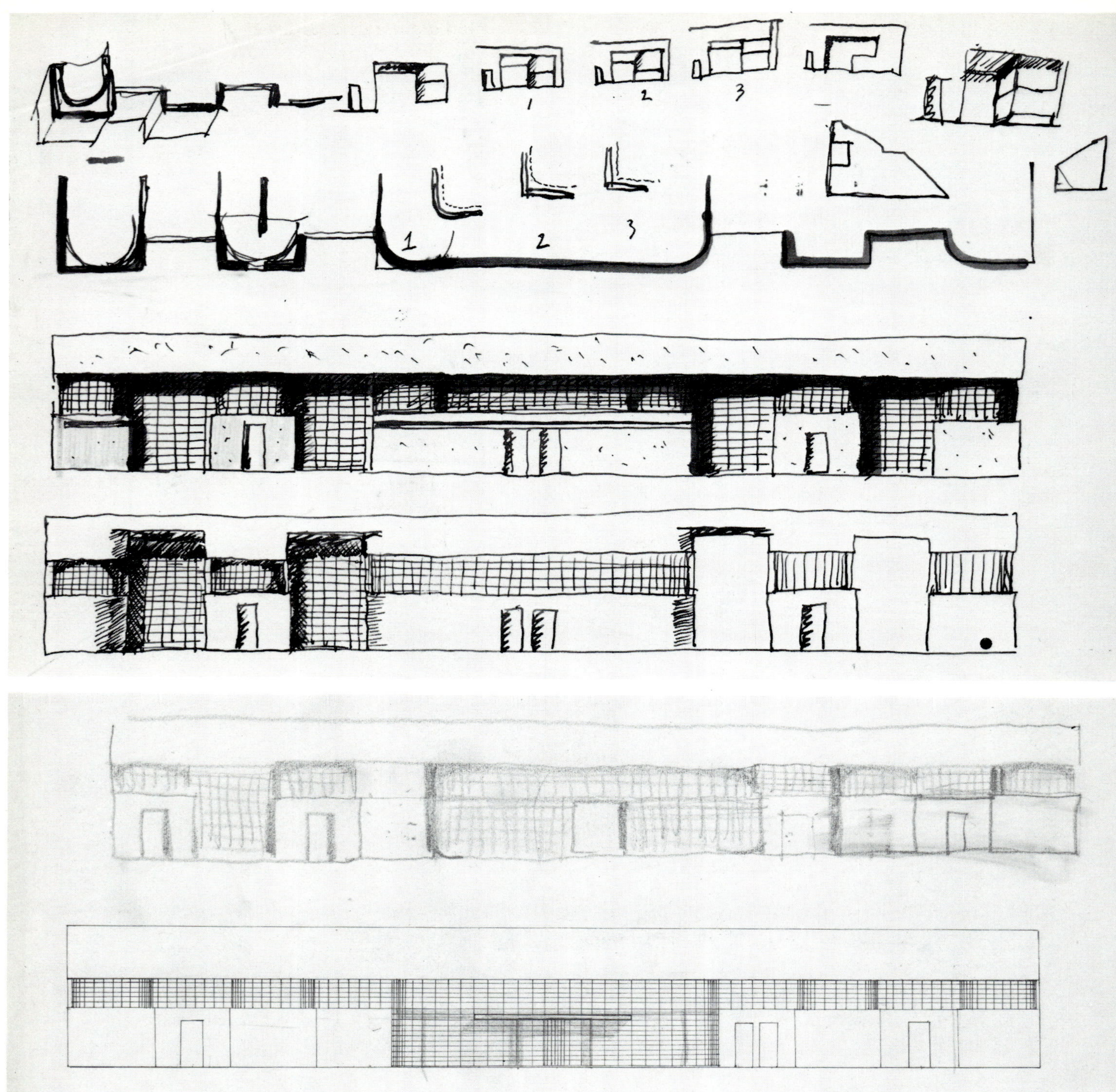

68. Studi di piante e prospetti con le ombre.
68. Studies of the plans and prospects with shadows.
69. Studi di prospetto.
69. Studies of the prospect.

Disegni d'architettura, 1973-1980

Architectural drawings, 1973-1980

1. Architettura smascherata, dal libro C, 1973.
1. Unmasked architecture, from book C, 1973.
2. Architettura al buio, dal libro C, 1973.
2. Architecture in the dark, from book C, 1973.

3. Architettura e natura, dal libro C, 1973.
3. Architecture and nature, from book C, 1973.

4. Casa-piramide, dal libro B, 1974.
4. Pyramid-house, from book B, 1974.
5. Macchina preindustriale, dal libro B, 1974.
5. Pre-industrial machine, from book B, 1974.

6. Studi di paesaggio, dal libro C, 1974.
6. Landscape studies, from book C, 1974.

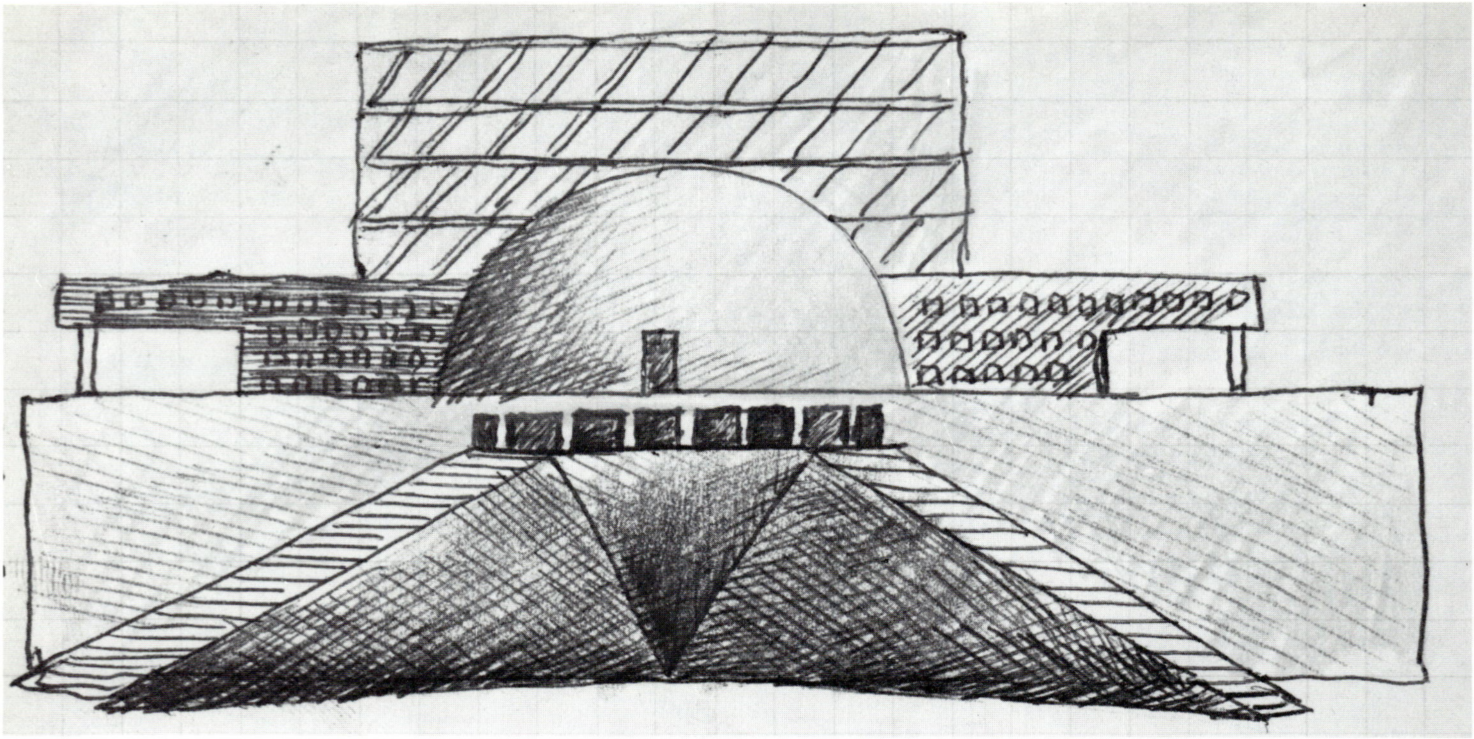

7. Studio per un centro comunitario, dal libro C, 1974.
7. Study for a community center from book C, 1974.
8. Architettura fratturata, dal libro C, 1974.
8. Fractured architecture, from book C, 1974.

9. Studio di una piazza con edificio lamellare, dal libro C, 1974.
9. Study of a square with lamellar building, from book C, 1974.

10. Grattacielo, dal libro C, 1974.
10. Skyscraper, from book C, 1974.

11.12.13. La città della speculazione, dal libro A, 1973.
11.12.13. Speculation city, from book A, 1973.

14. Edifici residenziali a gradoni ed edifici industriali, dal libro C, 1973.
14. Stepped residential buildings and industrial buildings, from book C, 1973.

15. Macchina edilizia con edifici industriali, dal libro B, 1974.
15. Building machine with industrial buildings, from book B, 1974.

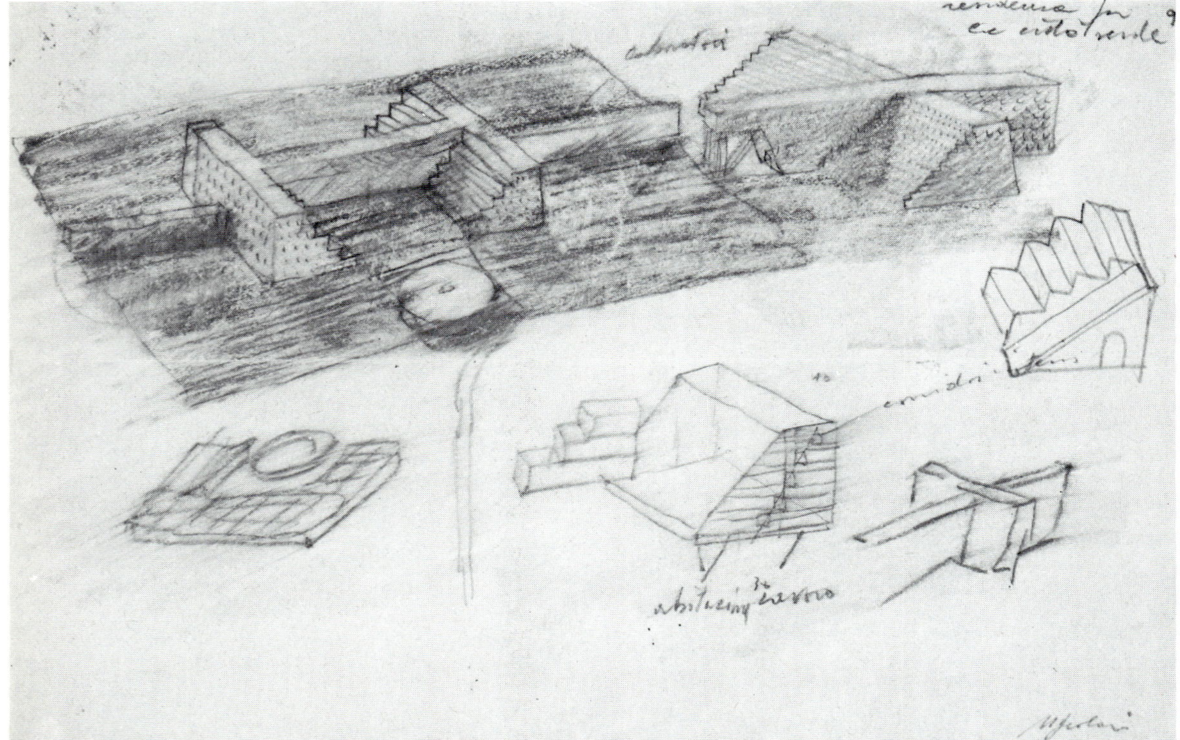

16. Studi di residenze, dal libro A, 1973.
16. Studies of residences, from book A, 1973.
17. Residenze per la città verde, dal libro A, 1973.
17. Residences for the green city, from book A, 1973.

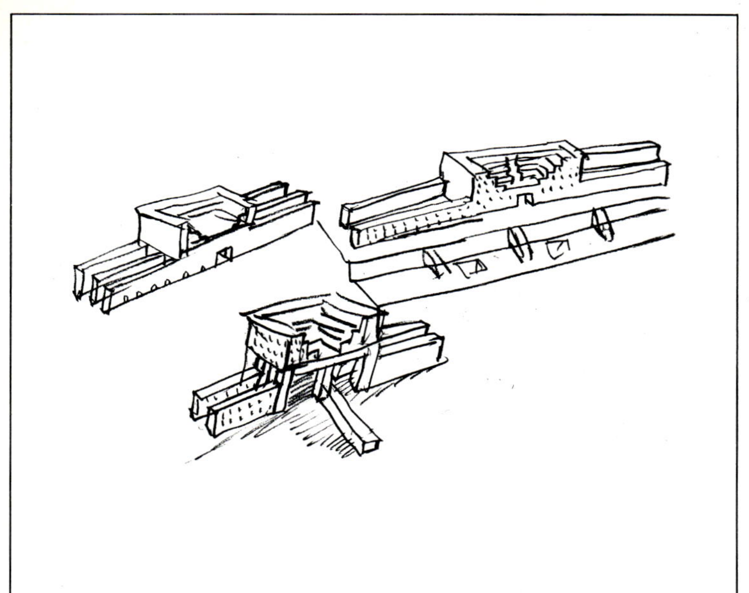

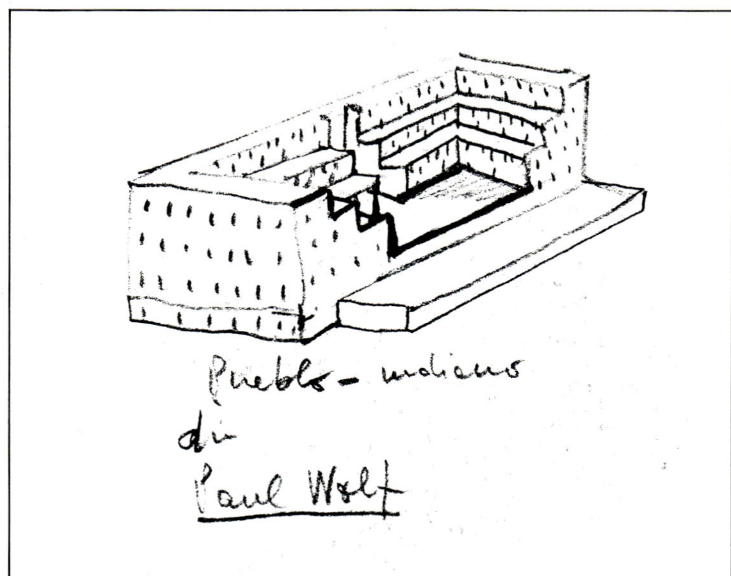

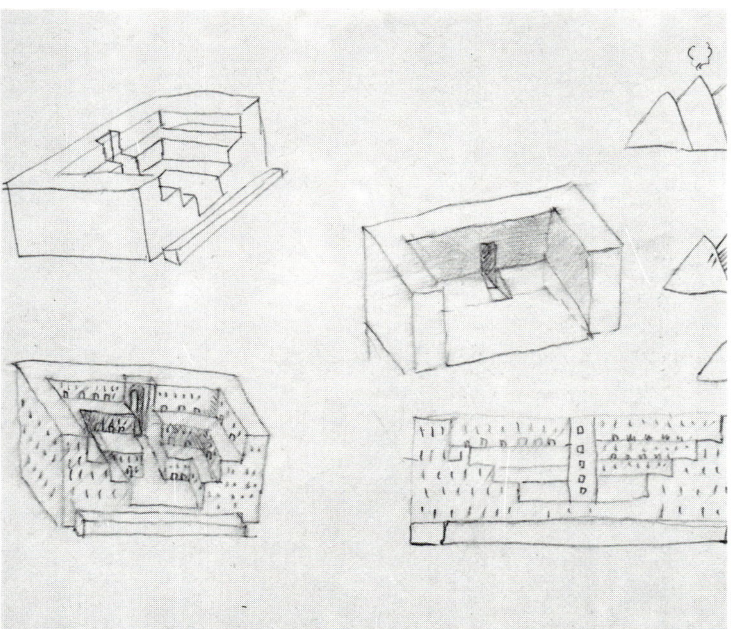

18.19. Edifici a gradoni, dal libro C, 1974.
18.19. Stepped buildings, from book C, 1974.

20. Studio di pueblo indiano, dal libro C, 1974.
20. Study of the Indian pueblo, from book C, 1974.
21. Studi per residenze, dal libro C, 1974.
21. Studies for residences, from book C, 1974.

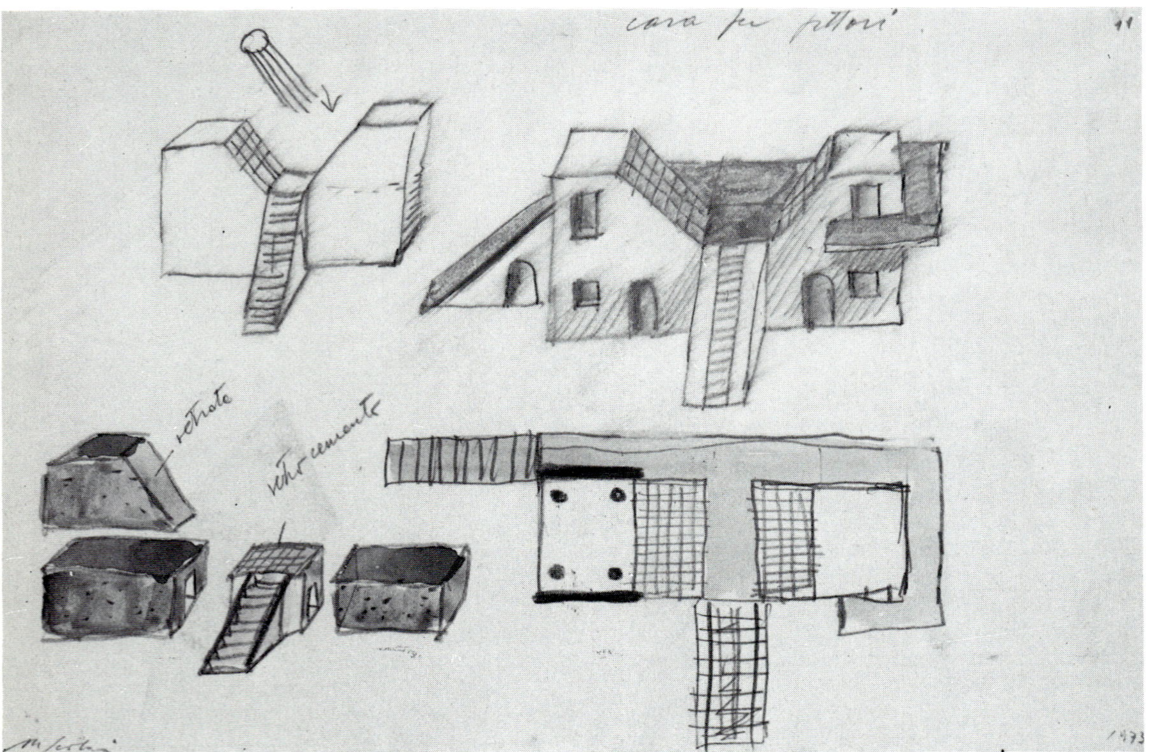

22. Case unifamiliari, dal libro A, 1973.
22. One-family houses, from book A, 1973.
23. Casa per pittori.
23. Painters' house.

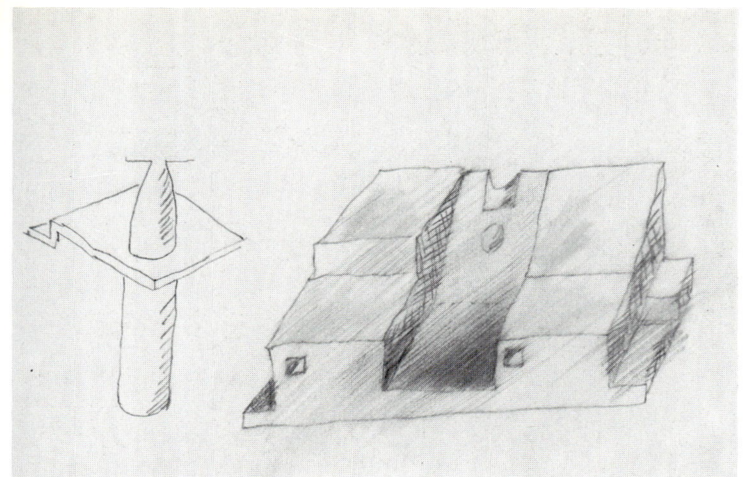

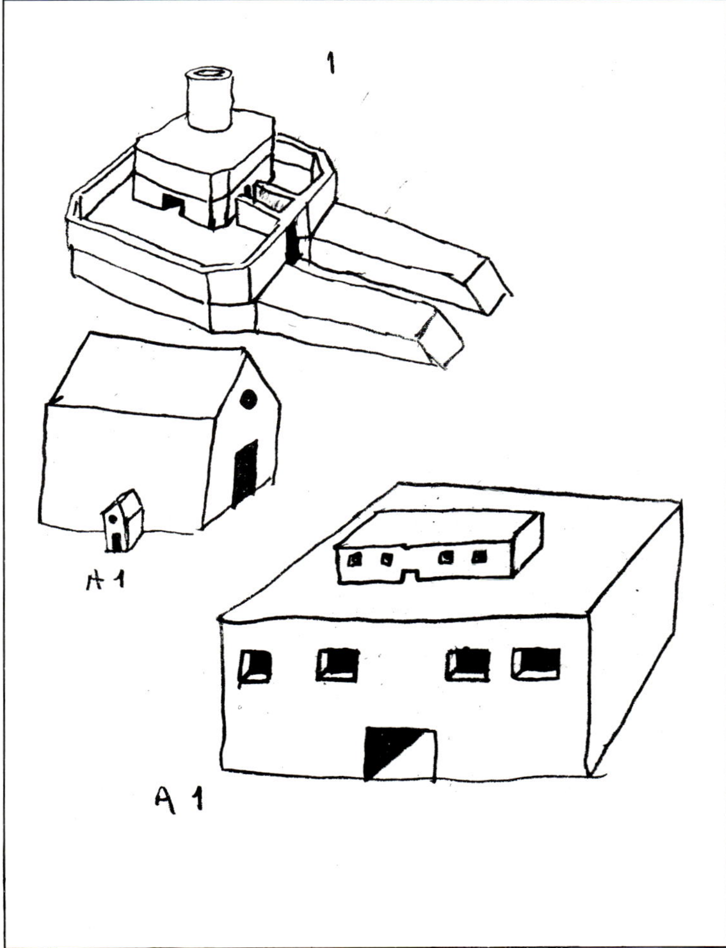

24. Dal libro B: note dal viaggio a Praga, 1973.
24. From book B: travel notes from Prague, 1973.
25. Case.
25. Houses.

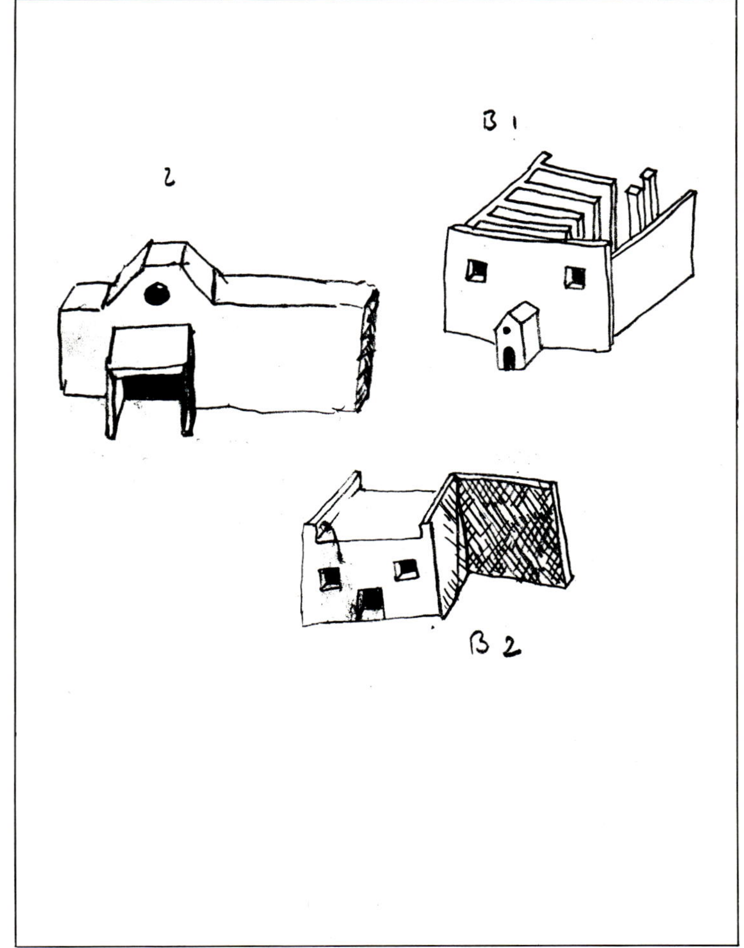

26. Dal libro B: note dal viaggio a Praga, 1973.
26. From book B: travel notes from Prague, 1973.
27. Case.
27. Houses.

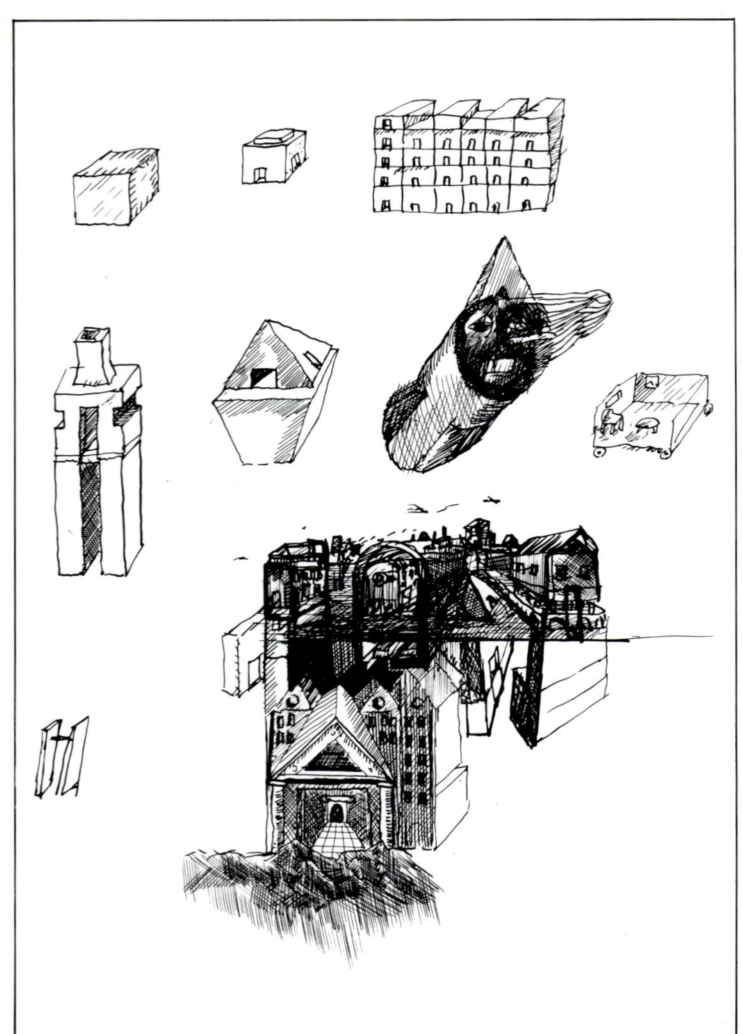

28. Edificio ottenuto per addizione di elementi semplici e veduta di città ideale, dal libro C, 1974.
28. Building obtained by the addition of simple elements, and a view of the ideal city, from book C, 1974.

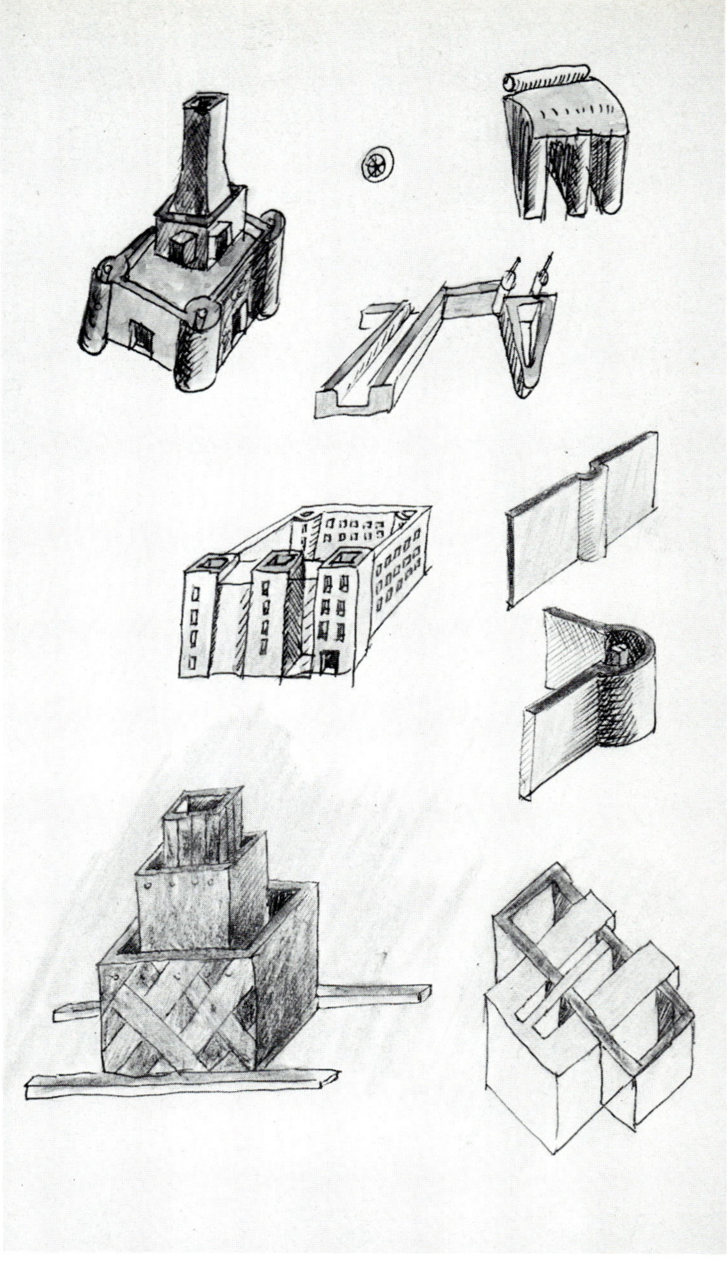

29. Fortificazioni, dal libro C, 1974.
29. Fortifications, from book C, 1974.

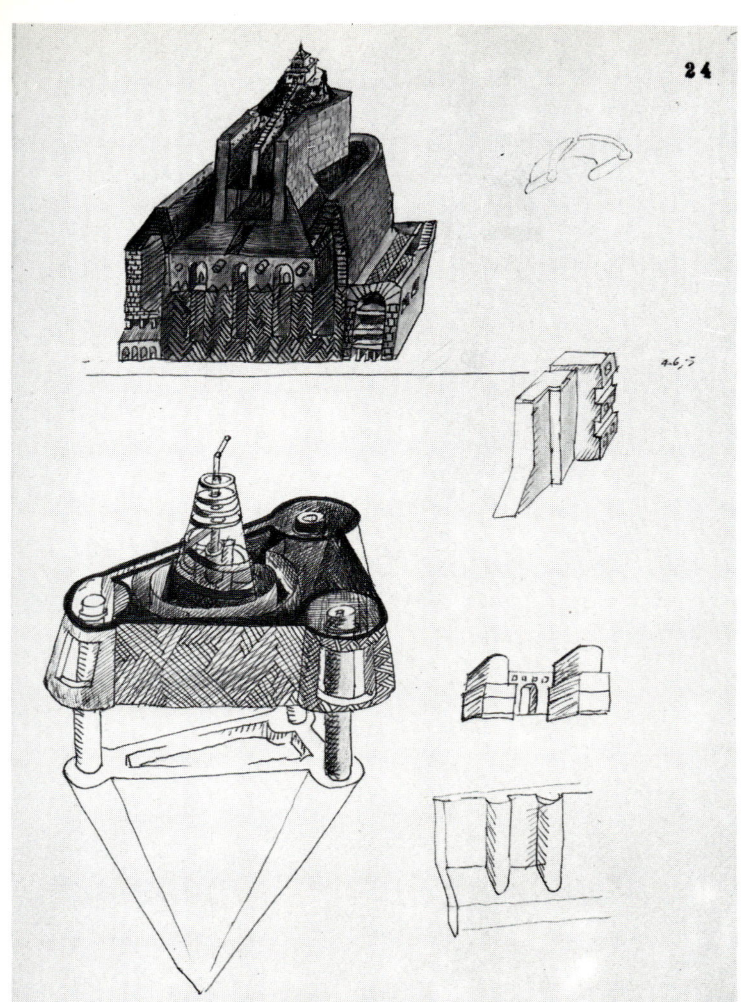

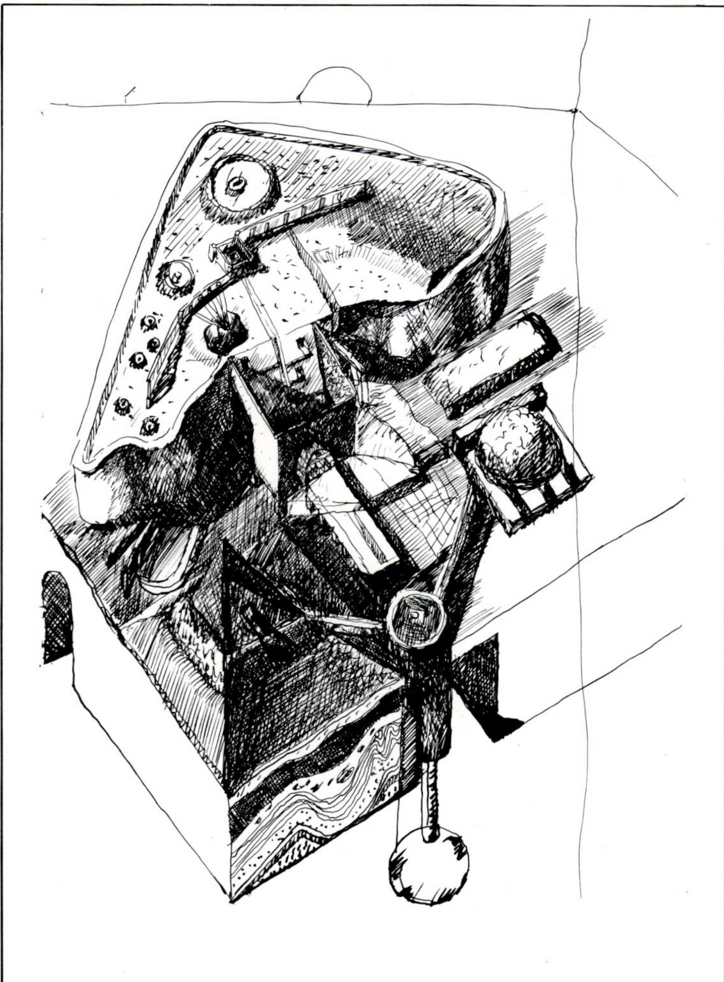

30. Fortificazioni, dal libro C, 1974.
30. Fortifications, from book C, 1974.

31. Architettura difensiva, dal libro C, 1974.
31. Defensive architecture, from book C, 1974.

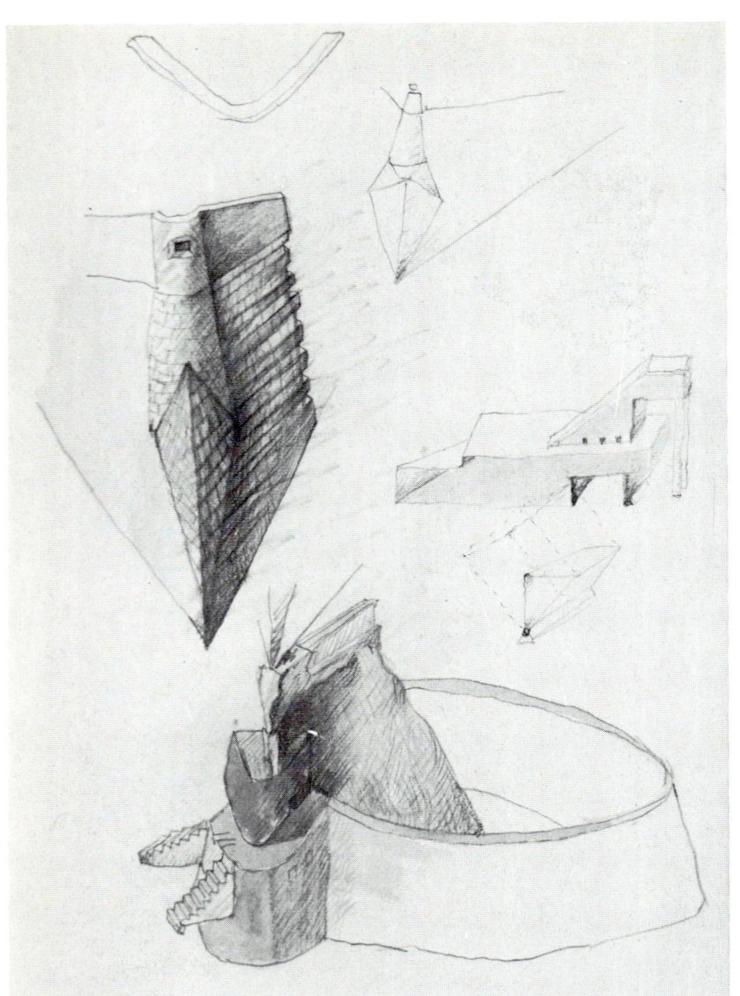

32. Fortificazioni.
32. Fortifications.

33. Architettura difensiva e architettura offensiva, dal libro E, 1975.
33. Defensive and offensive architecture, from book E, 1975.

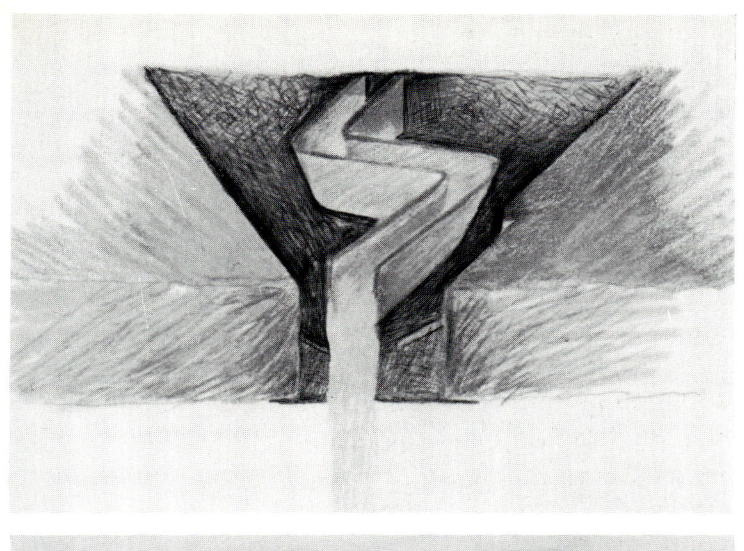

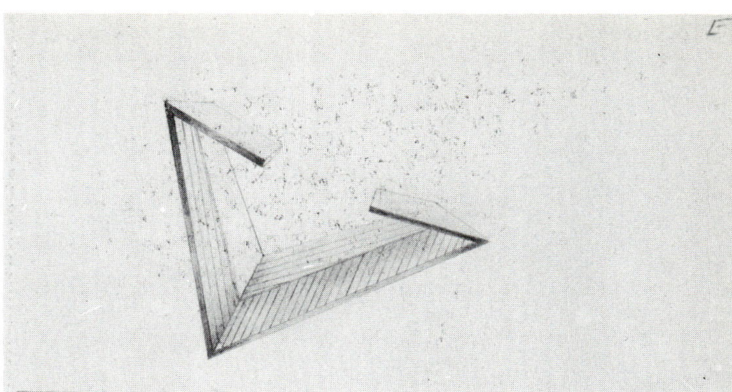

34.35. Canali, dal libro E, 1975.
34.35. Canals, from book E, 1975.

36. Alianti in volo, dal libro E, 1975.
36. Gliders in flight, from book E, 1975.
37. Alianti a terra, dal libro E, 1975.
37. Gliders on the ground, from book E, 1975.

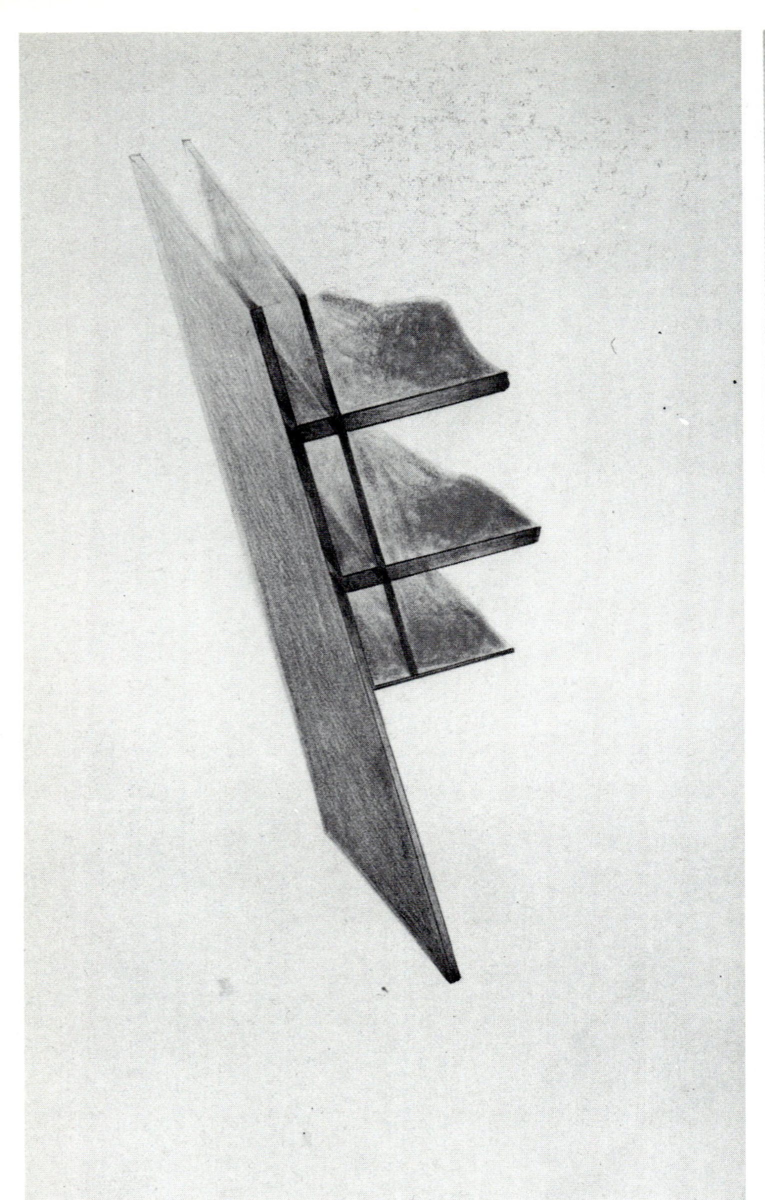
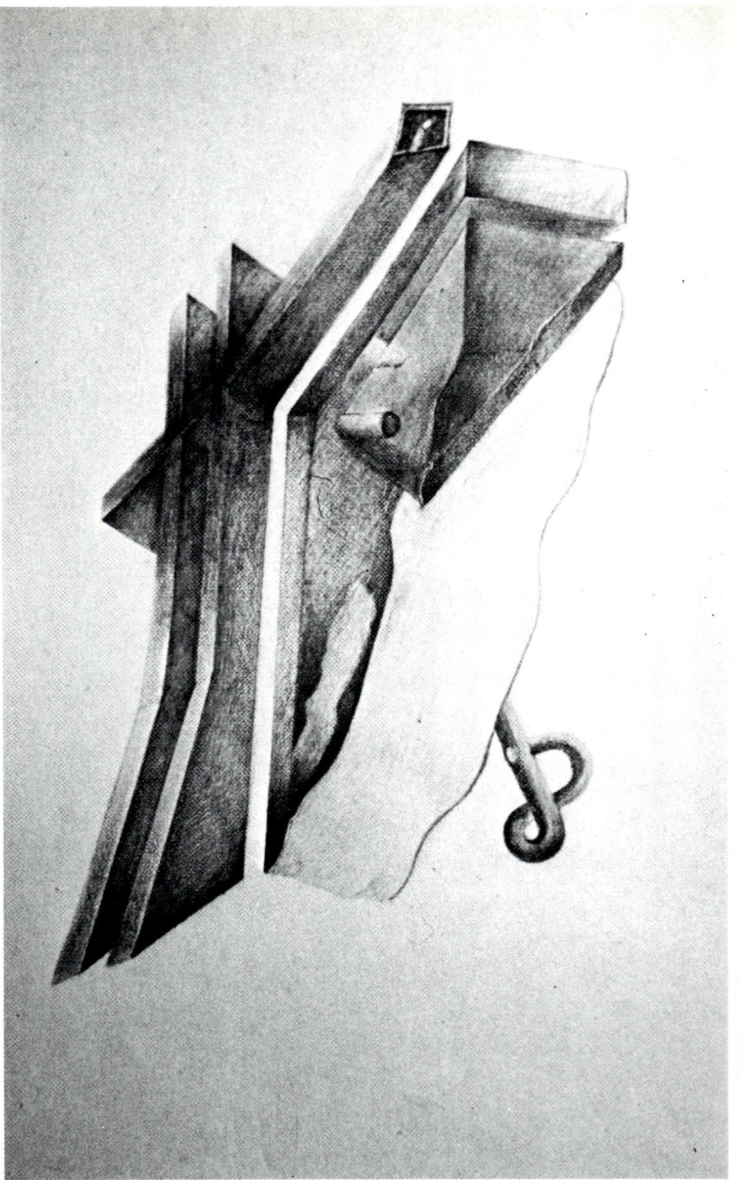

38.39. Mura, dal libro E, 1975.
38.39. Walls, from book E, 1975.

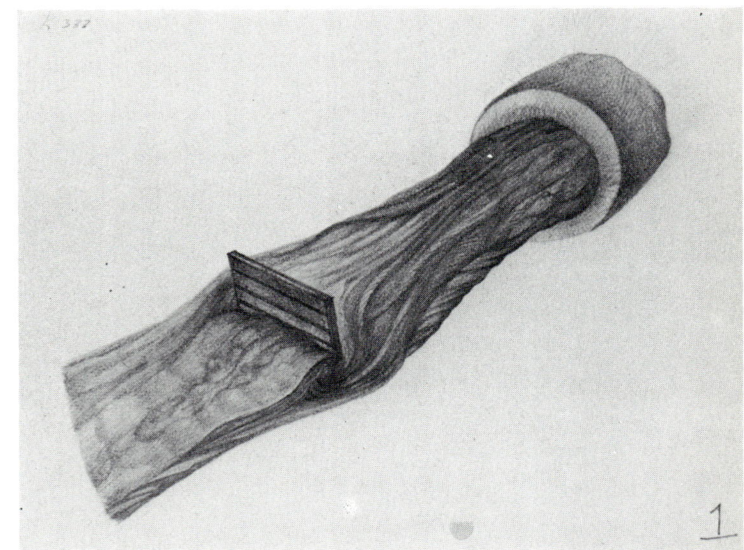

40.41. Mura, dal libro E, 1975.
40.41. Walls, from book E, 1975.

42. Mura, dal libro E, 1975.
42. Walls, from book E, 1975.
43. Acque, dal libro E, 1975.
43. Waters, from book E, 1975.

44. Movimenti di terra, dal libro E, 1975.
44. Earth movements, from book E, 1975.

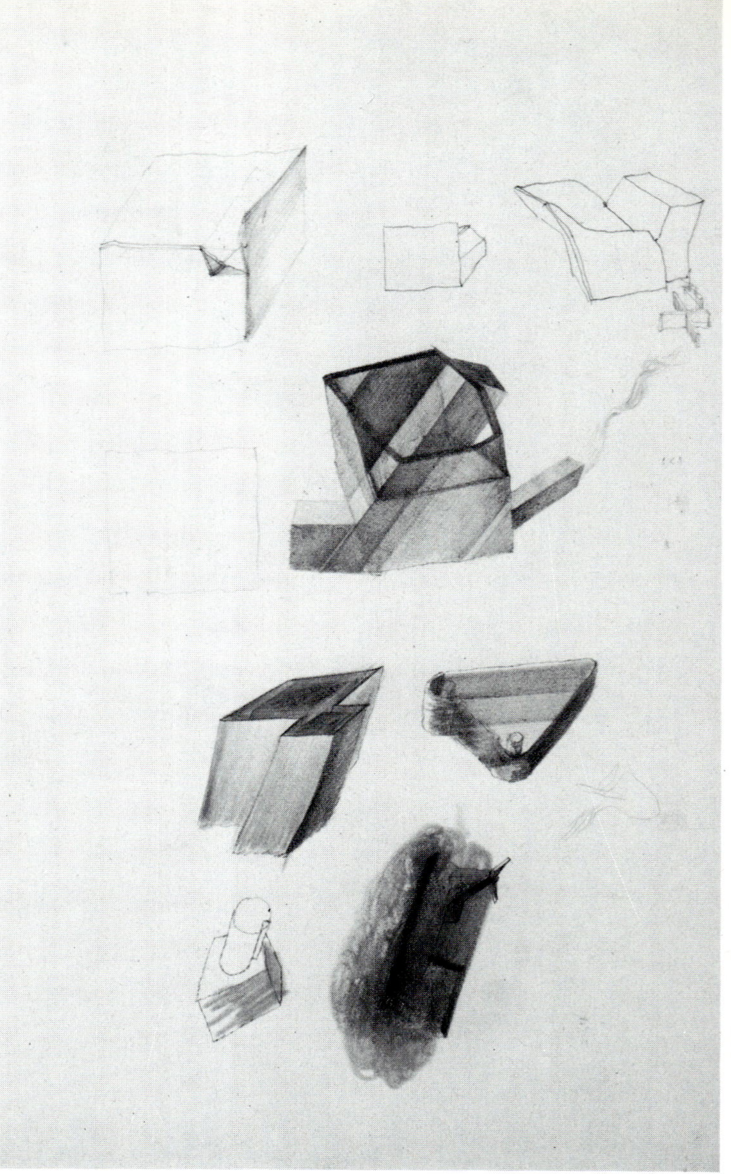

45. Architetture cave, dal libro E, 1975.
45. Hollow architecture, from book E, 1975.

46. Architetture cave, dal libro E, 1975.
46. Hollow architecture, from book E, 1975.
47. Architettura aerea e recinto.
47. Aerial architecture and enclosures.

48. Scatola per lavori, dal libro E, 1975.
48. Work-box, from book E, 1975.
49. Architettura e natura con aliante.
49. Architecture and nature, with glider.

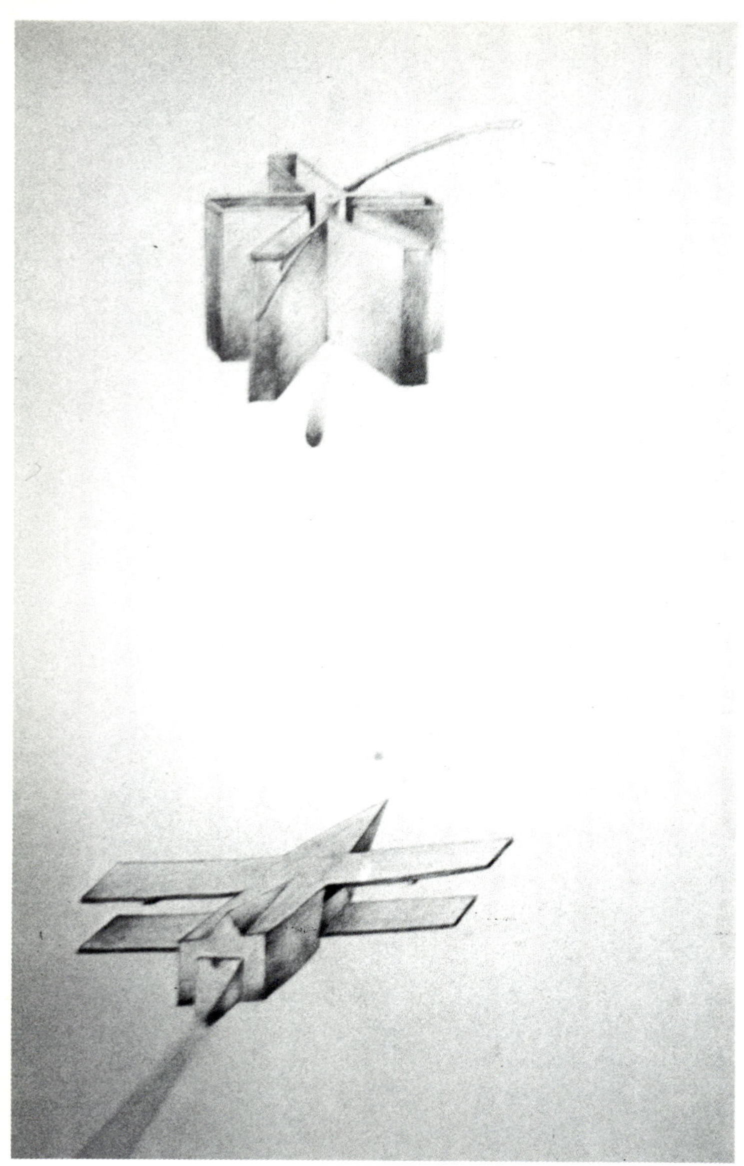

50. Volo solido.
50. Solid flight.

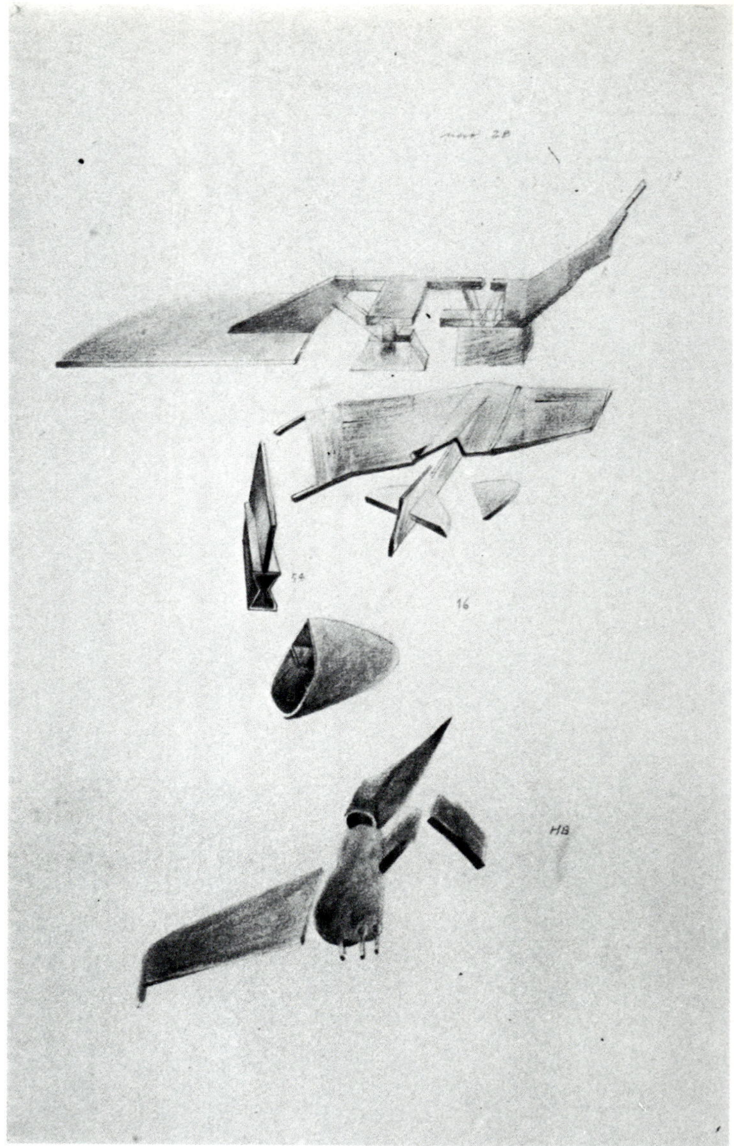

51. Aircrash.
51. Aircrash.

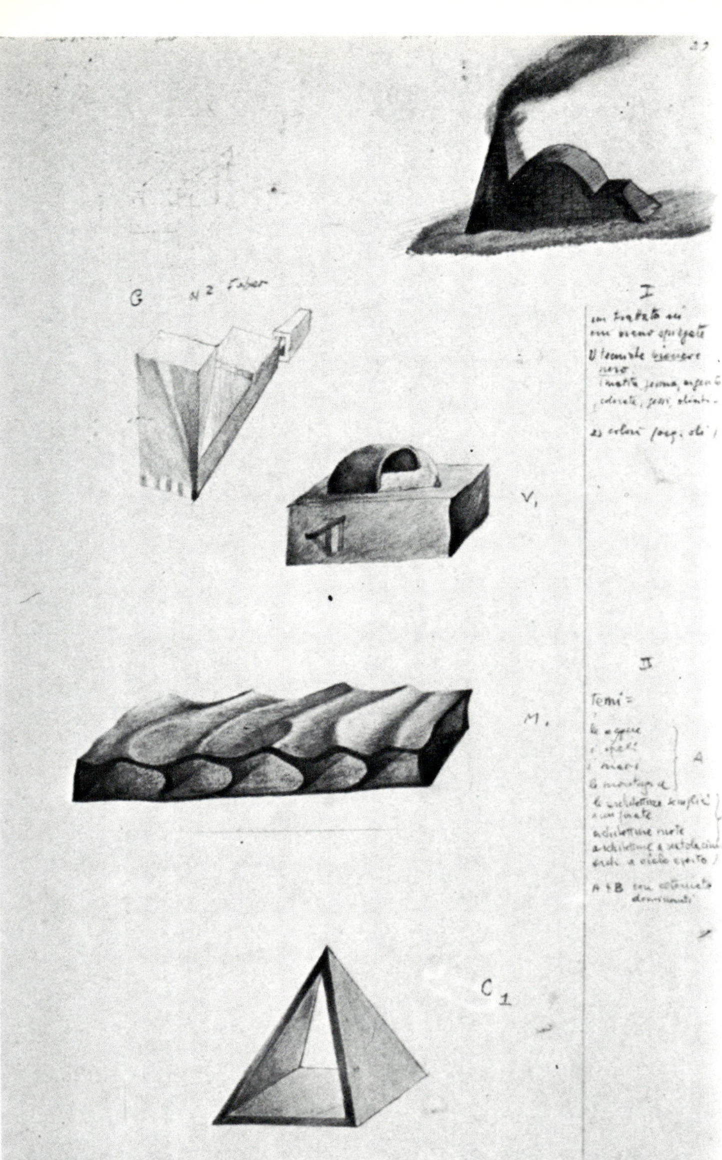

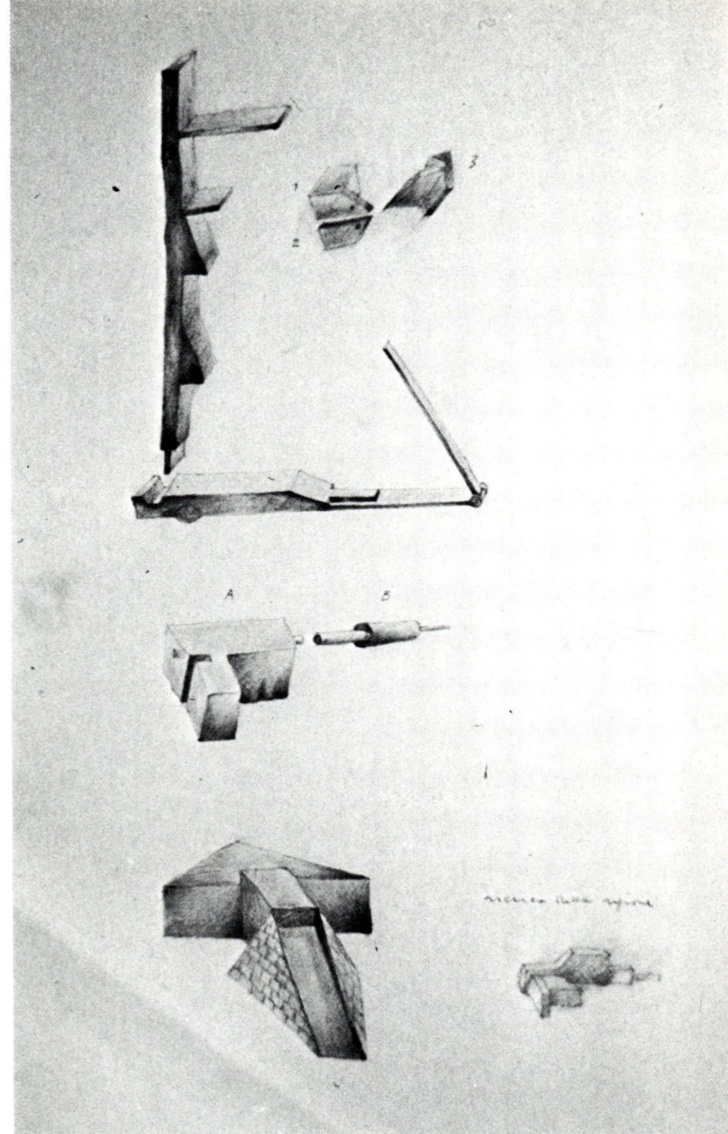

52. Acque e fumi.
52. Water and smoke.

53. Macchina per tranciare, dal libro E, 1975.
53. Cutting machine, from book E, 1975.

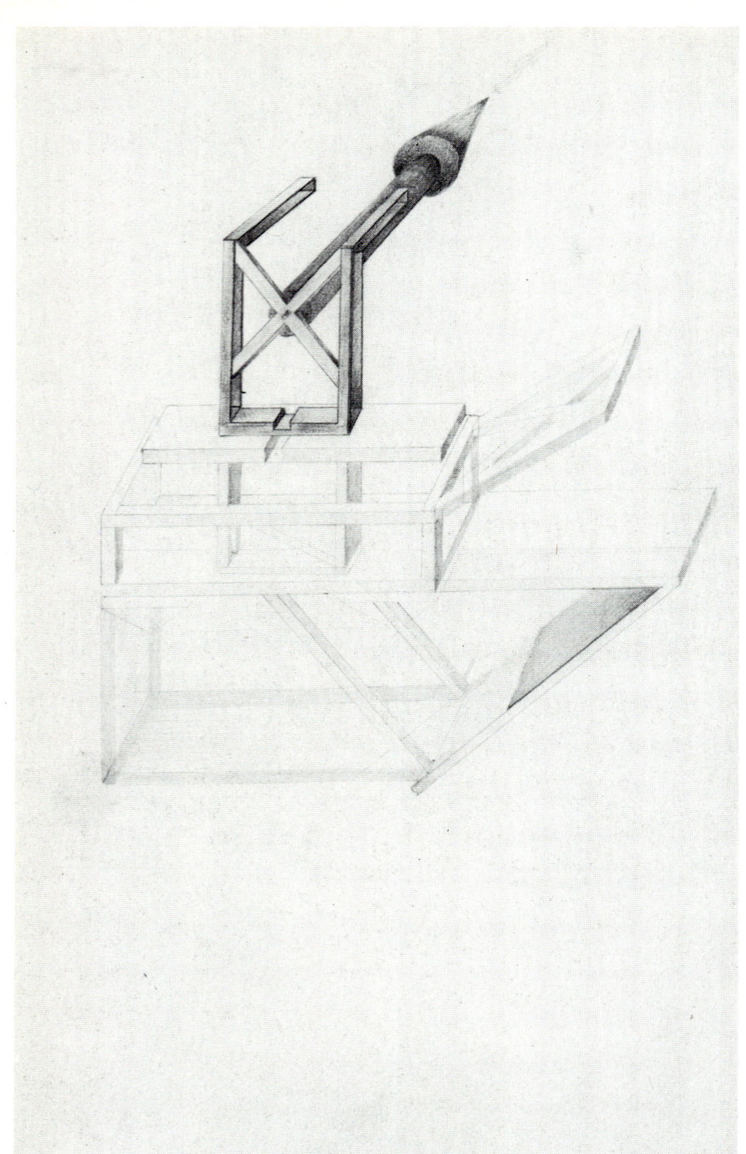

54. Laser preindustriale, dal libro E, 1975.
54. Pre-industrial laser, from book E, 1975.

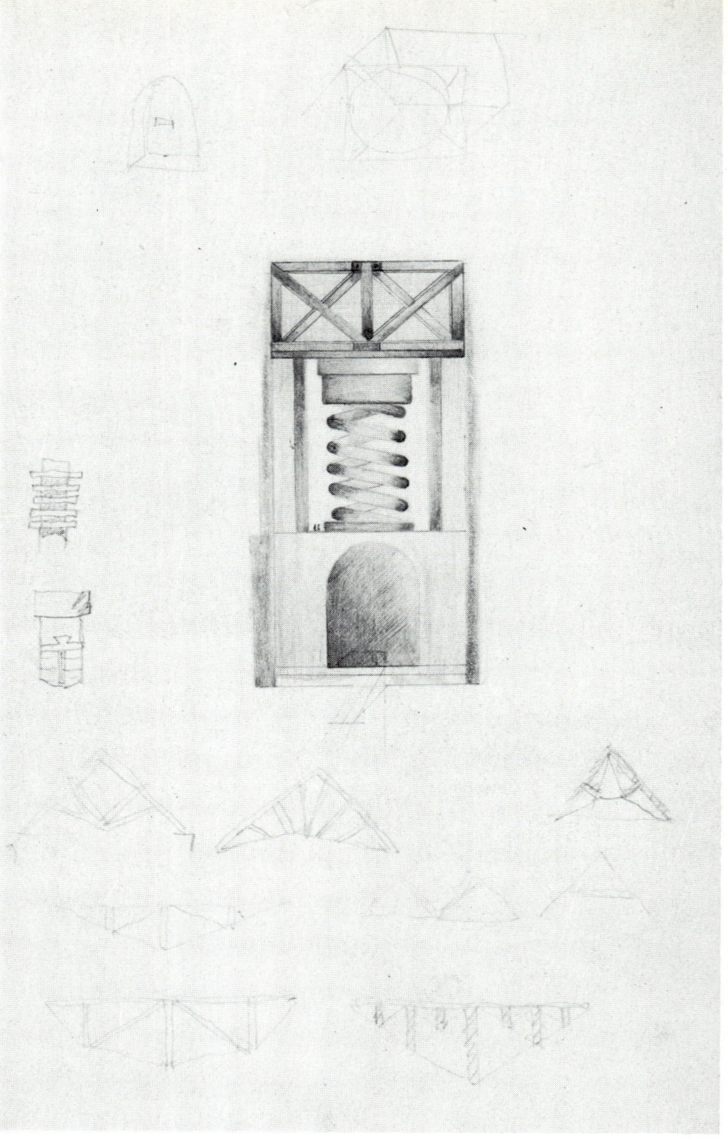

55. Molla monumento, dal libro E, 1975.
55. Monumental spring, from book E, 1975.

56. Quinta, dal libro E, 1975.
56. Screens, from book E, 1975.

57. Carpenteria imprecisa, dal libro E, 1975.
57. Inexact carpentry, from book E, 1975.

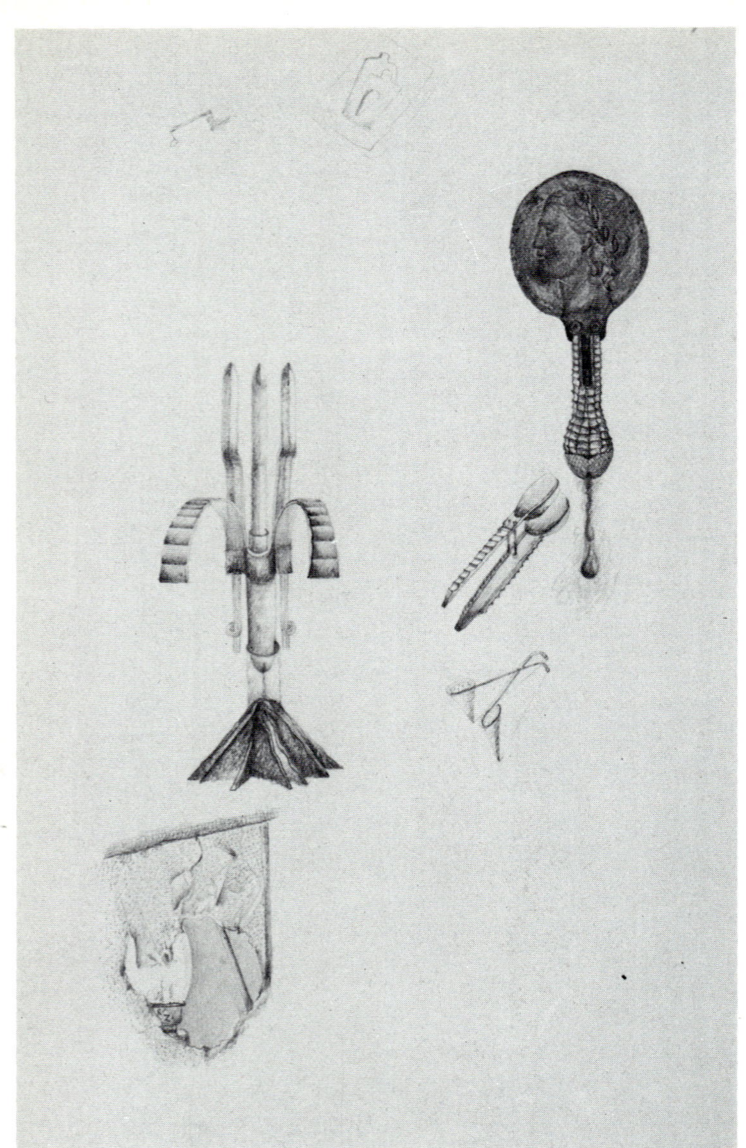

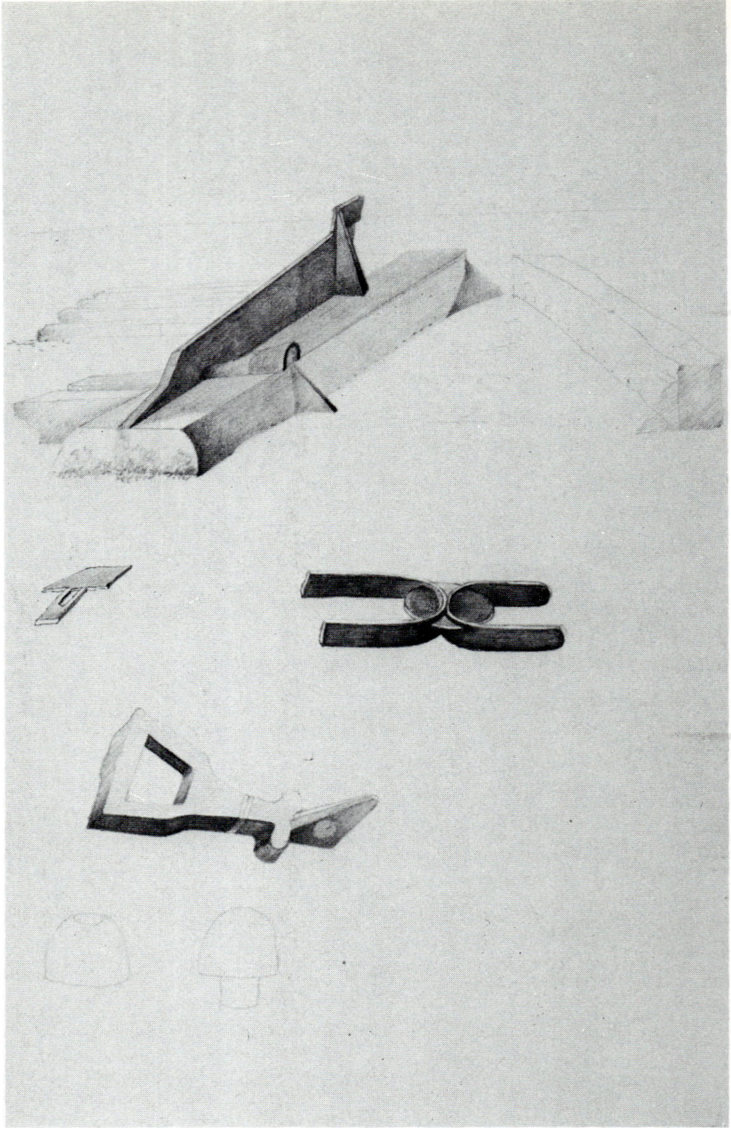

58. Strumenti per illuminare, dal libro E, 1975.
58. Lighting instruments, from book E, 1975.

59. Strumenti, dal libro E, 1975.
59. Instruments, from book E, 1975.

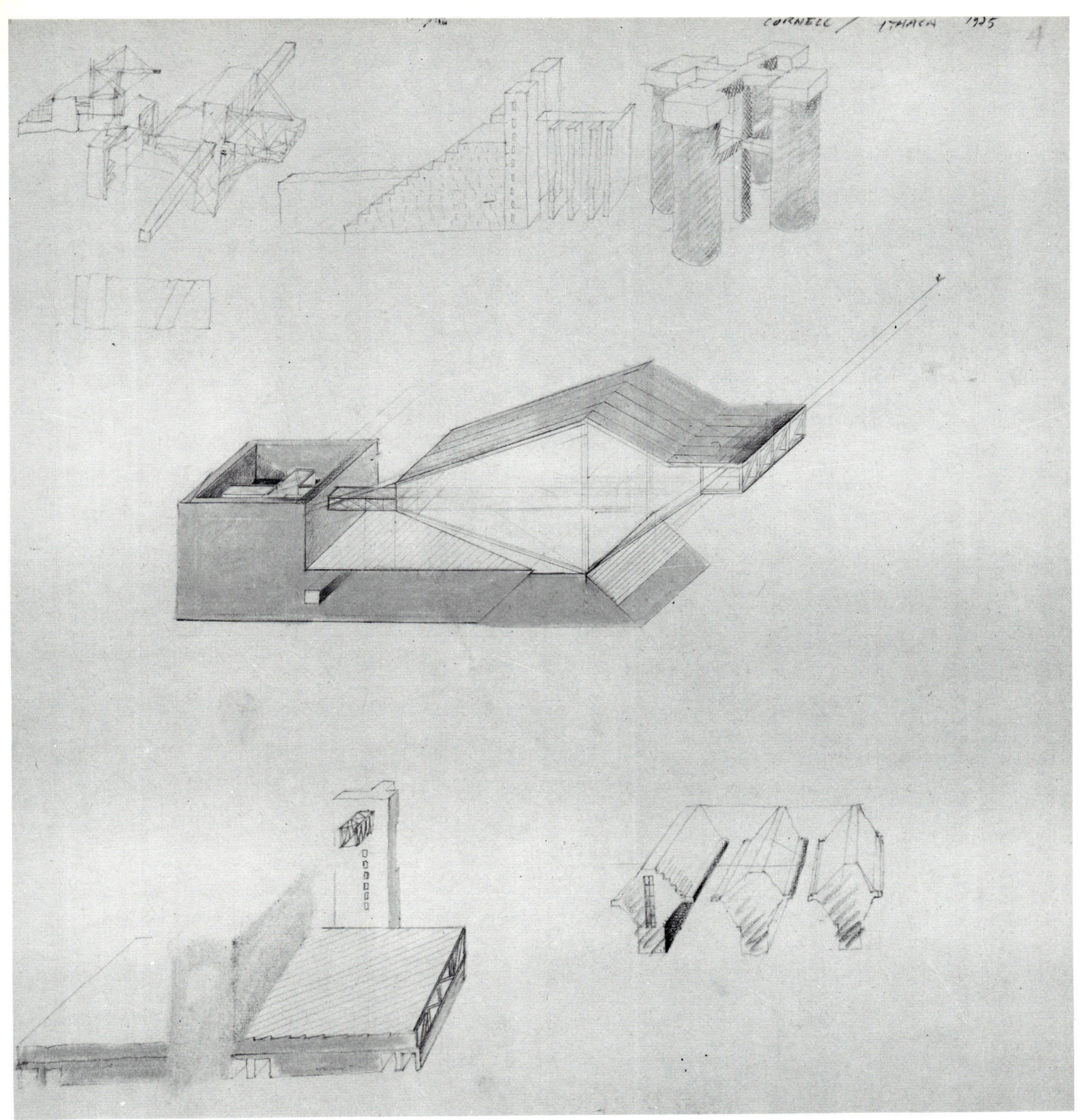

68. Studio per un teatro industriale, dal libro E, 1975.
68. Study for an industrial theatre, from book E, 1975.

69.70. La città aerea.
69.70. The aerial city.

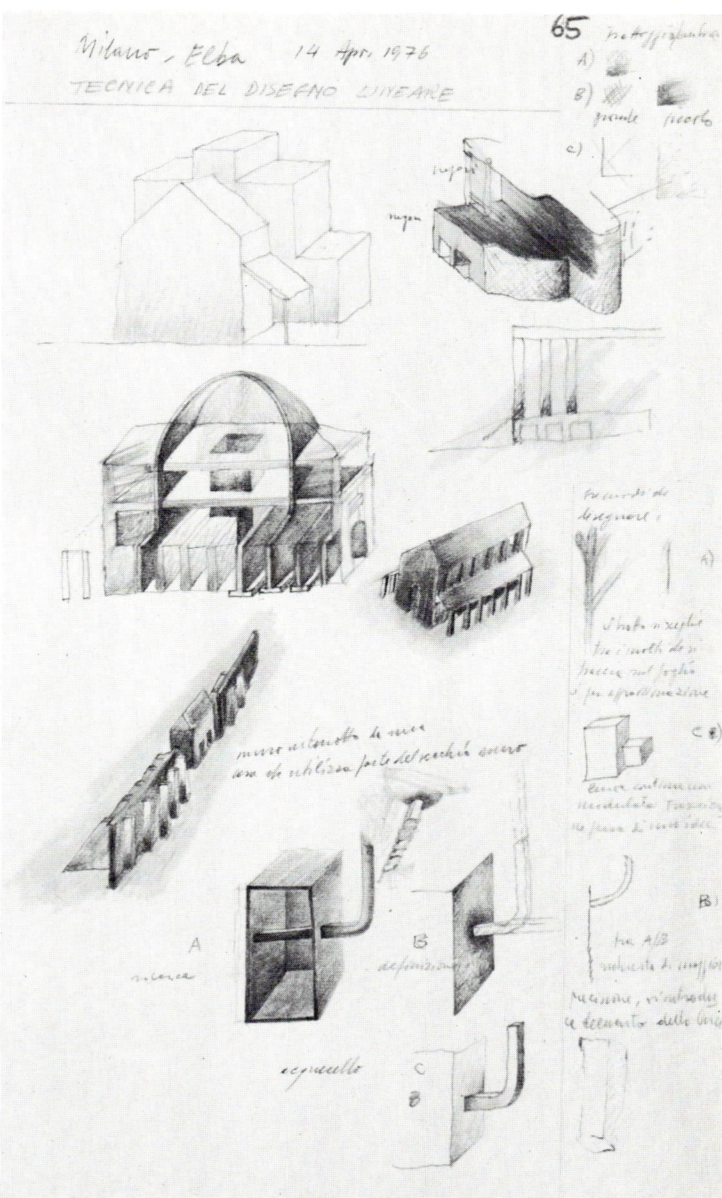

64. Case coperte, dal libro E, 1975.
64. Covered houses, from book E, 1975.

65. Per imparare a disegnare, dal libro E, 1975.
65. For learning how to draw, from book E, 1975.

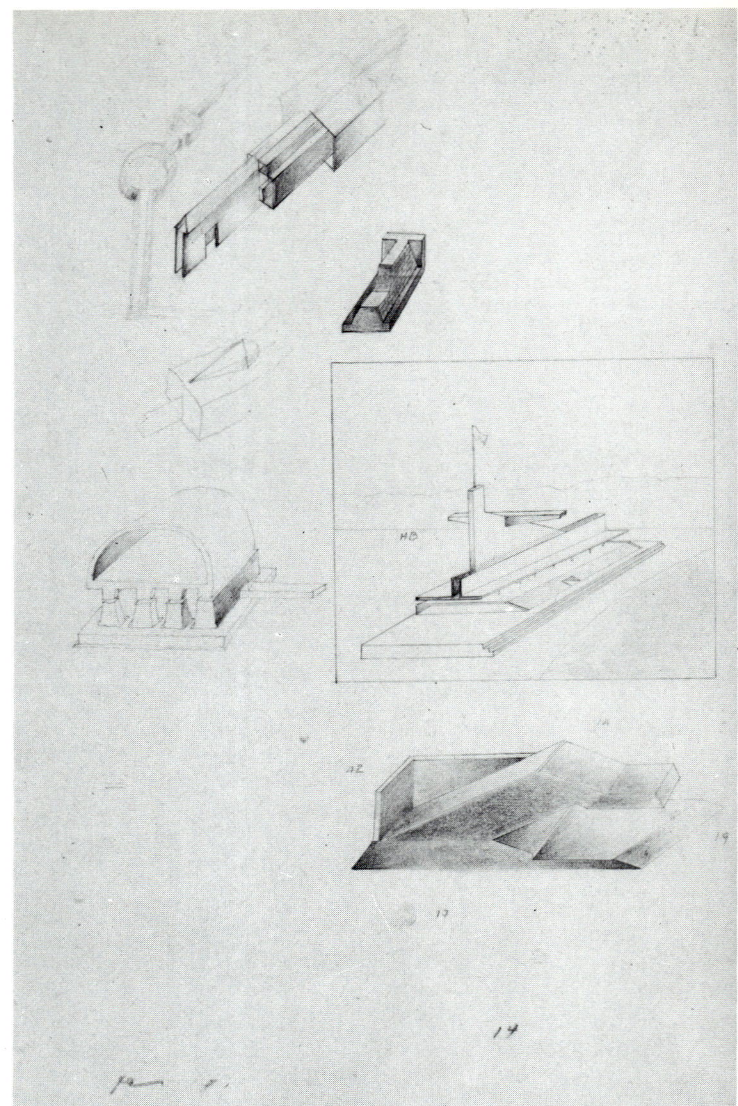

66. Casa sul mare, dal libro E, 1975.
66. House by the sea, from book E, 1975.

67. Appunti di architetture diverse, dal libro E, 1975.
67. Notes on different types of architecture, from book E, 1975.

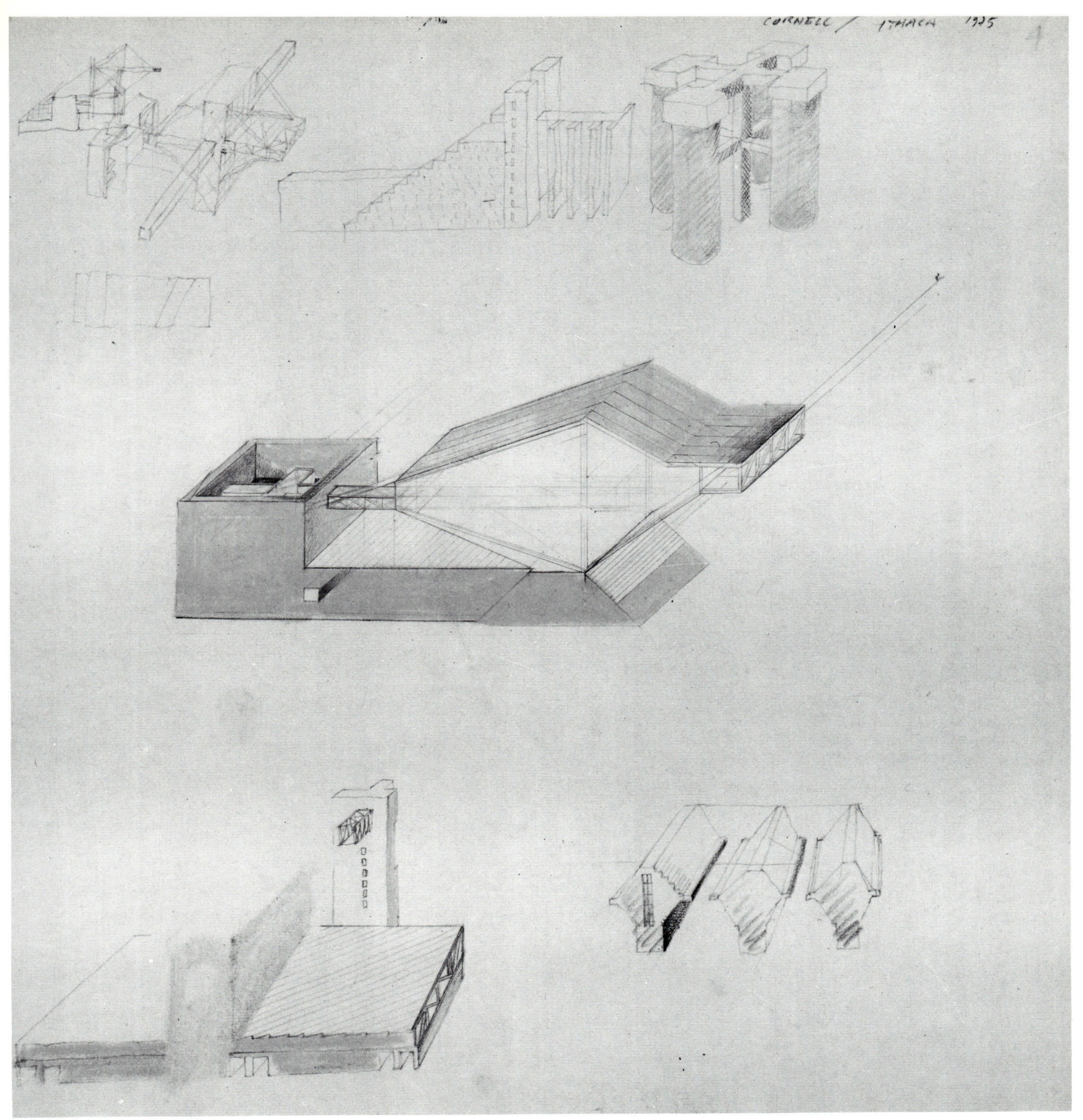

68. Studio per un teatro industriale, dal libro E, 1975.
68. Study for an industrial theatre, from book E, 1975.

69.70. La città aerea.
69.70. The aerial city.

71. Studio per un edificio pubblico a Trieste.
71. Study for a public building in Trieste.
72. Appunti di architettura.
72. Architectural notes.

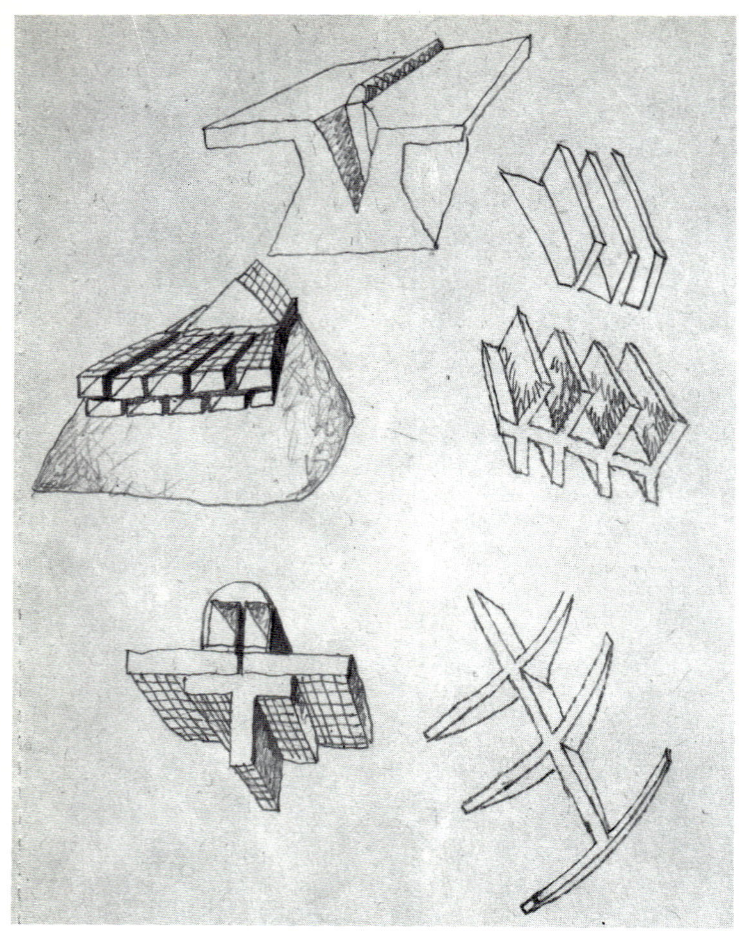

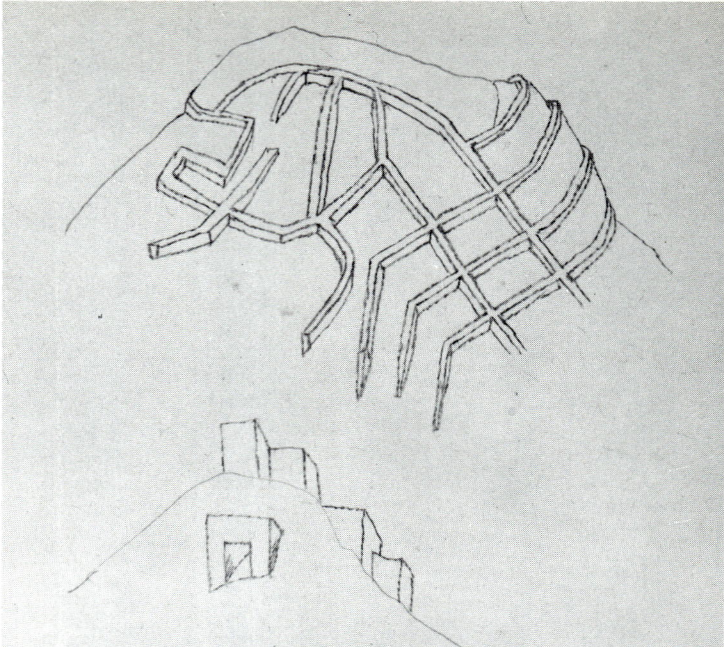

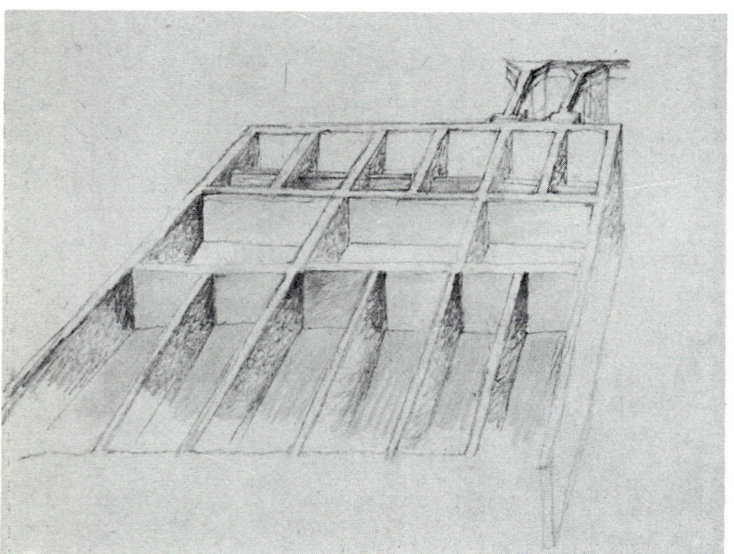

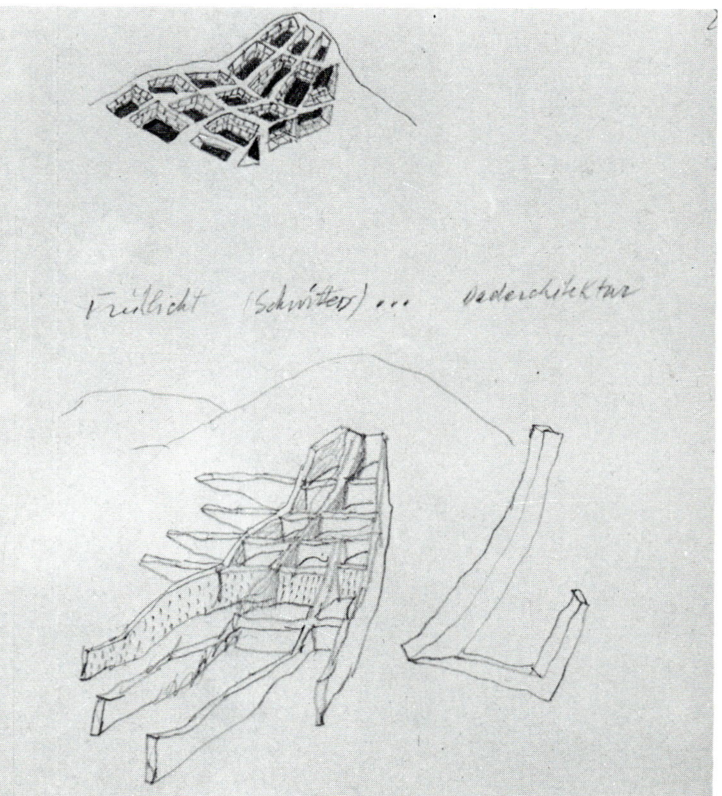

73.74.75.76. Paesaggi artificiali, dal libro G, 1976.
73.74.75.76. Artificial landscapes, from book G, 1976.

77. Dal libro F: note dal viaggio in Austria, 1975, 6 disegni.
77. From book F: notes from a journey in Austria, 1975, 6 drawings.

78. Dal libro G: note dal viaggio in Inghilterra e Scozia, 1976, 4 disegni.
78. From book G: notes from a journey in England and Scotland, 1976, 4 drawings.

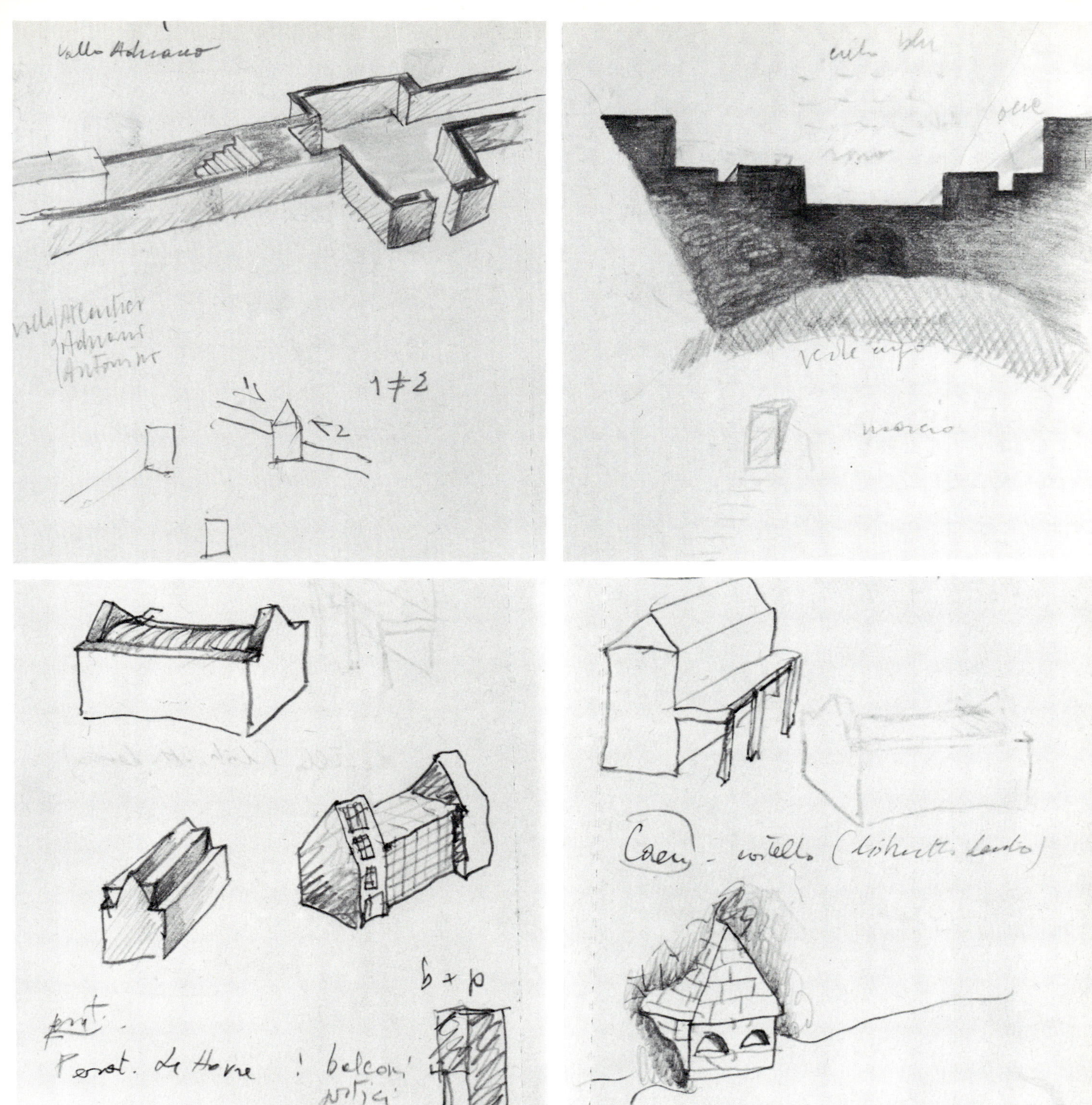

79. Dal libro G: note dal viaggio in Scozia e in Francia, 1976, 4 disegni.
79. From book G: notes from a journey in Scotland and France, 1976, 4 drawings.

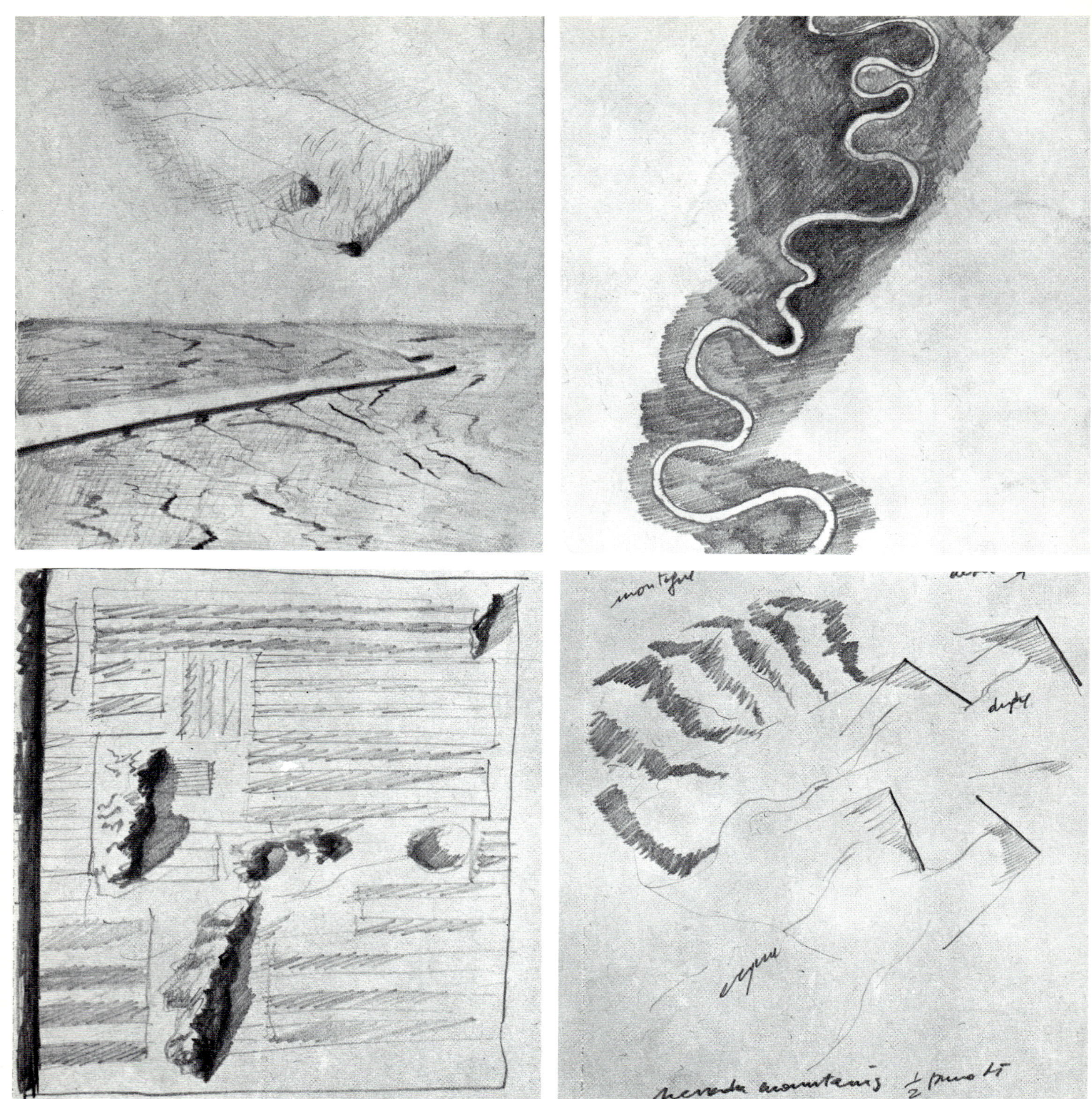

80. Dal libro G: U.S.A. dall'aereo, 1976, 4 disegni.
80. From book G: U.S.A. from the air, 1976, 4 drawings.

81.82. Teleferica, dal libro G, 1976.
81.82. Telepheric, from book G, 1976.

83. Gru, dal libro G, 1976.
83. Crane, from book G, 1976.
84. Teleferica, dal libro G, 1976.
84. Telepheric, from book G, 1976.

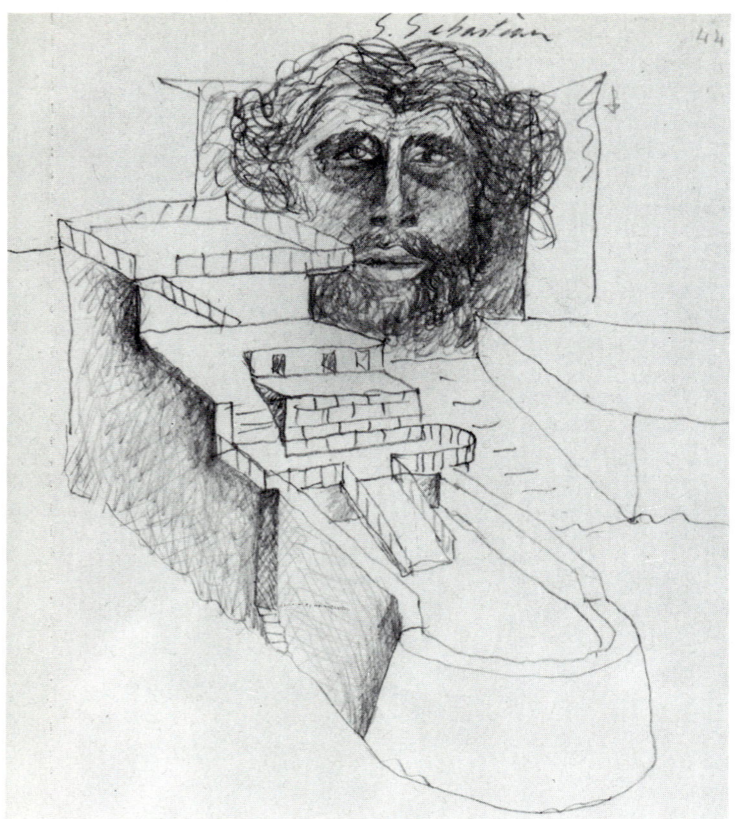

85. Dal libro G: note dal viaggio a S. Sebastian, 1976.
85. From book G: notes from a journey to San Sebastian, 1976.
86. Pilone per energia elettrica, dal libro G, 1976.
86. Electric pylon, from book G, 1976.

87. Dal libro G: note dal viaggio a S. Sebastian, 1976.
87. From book G: notes from a journey to San Sebastian, 1976.
88. Stazione, dal libro G, 1976.
88. Station, from book G, 1976.

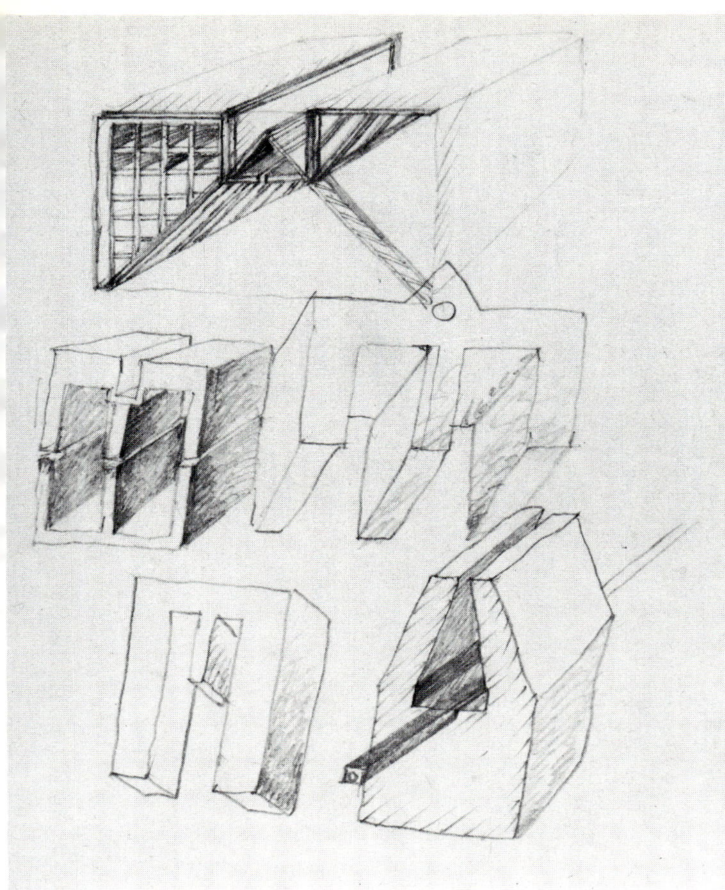

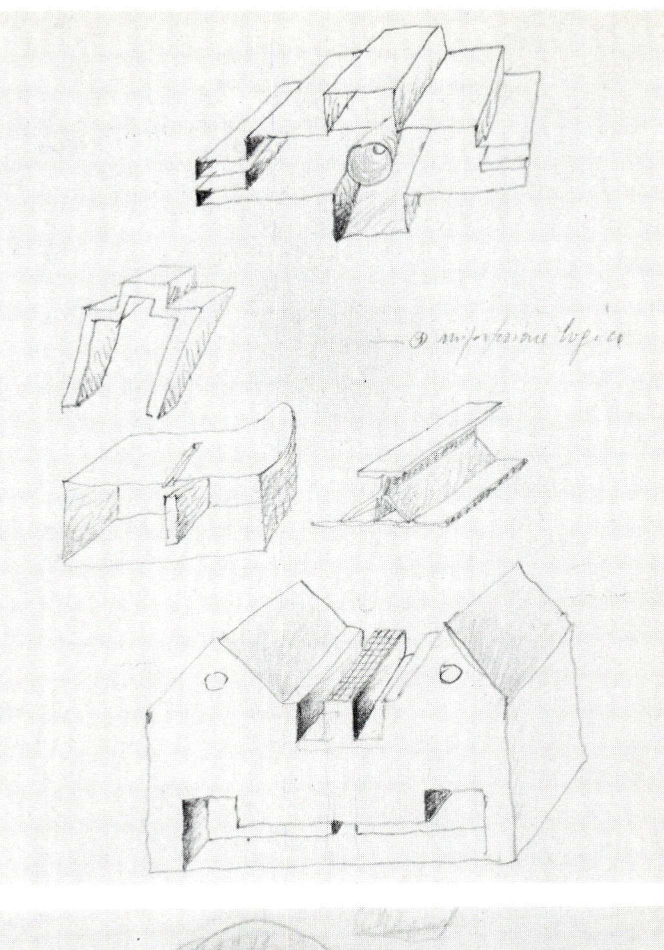

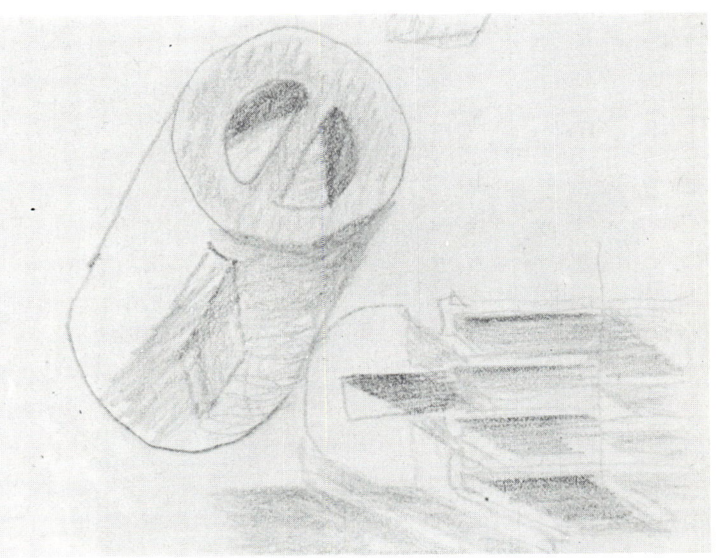

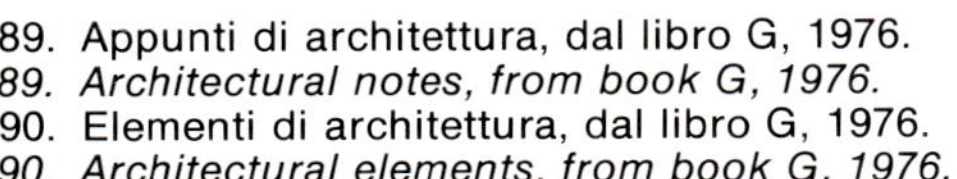

89. Appunti di architettura, dal libro G, 1976.
89. Architectural notes, from book G, 1976.
90. Elementi di architettura, dal libro G, 1976.
90. Architectural elements, from book G, 1976.

91. Impostazione logica, dal libro G, 1976.
91. Logical positioning, from book G, 1976.
92. Elementi di architettura, dal libro G, 1976.
92. Architectural elements, from book G, 1976.

93. Studi per la stazione dei venti, 4 disegni.
93. Studies for the wind station, 4 drawings.

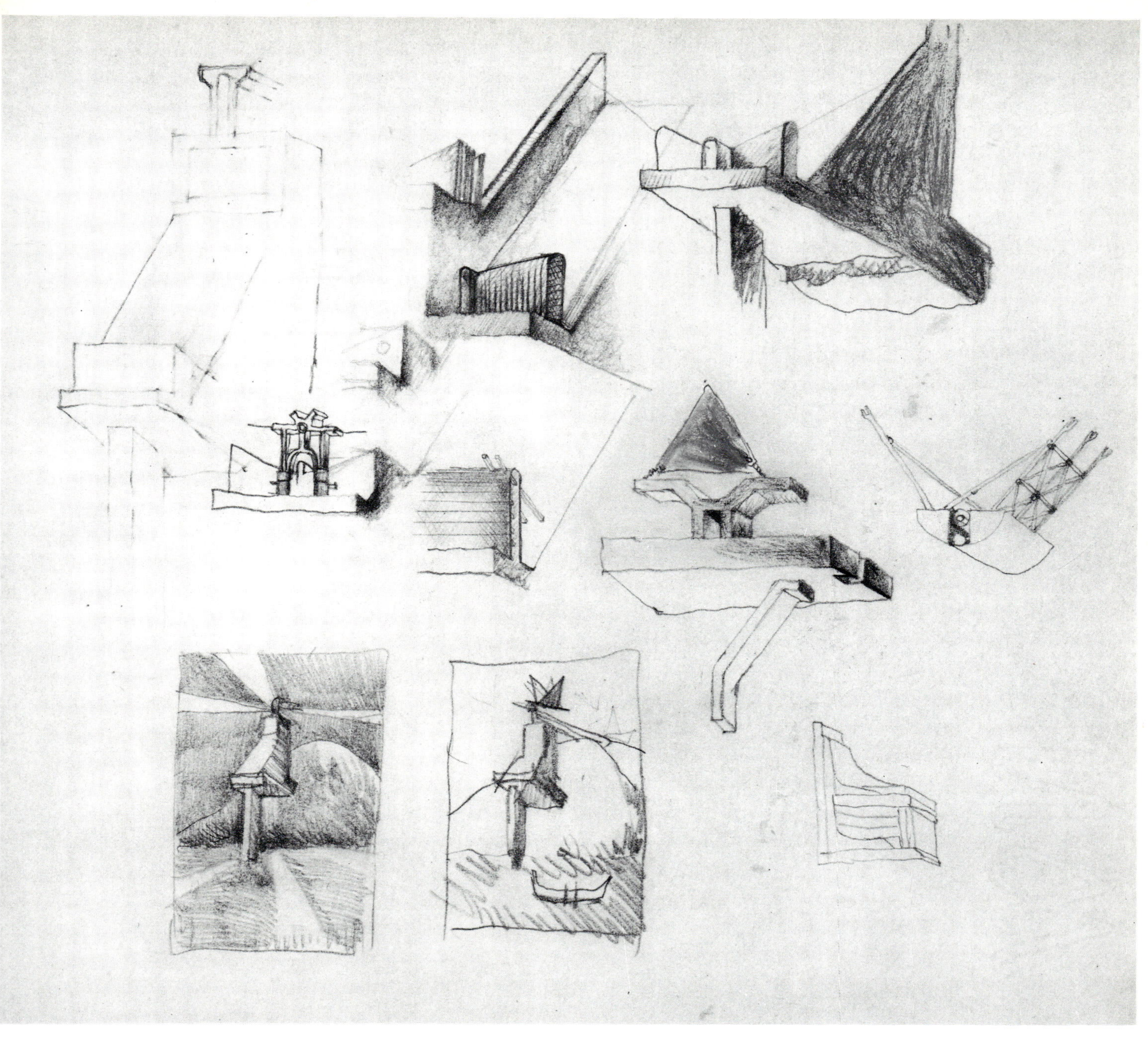

94. Studi per la stazione dei venti.
94. Studies for the wind station.

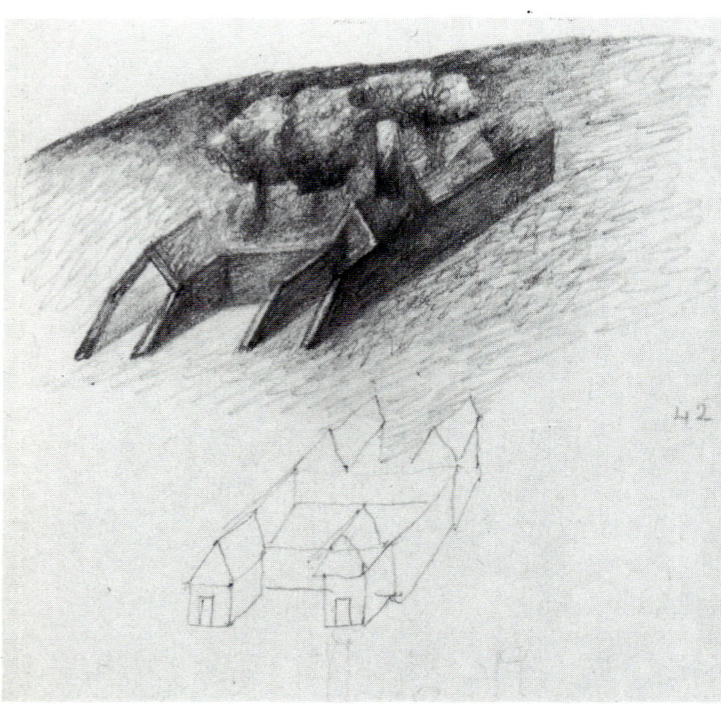

95. Elementi di architettura per fondo valle, dal libro G, 1976.
95. Elements of architecture for a valley bottom, from book G, 1976.
96. Recinto con case da spiaggia, dal libro G, 1976.
96. Enclosure with beach bungalows, from book G, 1976.

97. Elementi di architettura per fondo valle, dal libro G, 1976.
97. Elements of architecture for a valley bottom, from book G, 1976.
98. Case da spiaggia, dal libro G, 1976.
98. Beach bungalows, from book G, 1976.

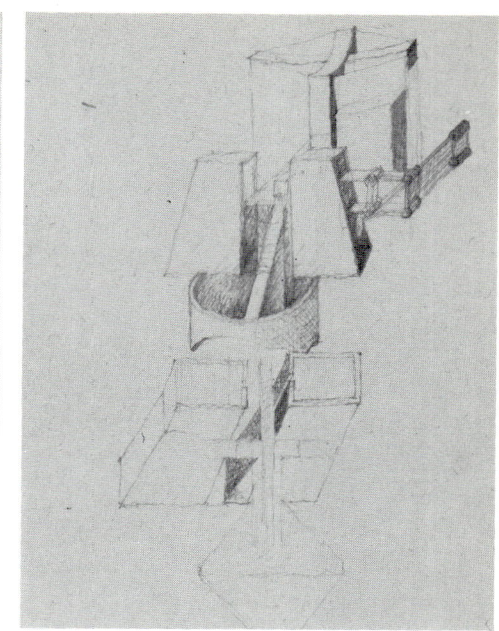

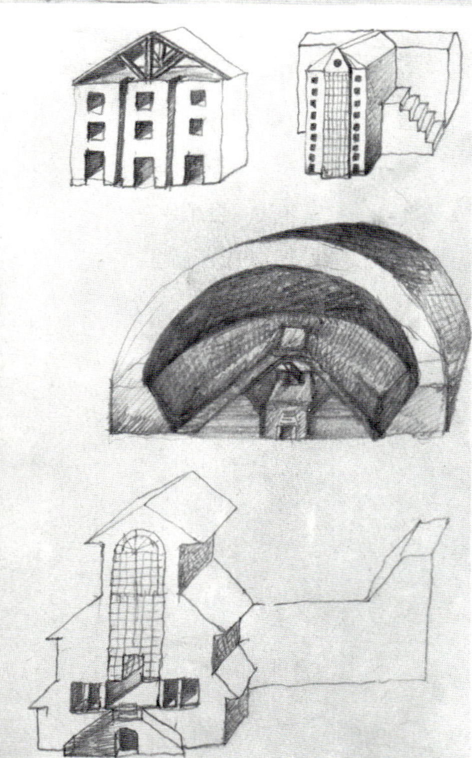

Sopra:
99. Casa sul mare, dal libro G. 1976.
99. House by the sea, from book G, 1976.
100. Casa-piramide, dal libro G, 1976.
100. Pyramid-house, from book G, 1976.
101. Casa-monumento con grande scala, dal libro G, 1976.
101. Monument-house with large staircase, from book G, 1976.

Sotto:
102. Studi di case, dal libro G, 1976.
102. Studies of houses, from book G, 1976.
103. Architettura complessa, dal libro G, 1976.
103. Complex architecture, from book G, 1976.
104. Case da spiaggia, dal libro G, 1976.
104. Beach bungalows, from book G, 1976.

105. Studi di case.
105. Studies of houses.

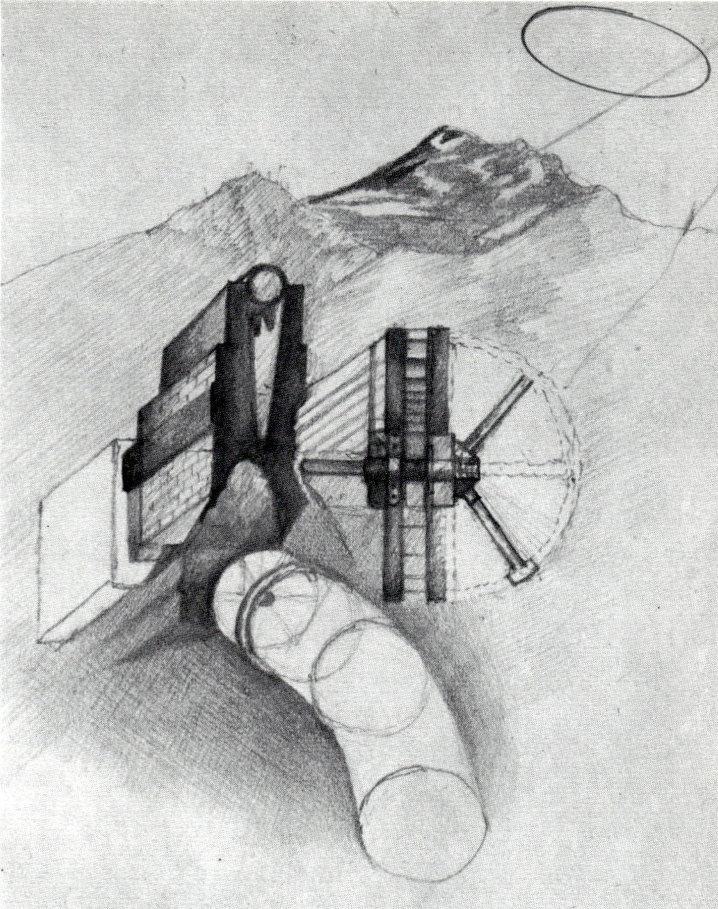

106. Architetture accoppiate, dal libro L, 1977.
106. Coupled architecture, from book L, 1977.
107. Architettura industriale.
107. Industrial architecture.

108. La rabbia nei boschi, studio, dal libro L, 1977.
108. Anger in the woods, study, from book L, 1977.
109. Architettura come macchina.
109. Architecture - as - machine.

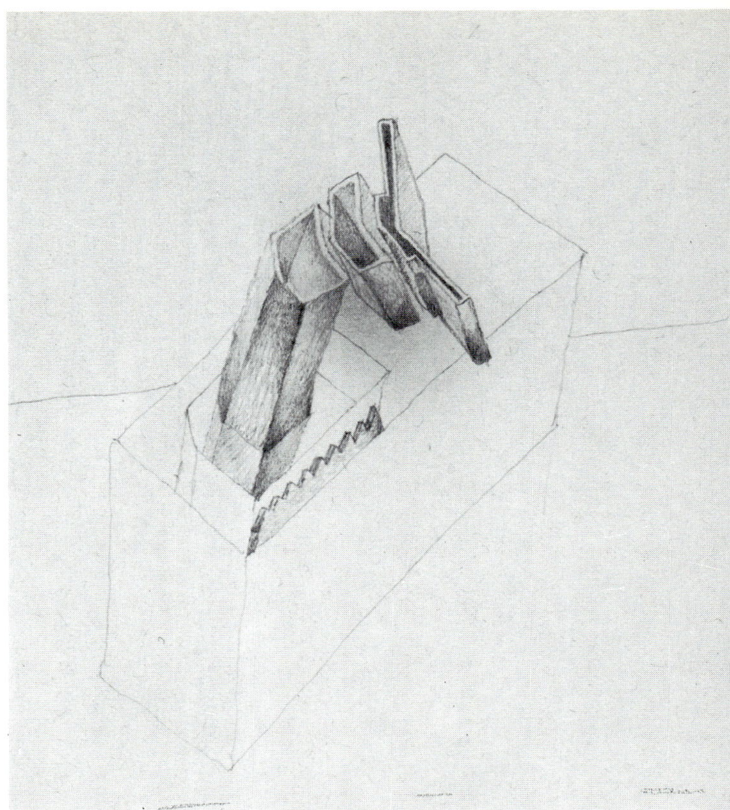

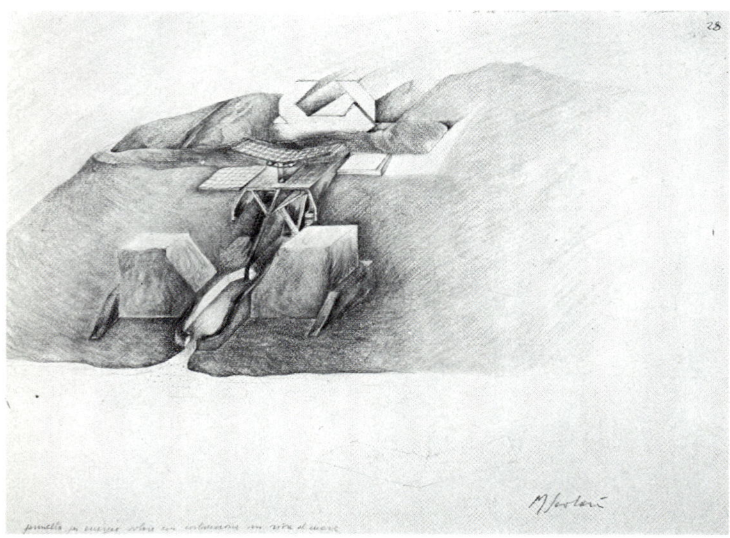

110. Architettura sospesa e architettura di scavo, dal libro G, 1976.
110. Suspended and excavation architecture, from book G, 1976.
111. Architettura e paesaggio, 1976.
111. Architecture and landscape, 1976.

112. Elementi emergenti, dal libro G, 1976.
112. Emerging elements, from book G, 1976.

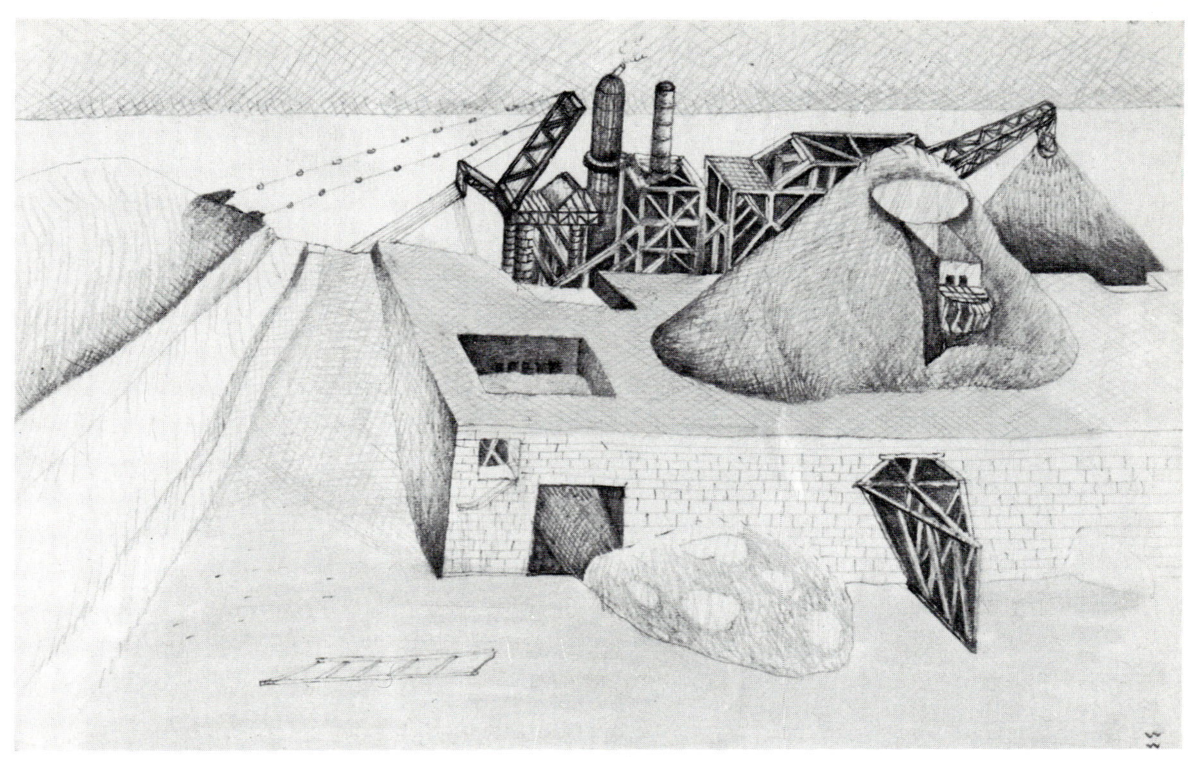

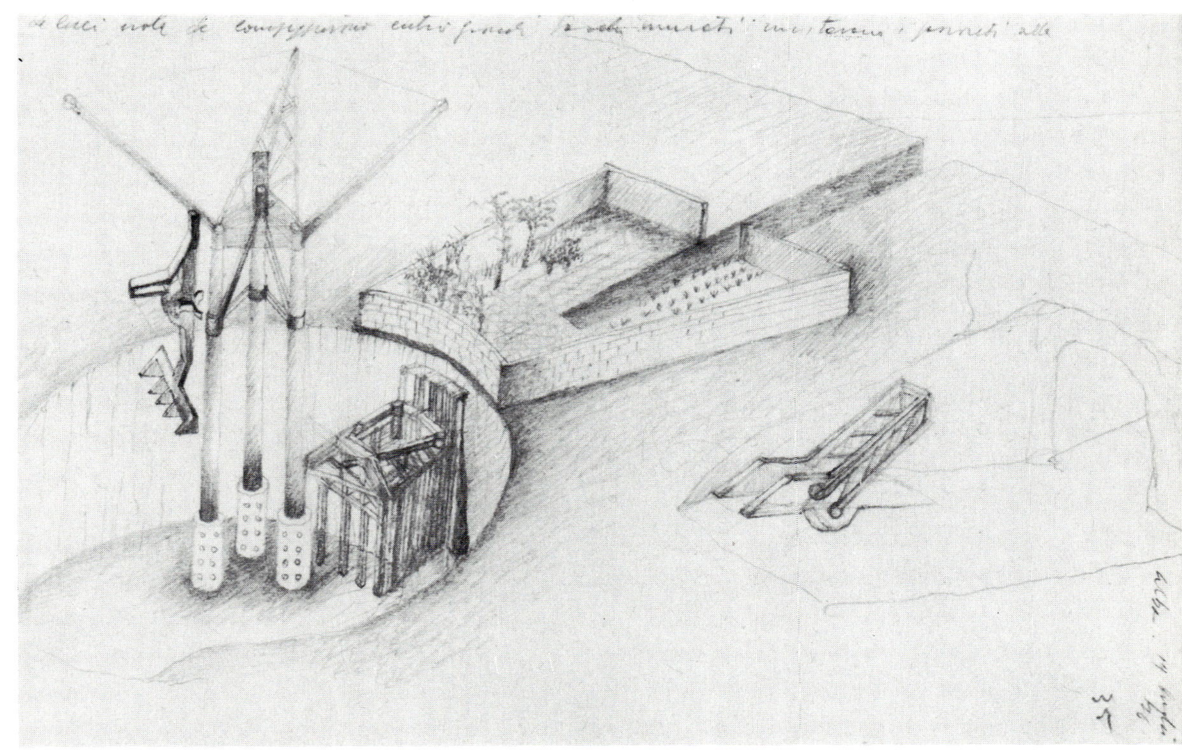

113.114. Architettura industriale, dal libro G, 1976.
113.114. Industrial architecture, from book G, 1976.

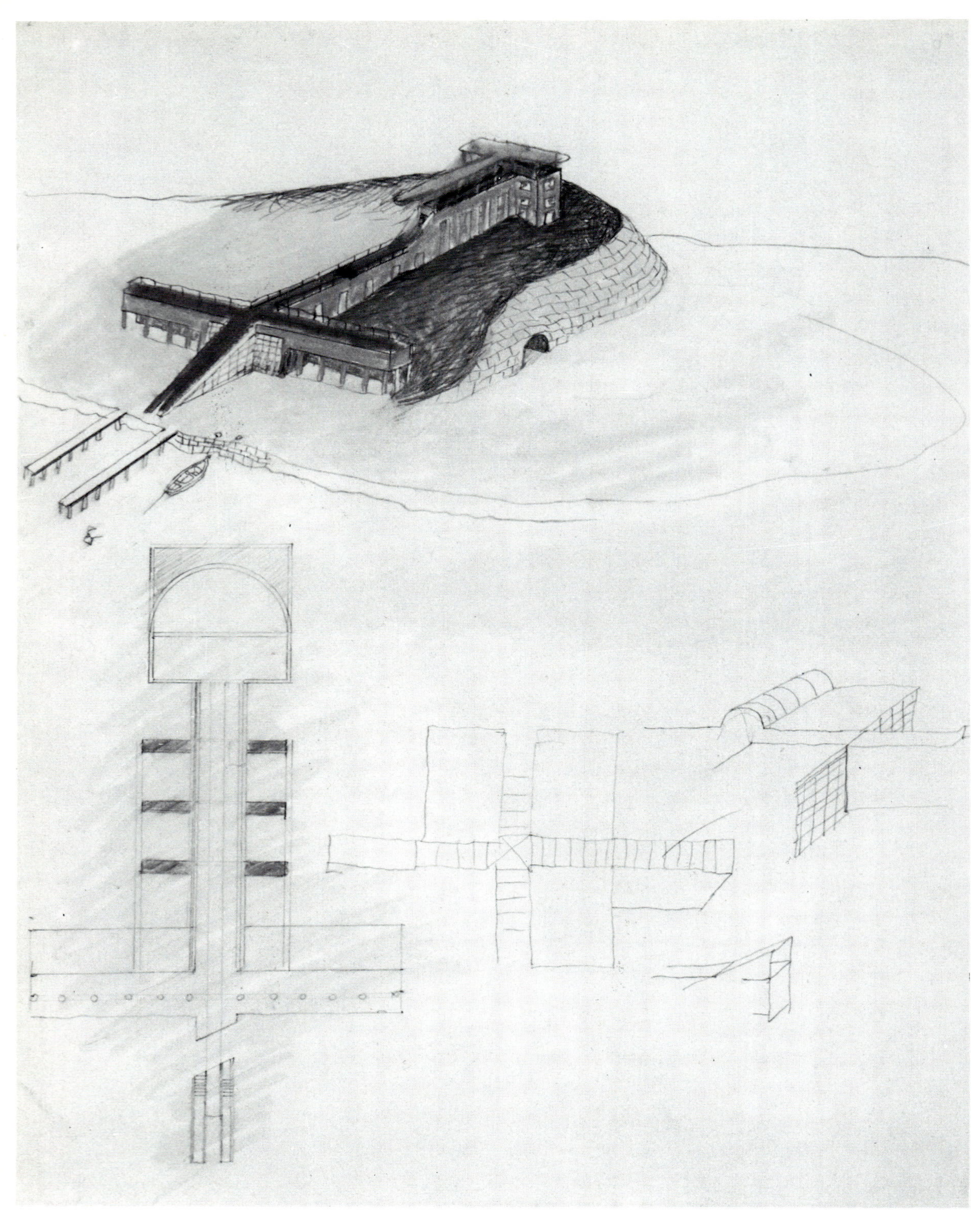

115. Architettura sul mare, dal libro G, 1976.
115. Architecture by the sea, from book G, 1976.

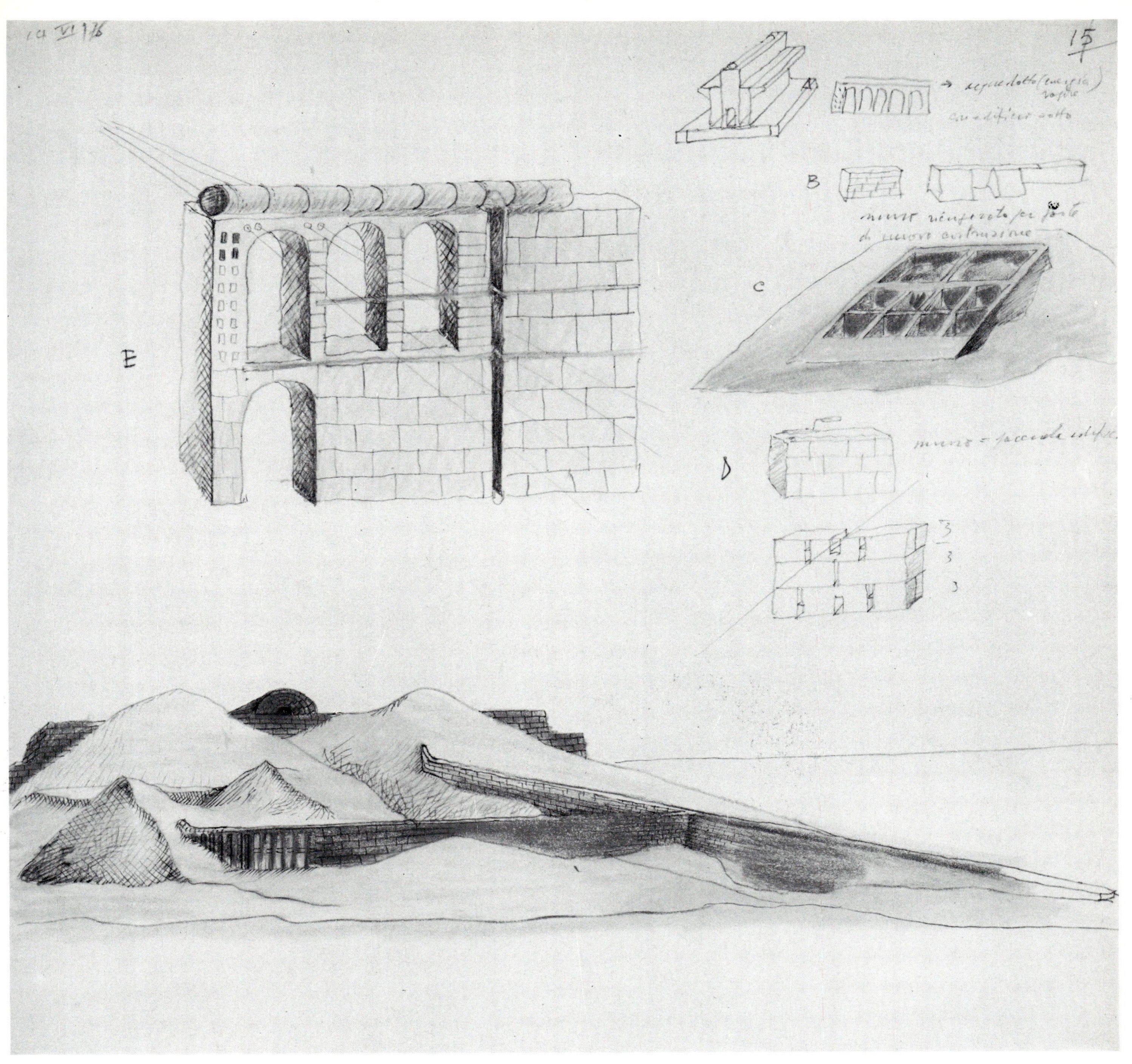

116. Acquedotto, 1976.
116. Aquaduct, 1976.

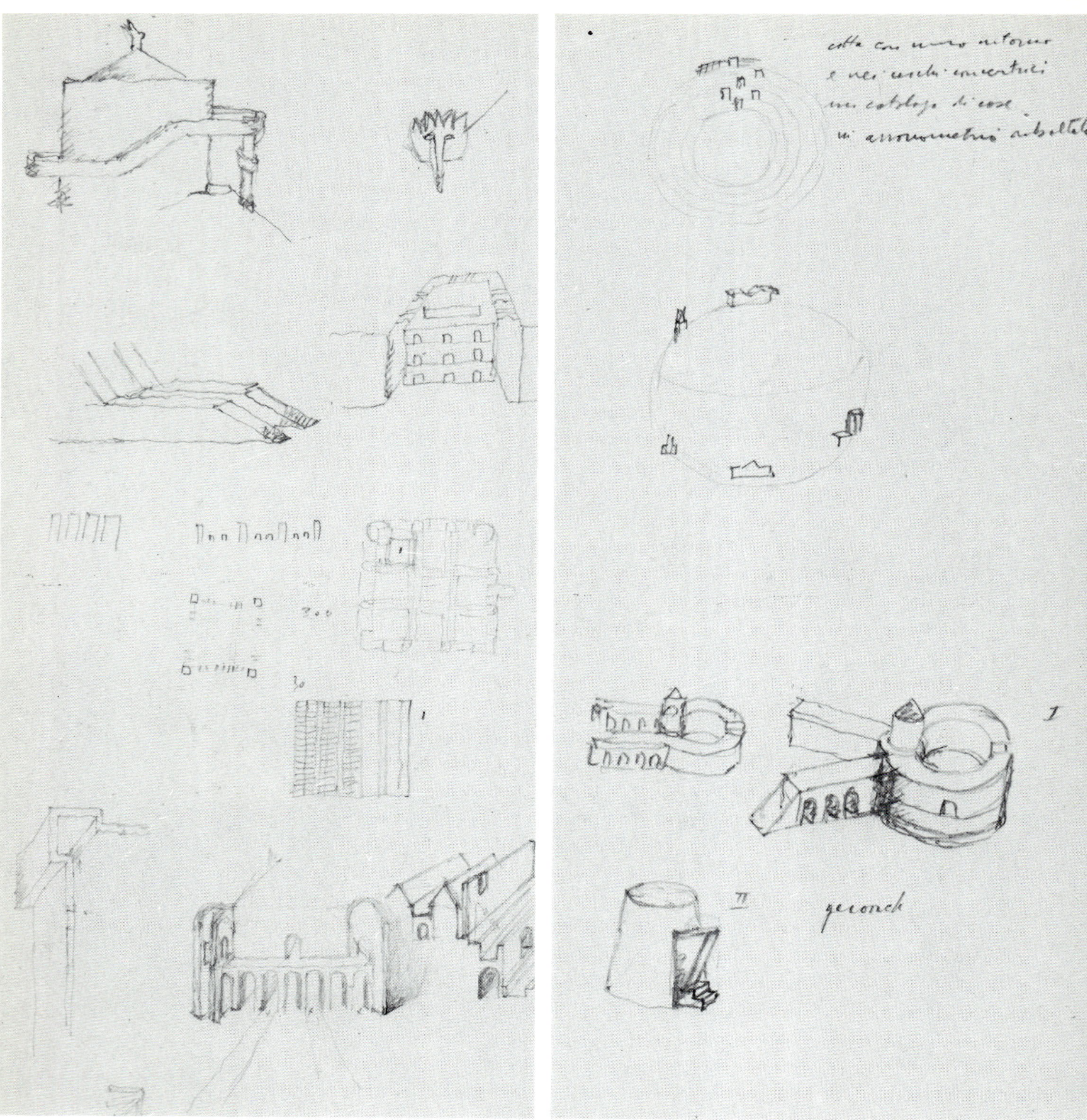

117.118. Appunti di architetture diverse, dal libro N, 1977.
117.118. Notes on various types of architecture, from book N, 1977.

119. Appunti con elementi primari, dal libro N, 1977.
119. Notes with primary elements, from book N, 1977.

120.121. Studi e appunti su architetture di difesa, dal libro N, 1977.
120.121. Study and notes on defensive architecture, from book N, 1977.

122. Studio per le 'Terme elioterapiche sull'Atlantico', dal libro N, 1977.
122. Study for the 'Heliotherapeutic baths on the Atlantic', from book N, 1977.
123. Annotazioni dal Filarete, dal libro N, 1977.
123. Annotation from Filarete, from book N, 1977.

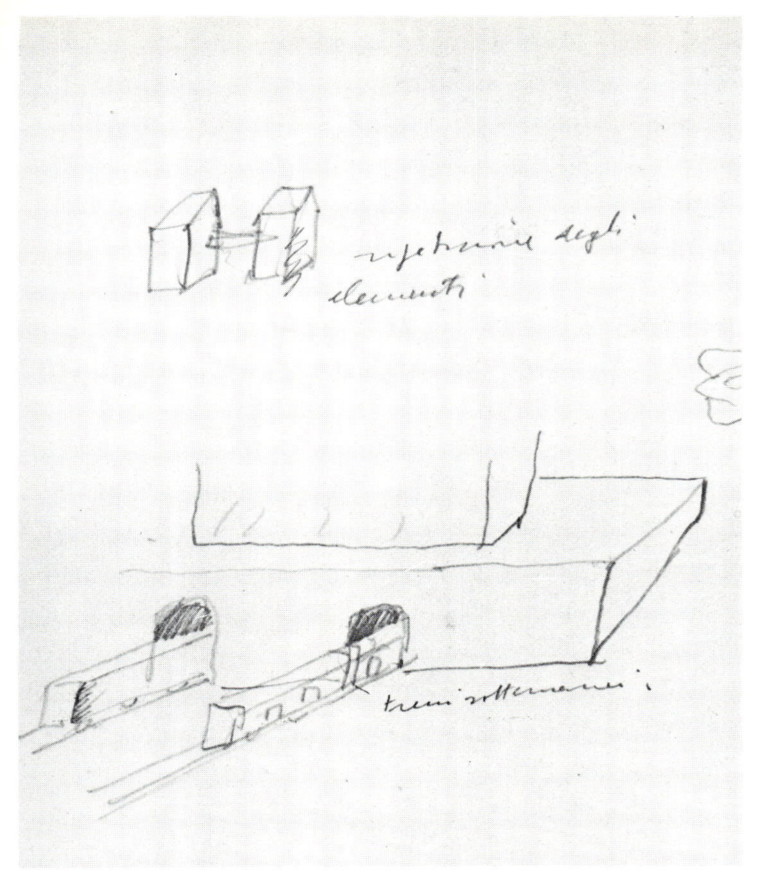

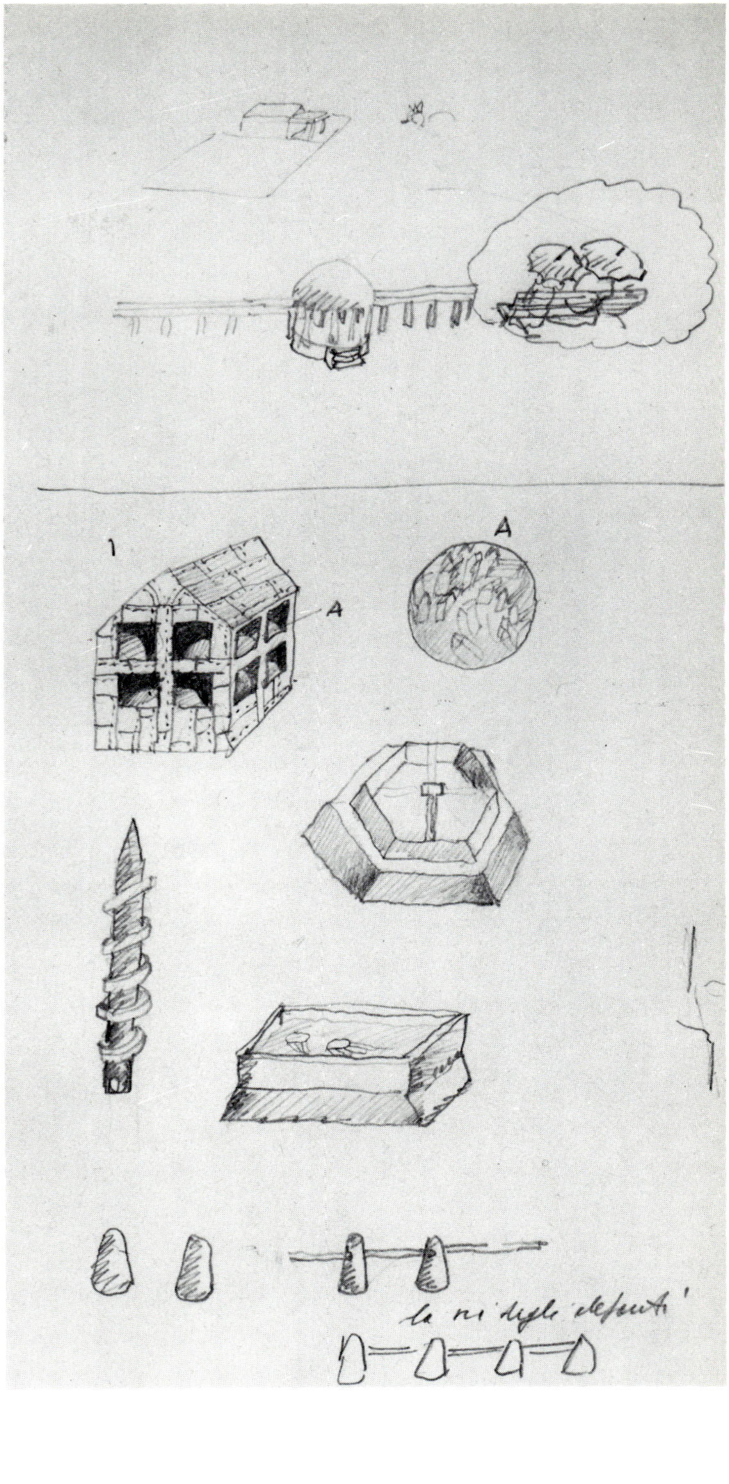

124. Elementi ripetuti, dal libro N, 1977.
124. Repeated elements, from book N, 1977.

125. Studi per le 'Città invisibili' di Calvino, dal libro N, 1977.
125. Studies for the 'Invisible cities' of Calvino, from book N, 1977.

126. Studi per le 'Città invisibili' di Calvino, dal libro N, 1977.
126. Studies for the 'Invisible cities' of Calvino, from book N, 1977.

127. Studi per le 'Città invisibili' di Calvino, dal libro N, 1977.
127. Studies for the 'Invisible cities' of Calvino, from book N, 1977.
128. Case isolate, dal libro N, 1977.
128. Isolated houses, from book N, 1977.

129.130. Condizioni di limite, dal libro N, 1978.
129.130. Conditions of limitation, from book N, 1978.

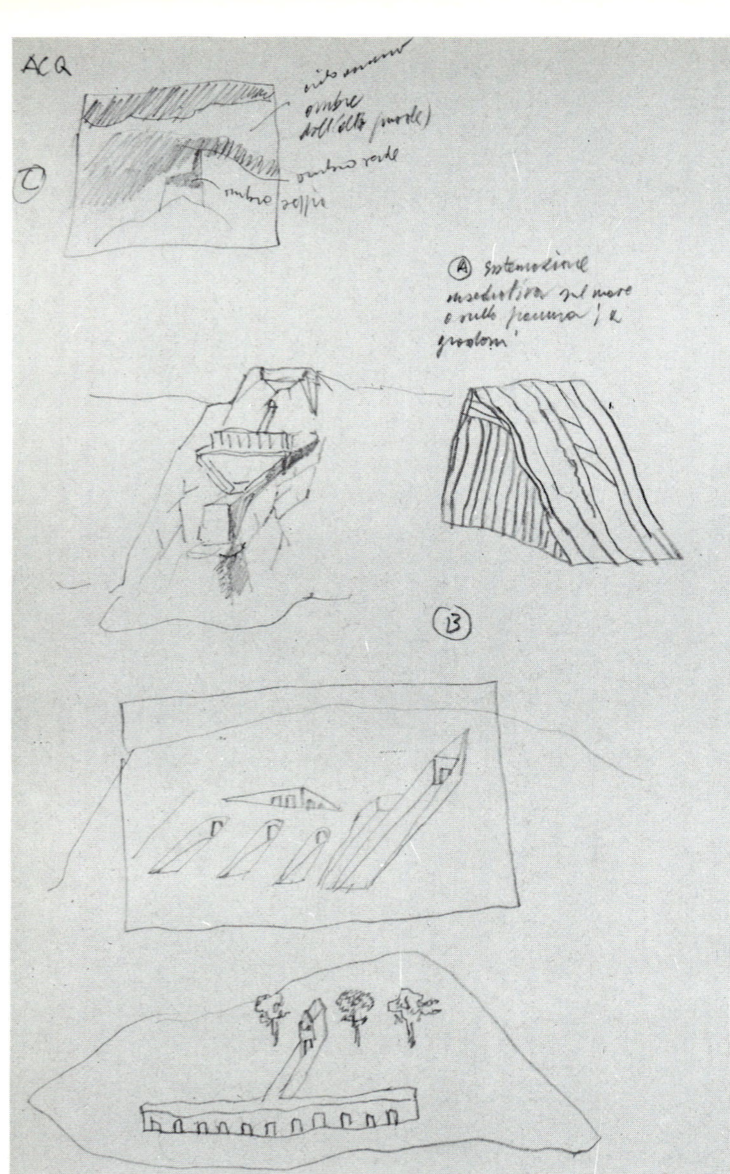

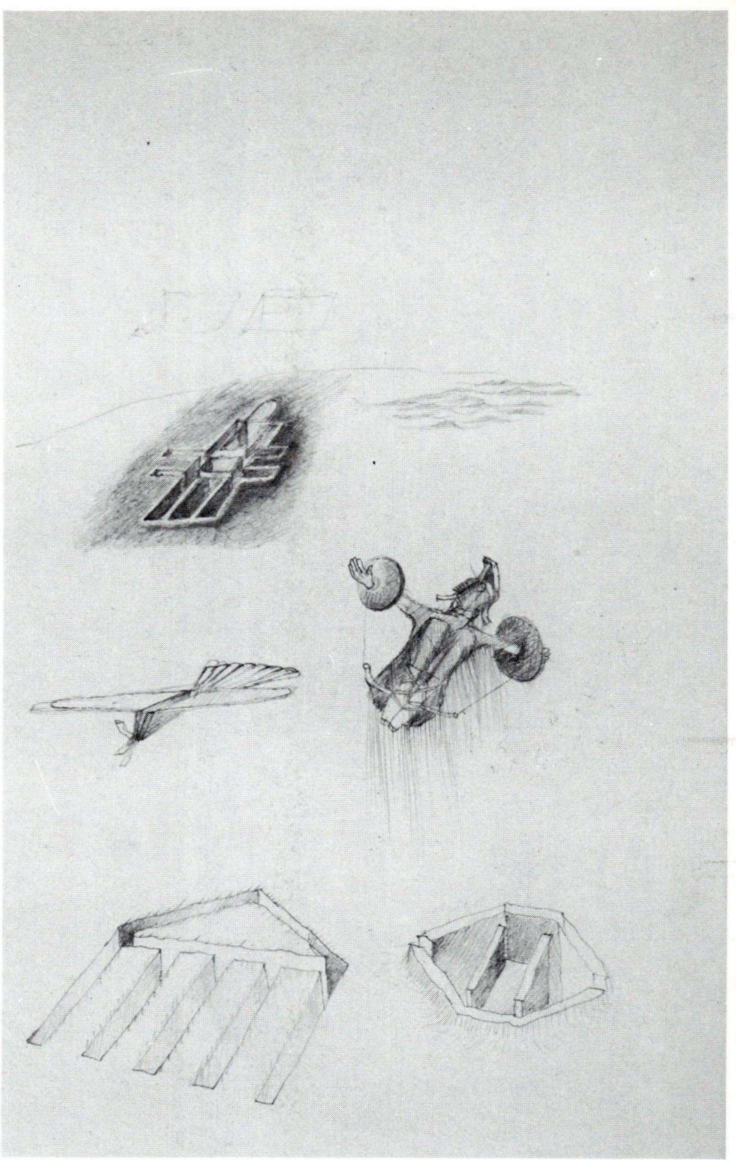

131.132. Condizioni di limite e architettura in negativo, dal libro N, 1978.
131.132. Conditions of limitation and negative architecture, from book N, 1978.

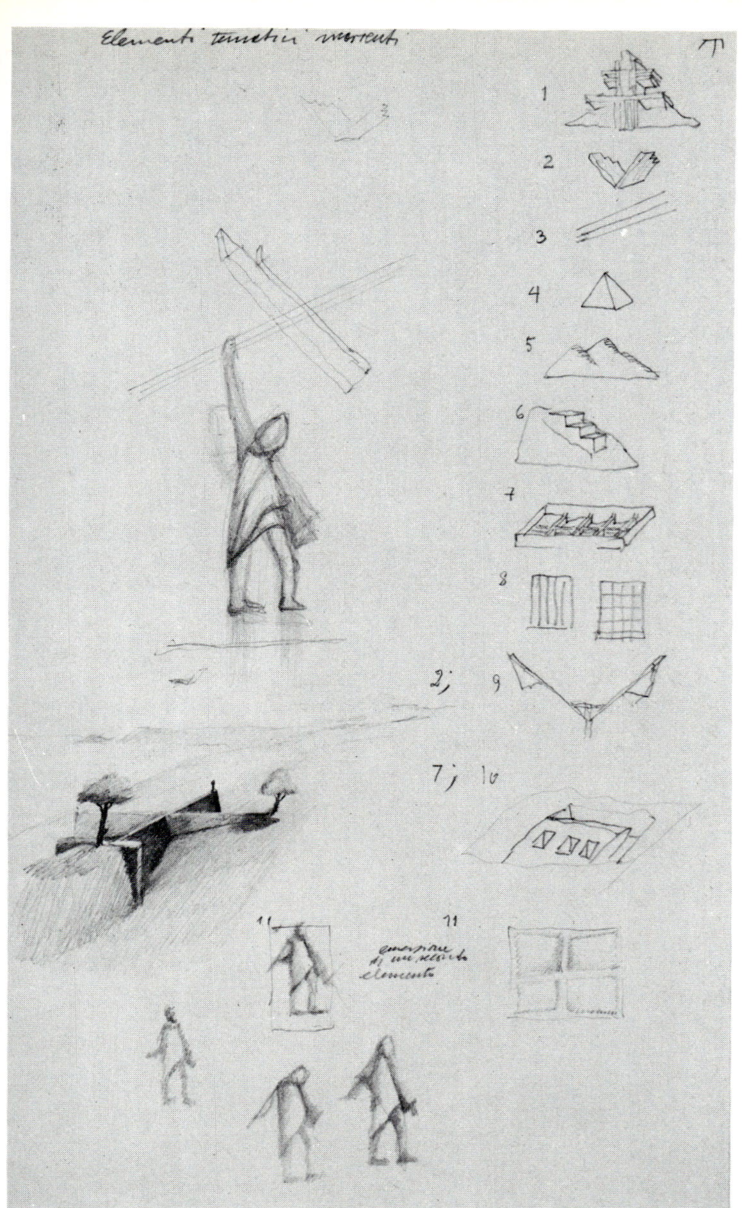

133. Condizioni di limite ed elementi tematici ricorrenti, dal libro N, 1978.
133. Conditions of limitation and recurring thematic elements, from book N, 1978.

134. Architettura con elemento monumentale, dal libro N, 1978.
134. Architecture with monumental element, from book N, 1978.

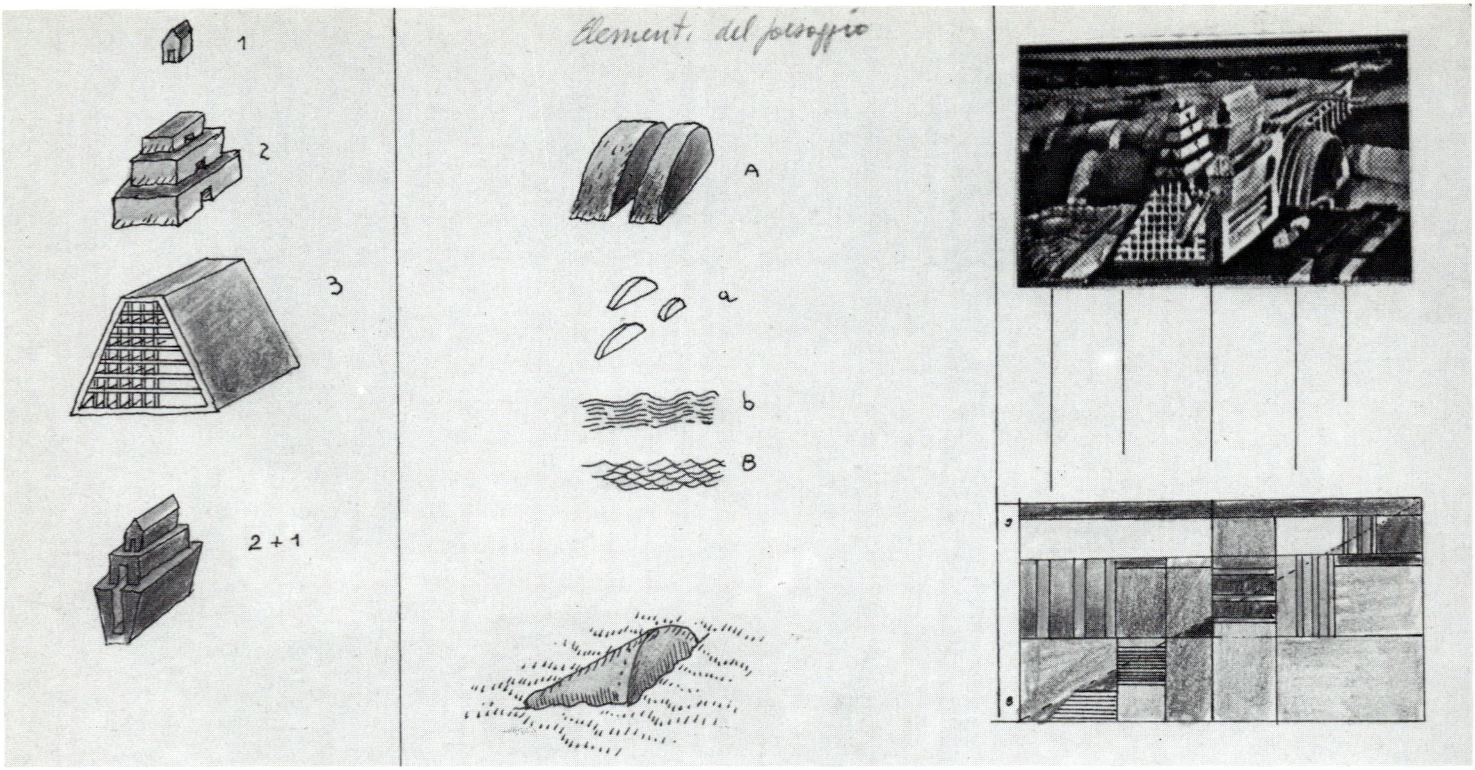

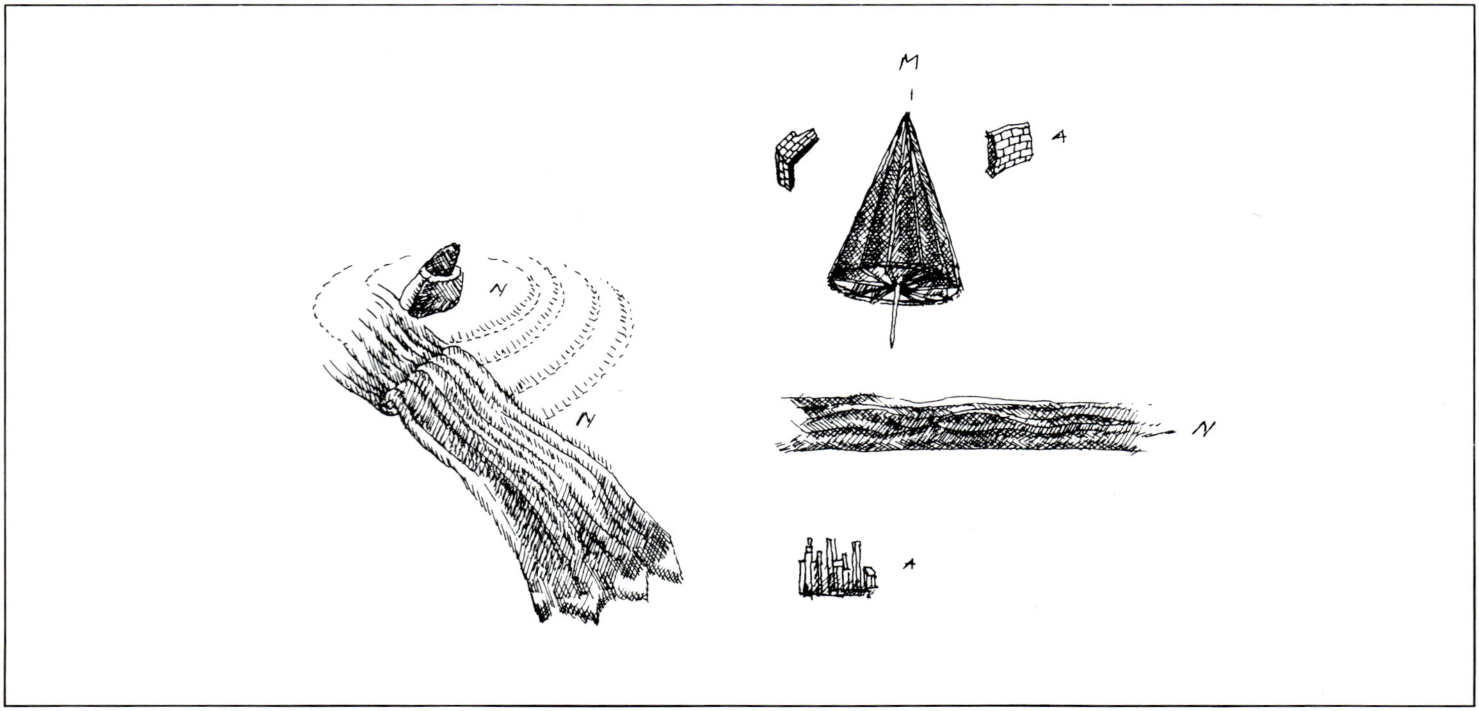

135.136. Analisi di acquerelli eseguiti.
135.136. Analyses of executed watercolours.

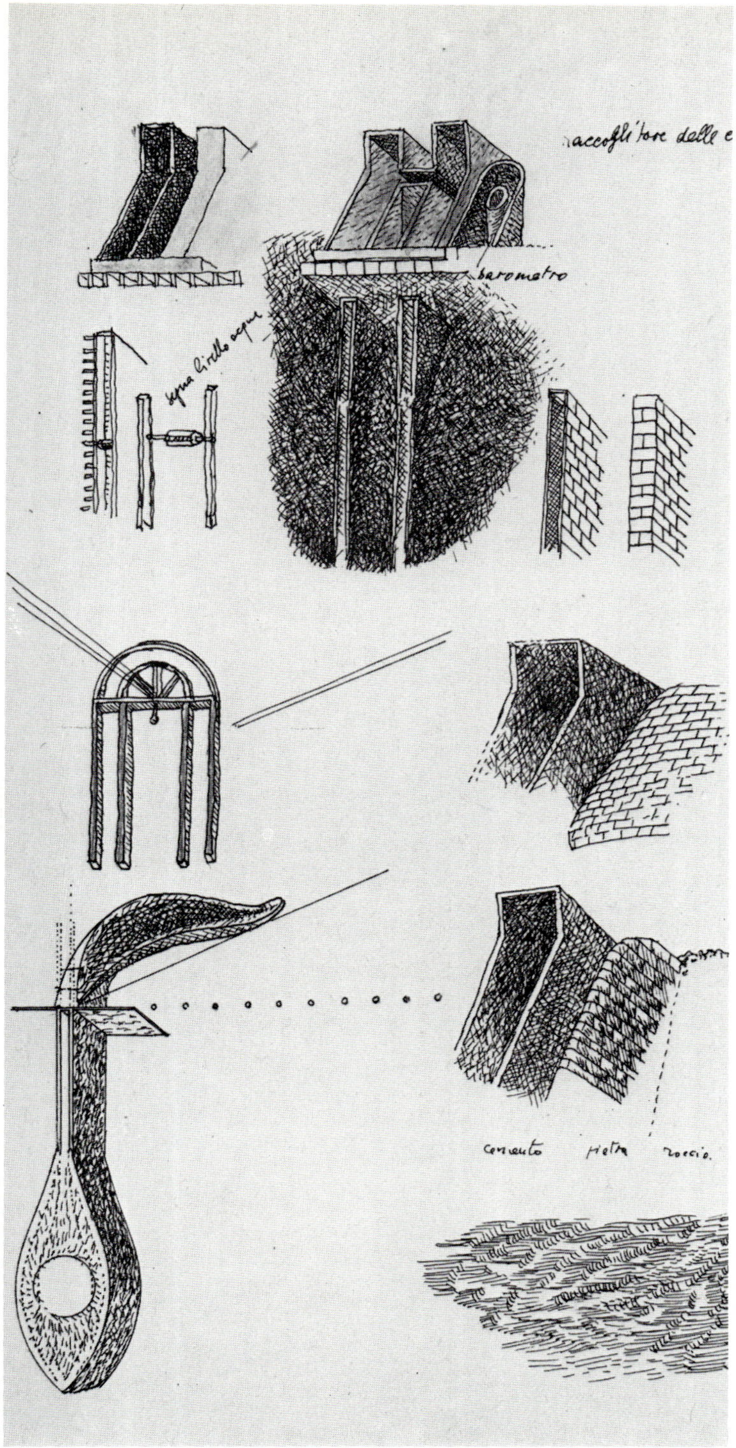

137. Analisi di un'opera eseguita attraverso la scomposizione degli elementi.

137. Analysis of a work executed by means of the de-composition of the elements.

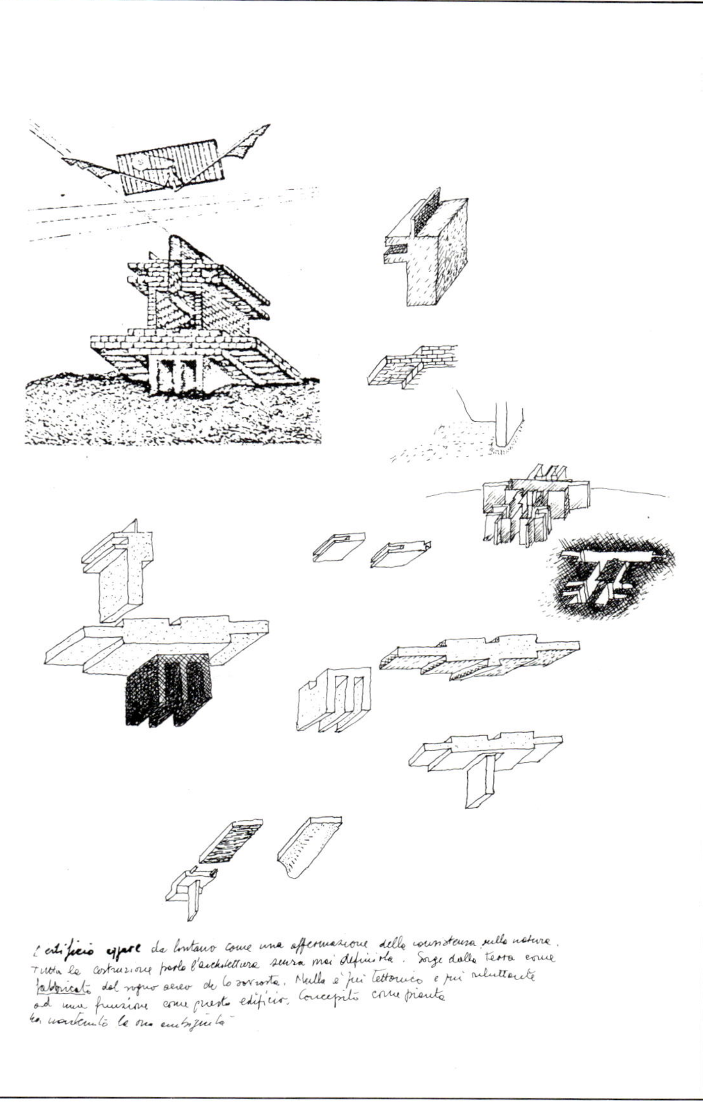

138. Studio degli elementi architettonici dall'acquerello 'Gas station inn'.

138. Study of the architectonic elements from the watercolour 'Gas station inn'.

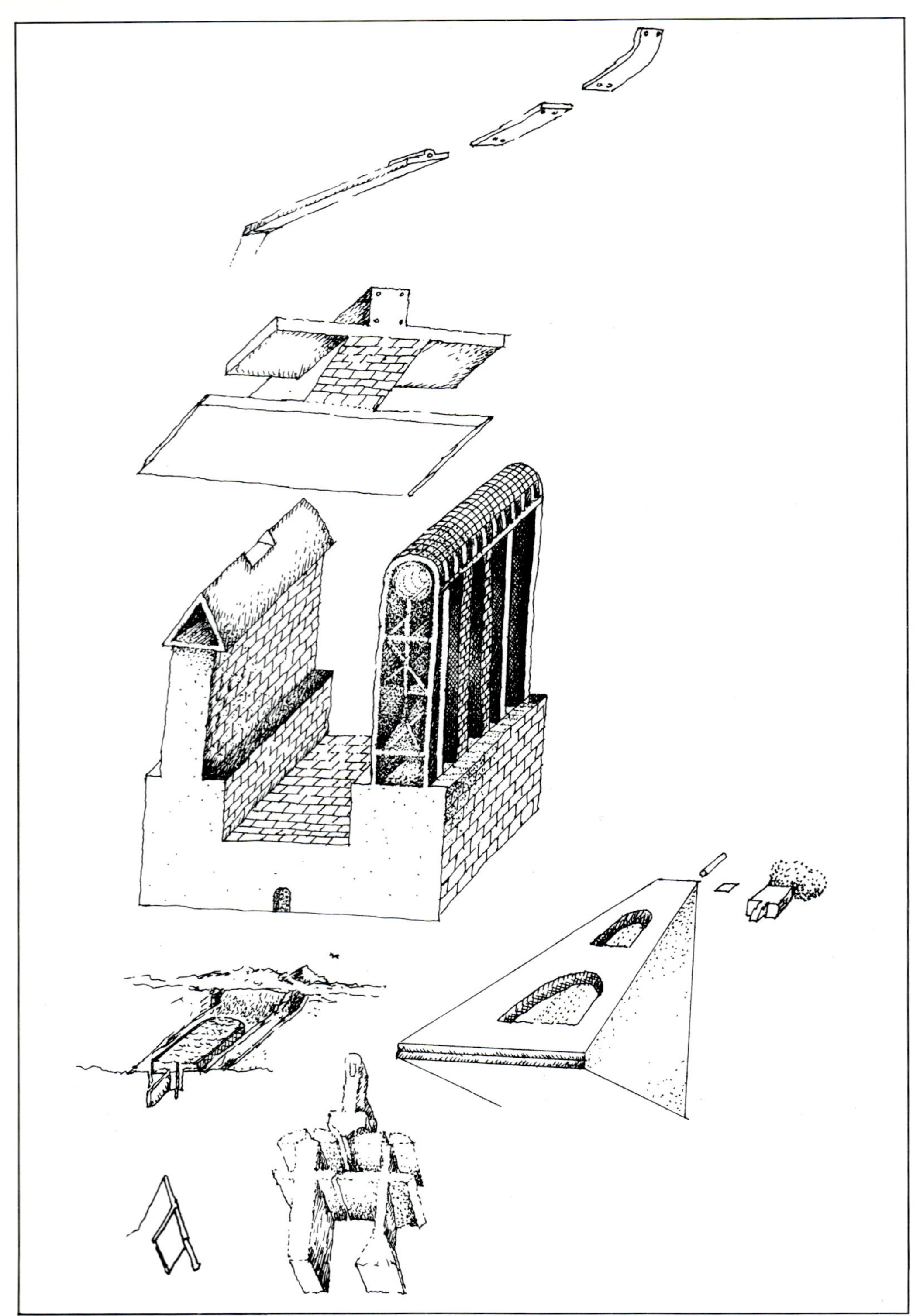

139. Architetture lamellari, architetture in negativo e architetture aeree.
139. Lamellar, negative, and aerial architecture.

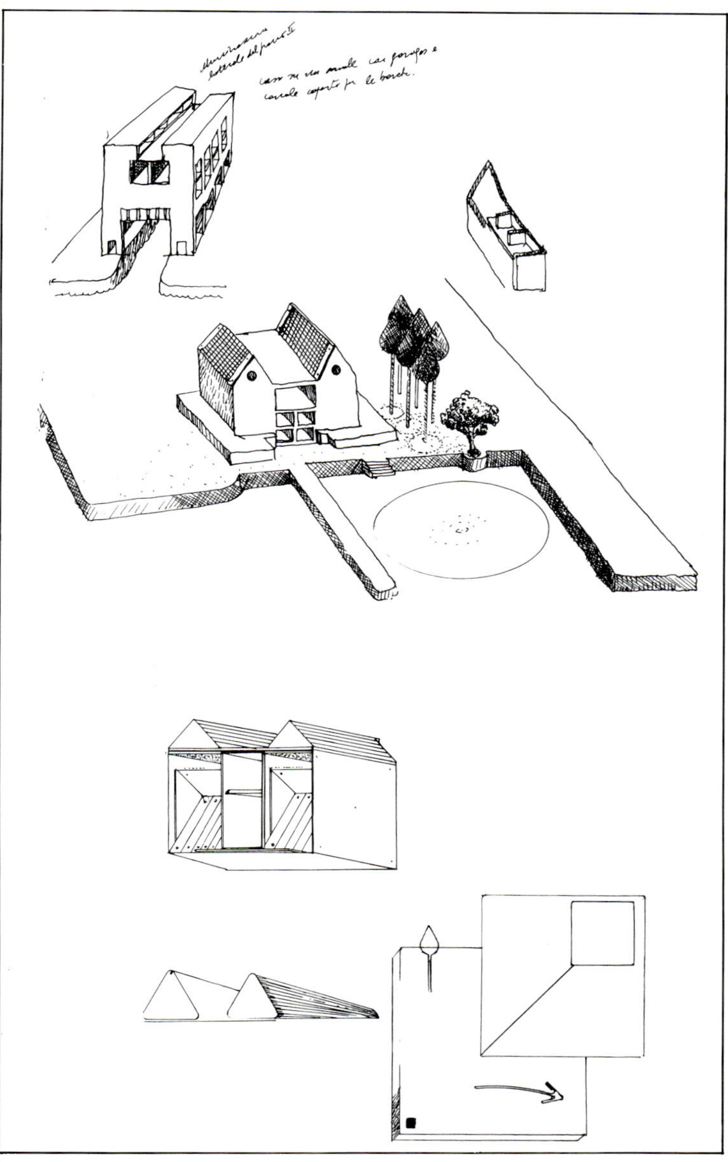

140. Case sull'acqua.
140. Houses on the water.
141. Edificio composito.
141. Composite building.

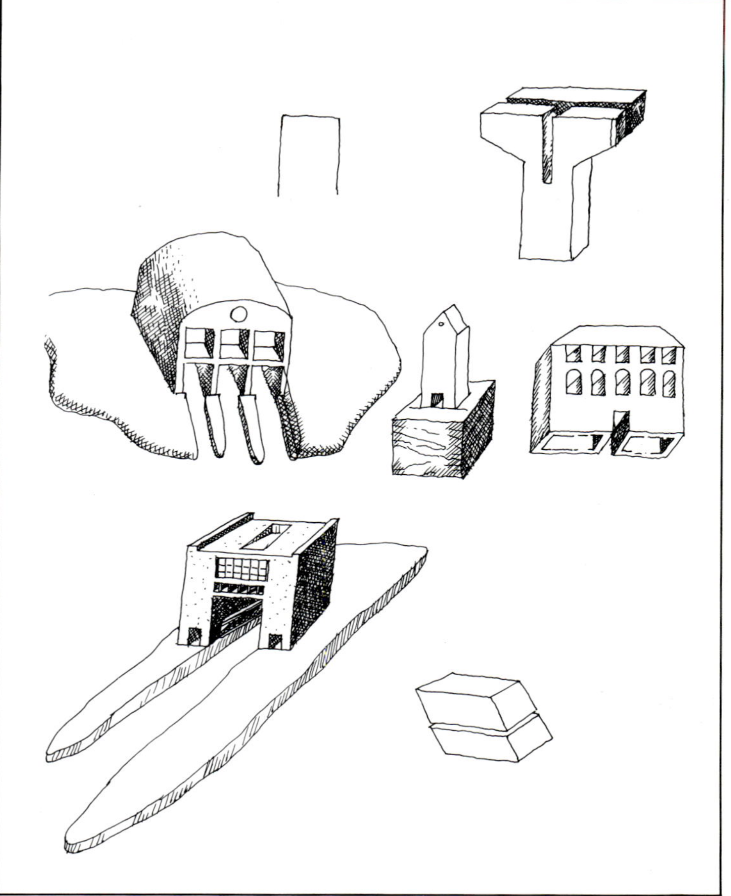

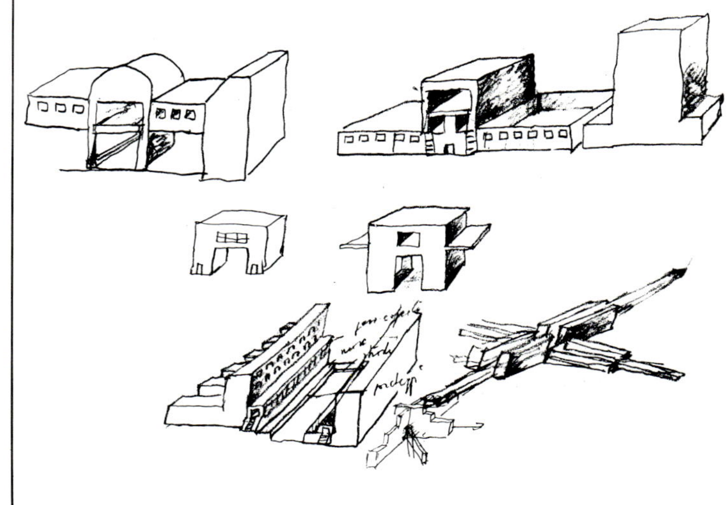

142. Case sull'acqua.
142. Houses on the water.
143. Studi per un edificio composito.
143. Stùdies for a composite building.

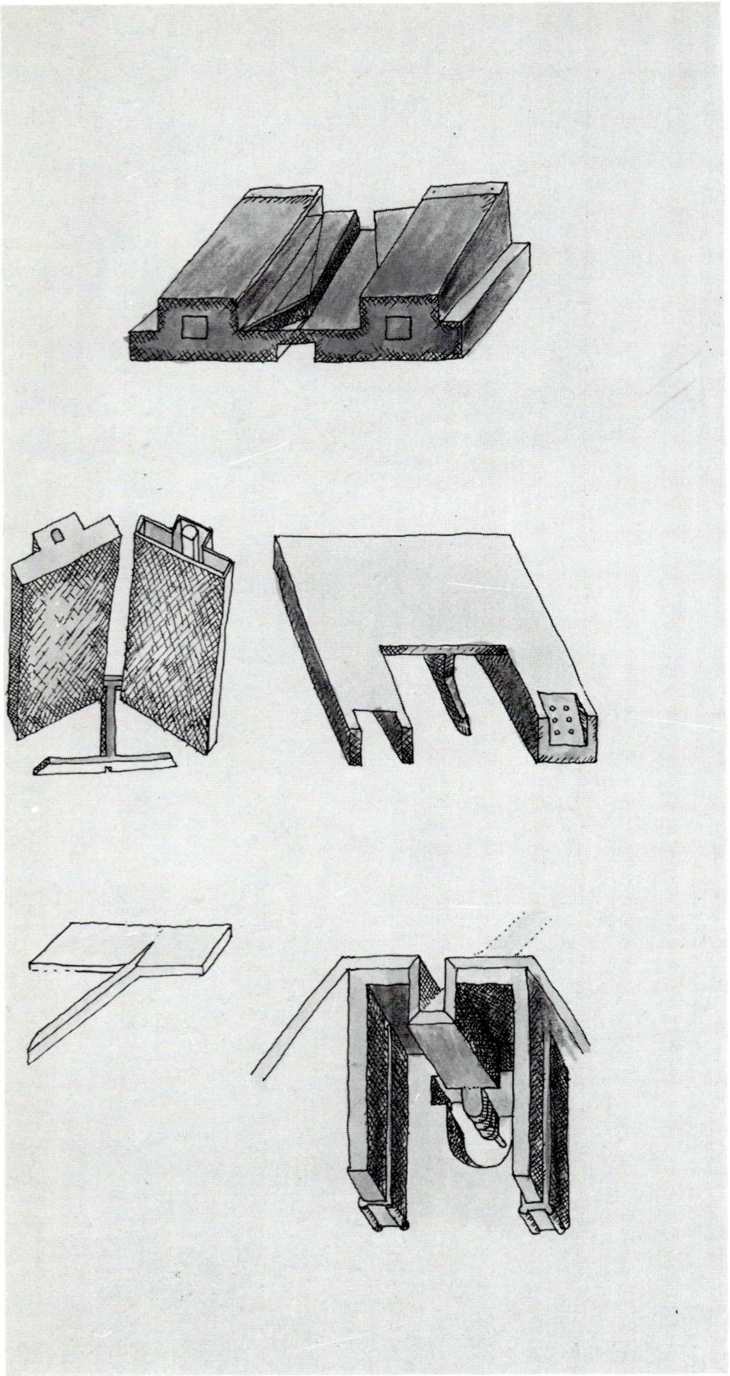

144. Studi di elementi semplici per case sull'acqua, dal libro C, 1976.
144. Studies of simple elements for houses on the water, from book C, 1976.

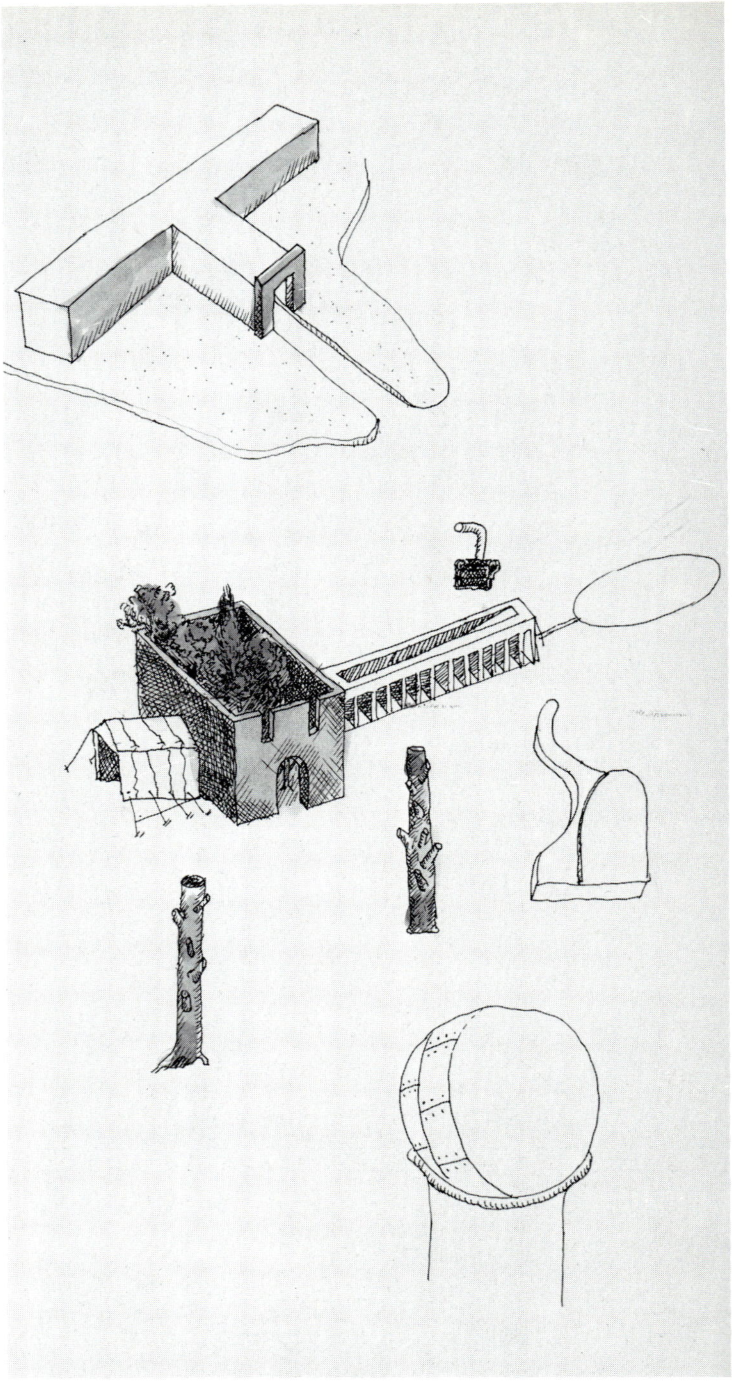

145. Giardino abitato, dal libro C, 1976.
145. Inhabited garden, from book C, 1976.

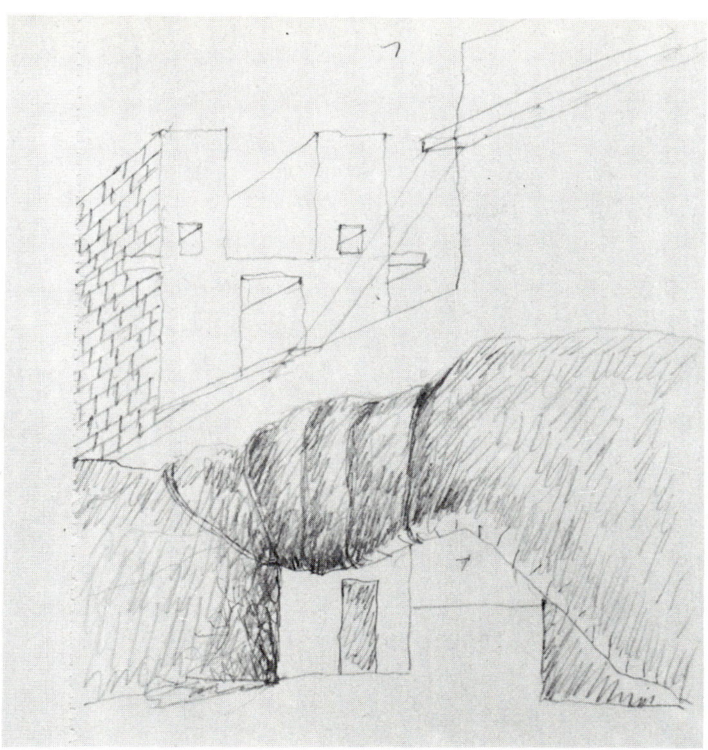

146.147. Architettura nel paesaggio, dal libro L, 1977.
146.147. Architecture in the landscape, from book L, 1977.

148. Studi per edificio composito.
148. Studies for a composite building.

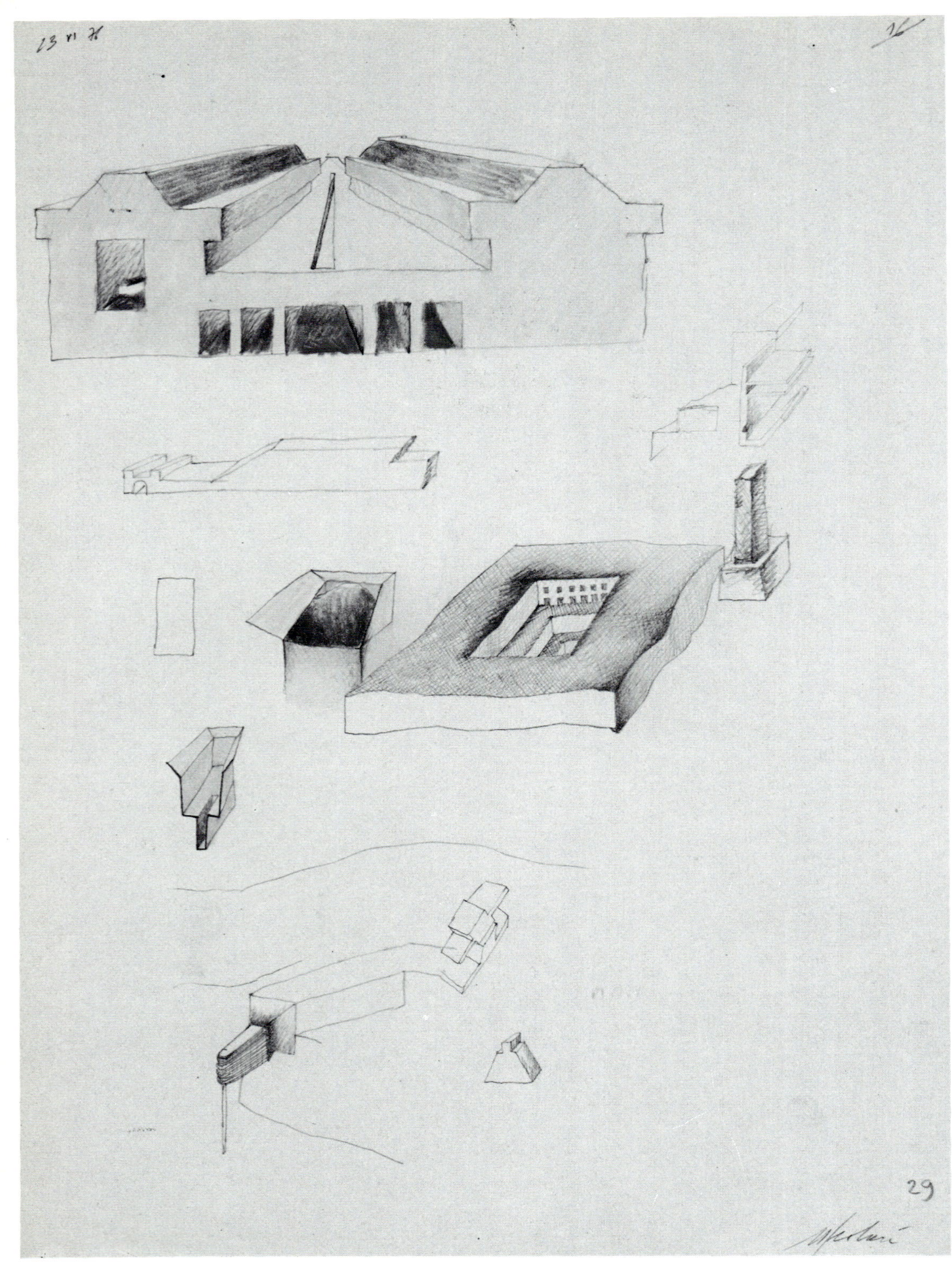

149. Case-fortezza.
149. Fortress- houses.

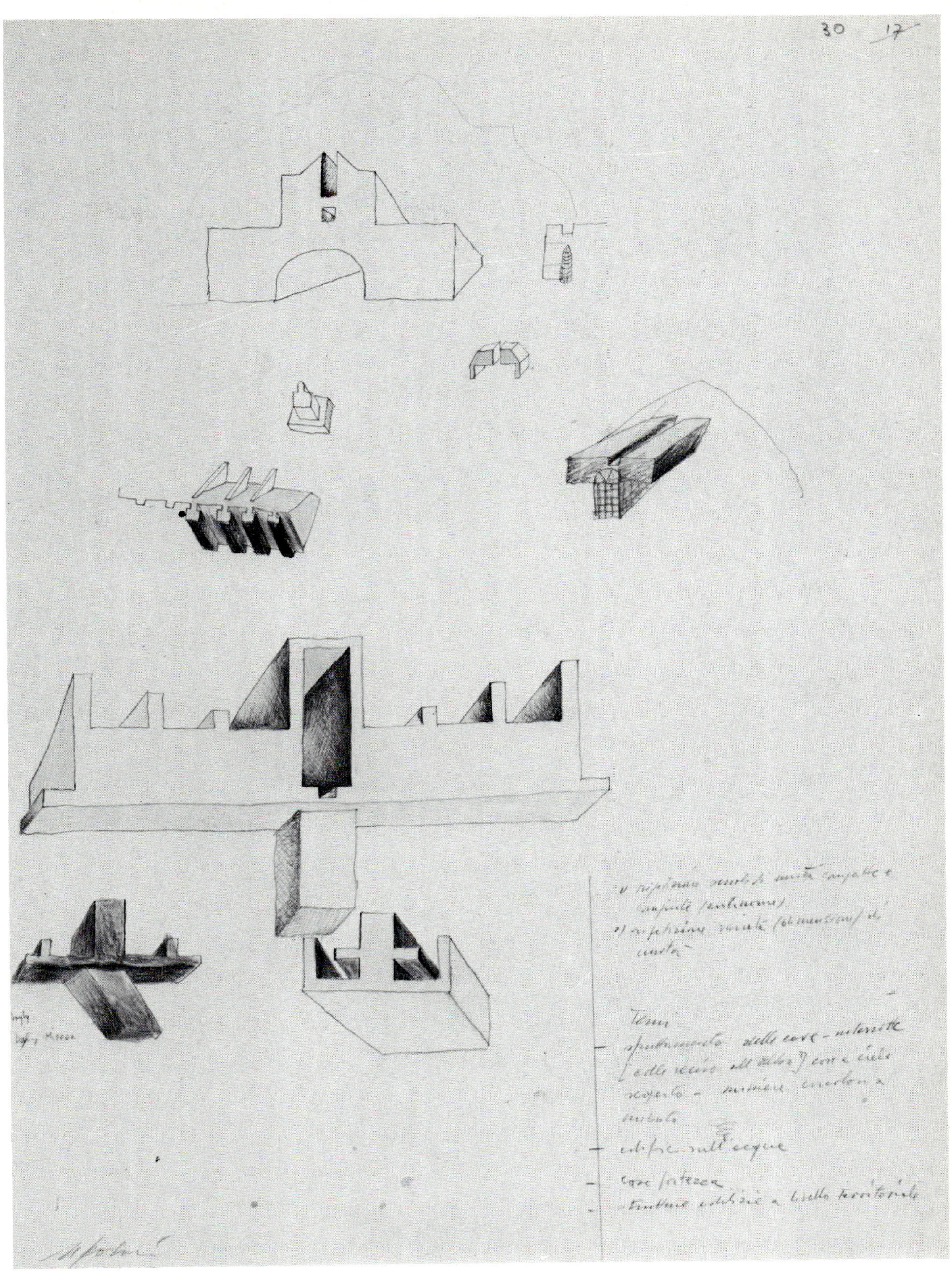

150. Tettonica, 1976.
150. Techtonic, 1976.

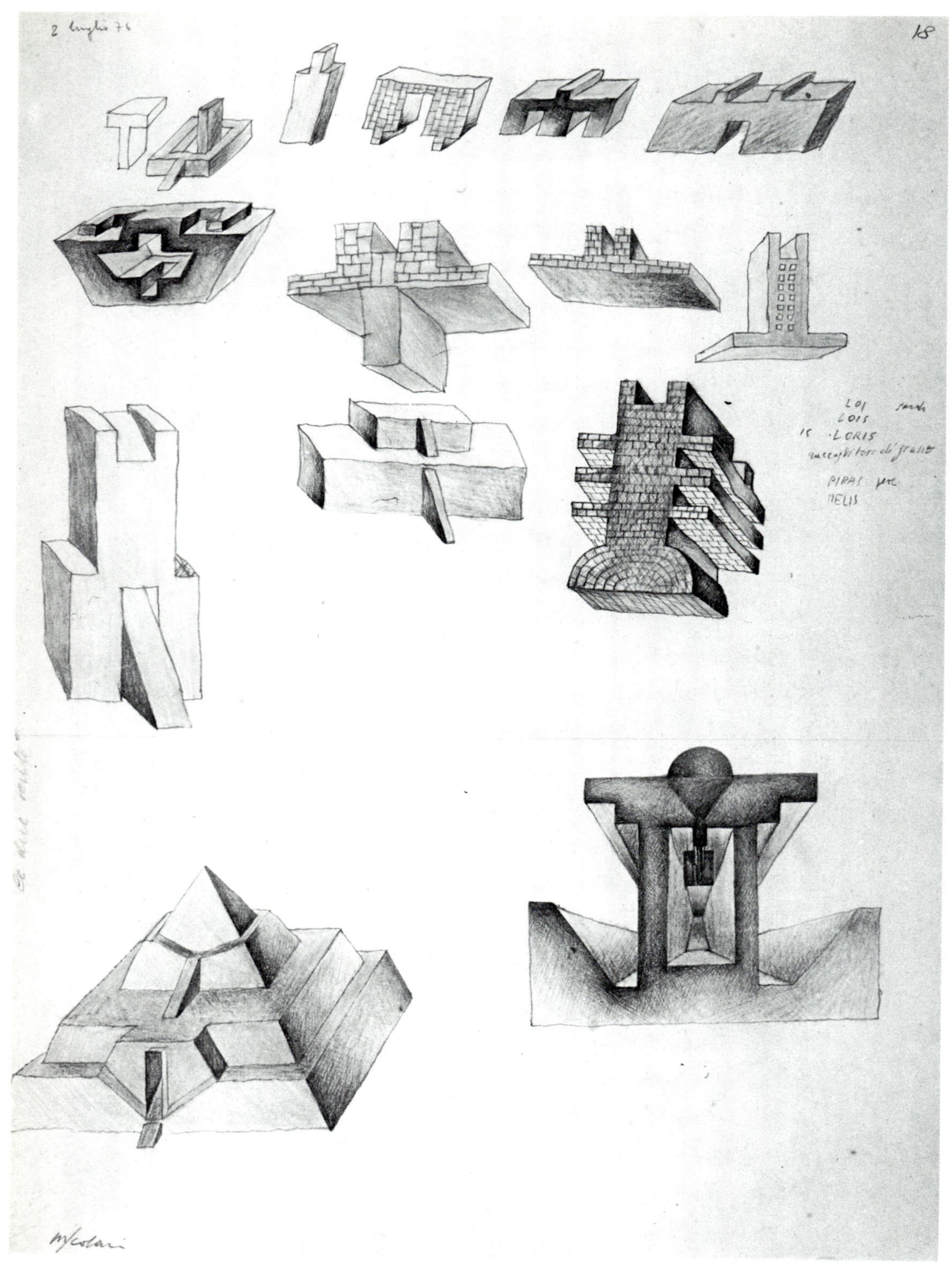

151. Tettonica, 1976.
151. Techtonic, 1976.

152. Casa di R. Roussel, 1976.
152. R. Roussel's house, 1976.

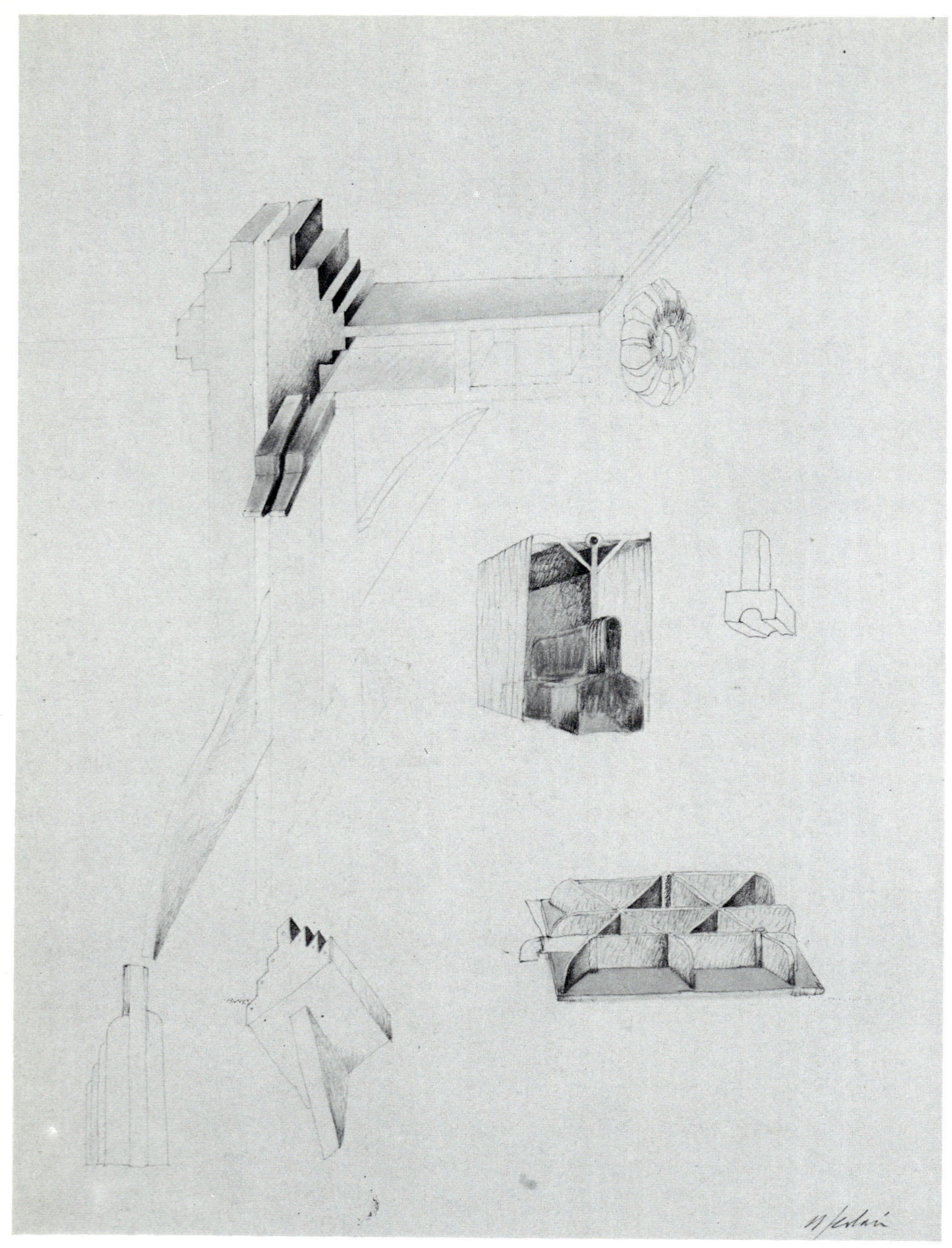

153. Case, 1976.
153. Houses, 1976.

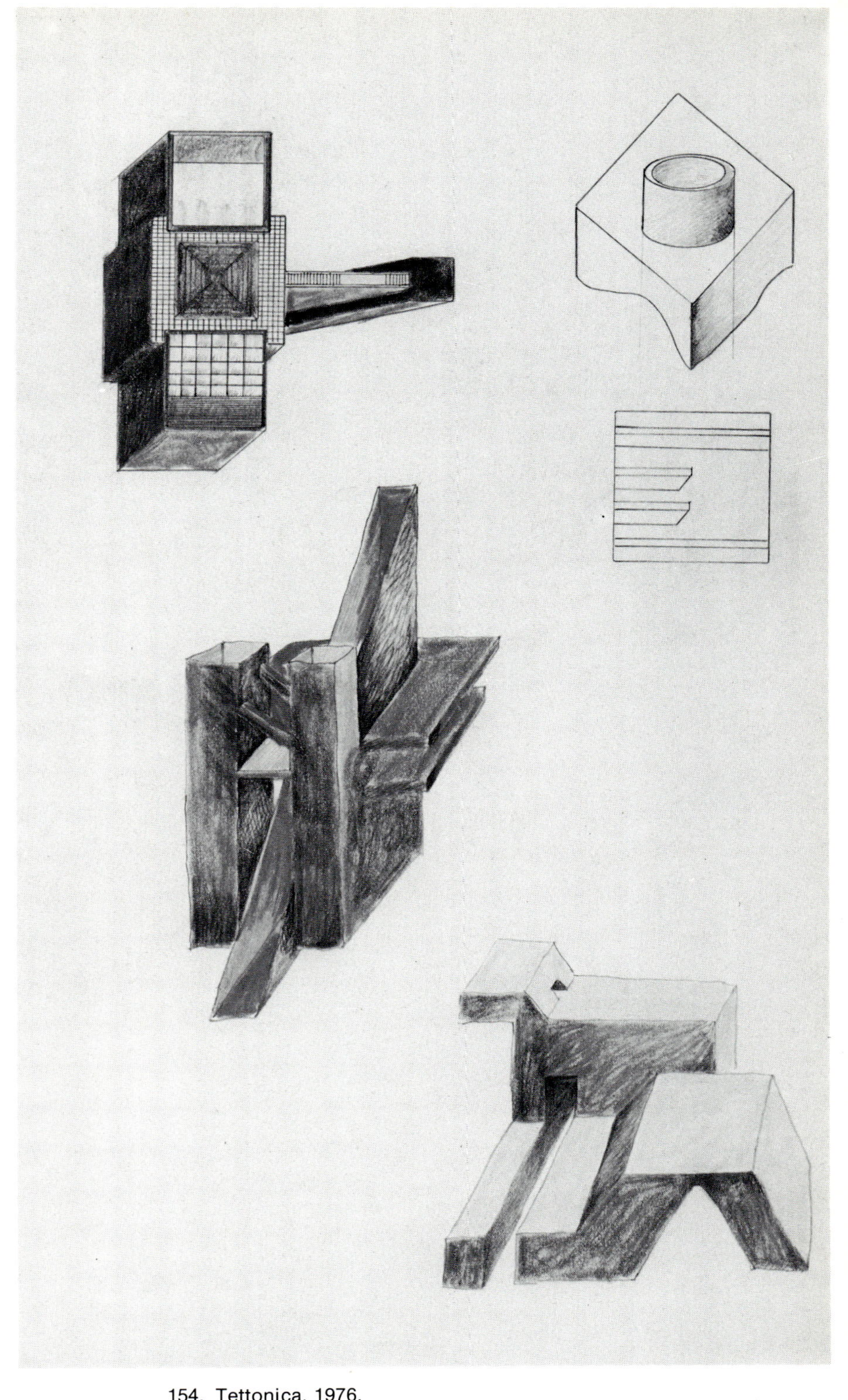

154. Tettonica, 1976.
154. Techtonic, 1976.

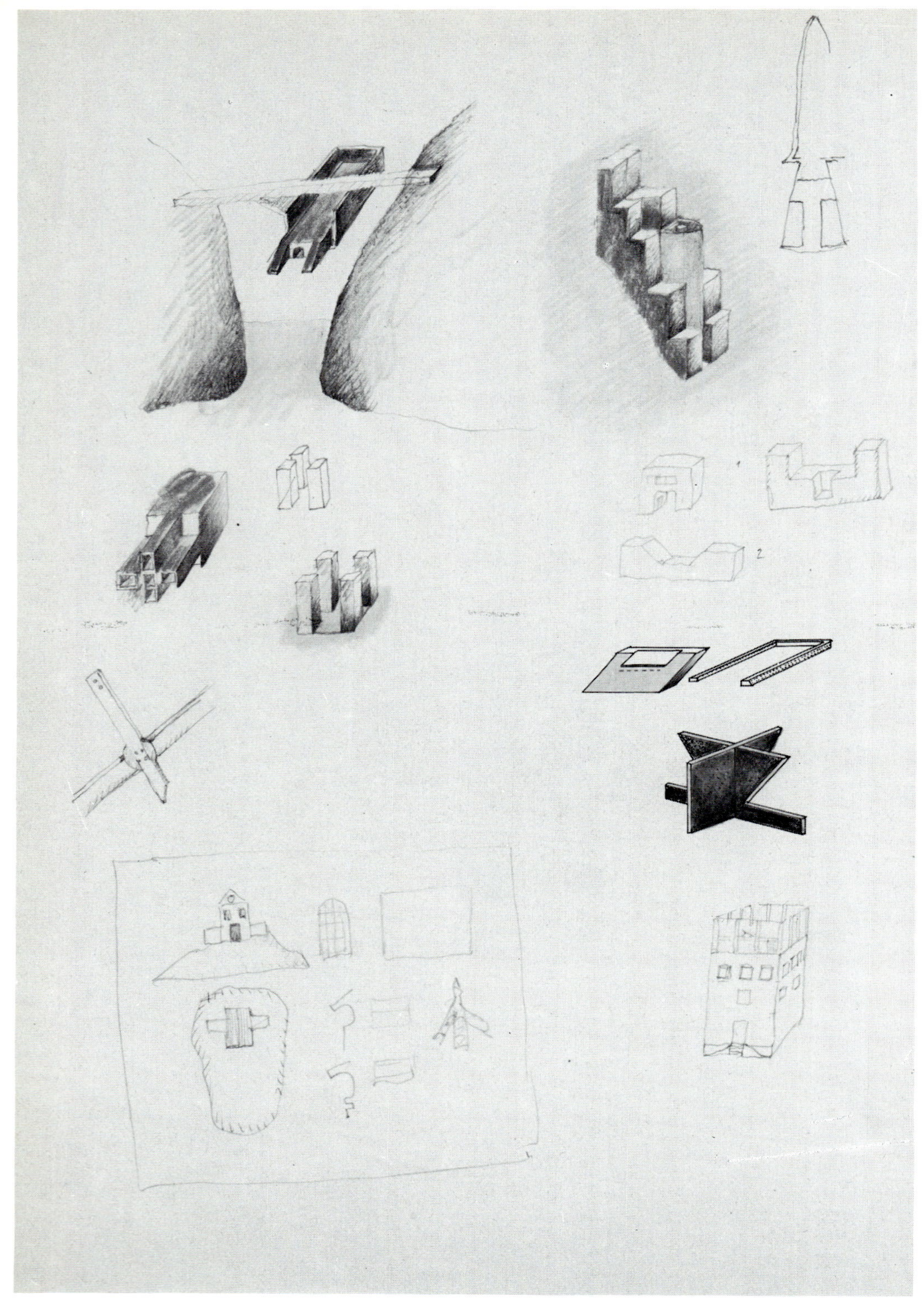

155. Studi di elementi architettonici.
155. Studies of architectonic elements.

156. Villa per artisti e alianti.
156. Villa for artists and gliders.

157. Architettura e natura.
157. Architecture and nature.

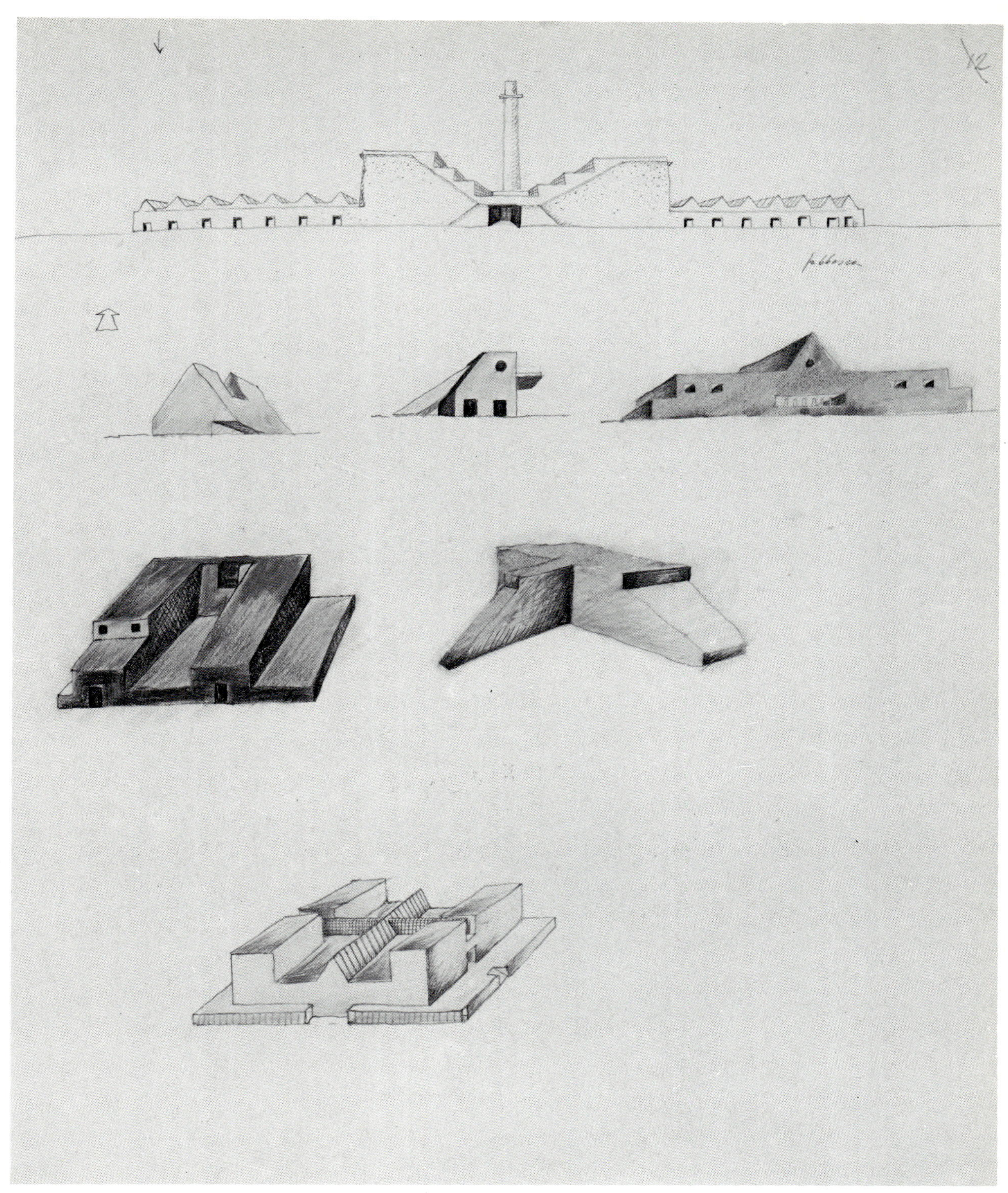

158. Fabbrica e case.
158. Factory and houses.

159. Case abbinate e case-recinto.
159. Linked-houses and enclosure-houses.

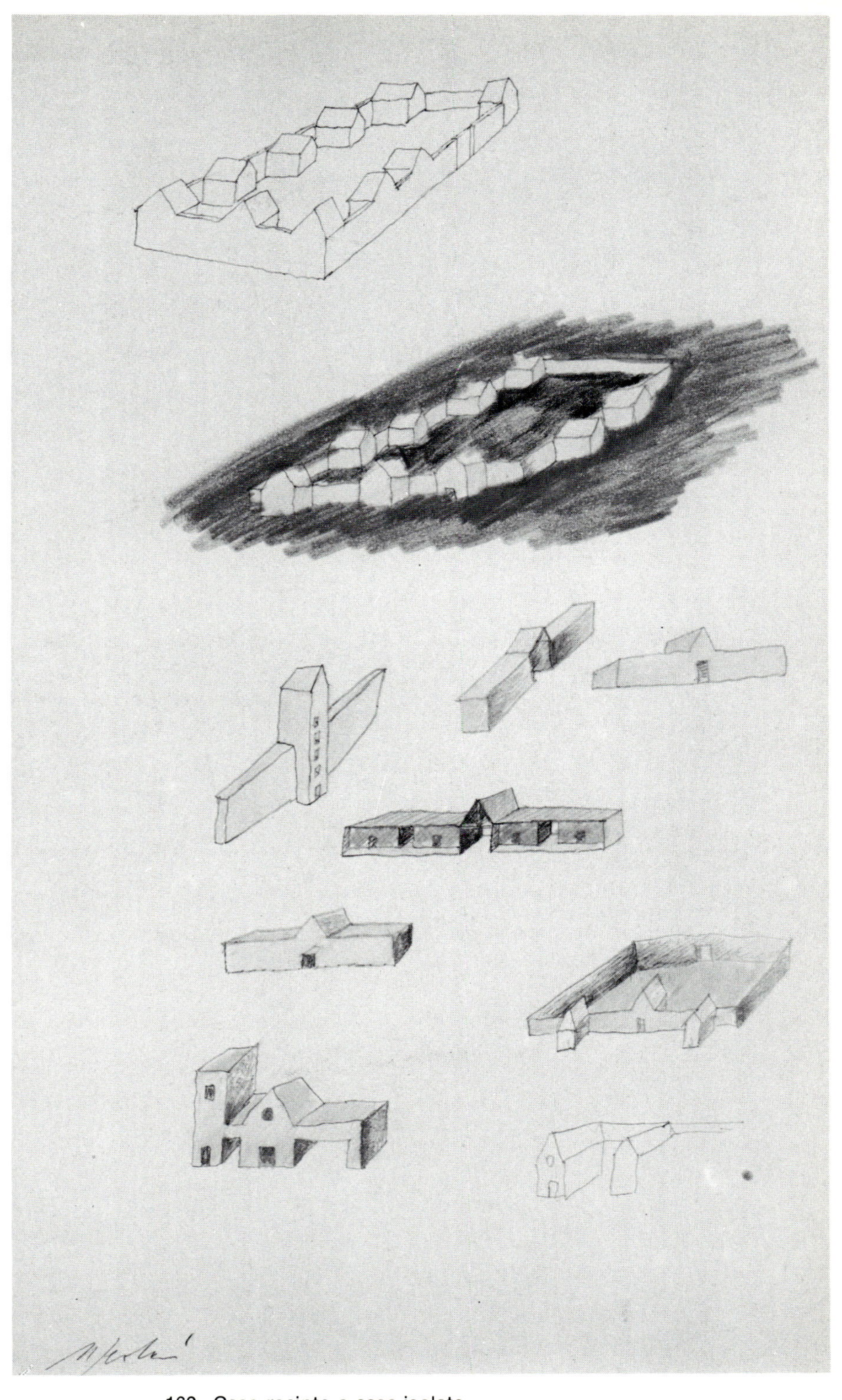

160. Case-recinto e case isolate.
160. Enclosure-houses and isolated houses.

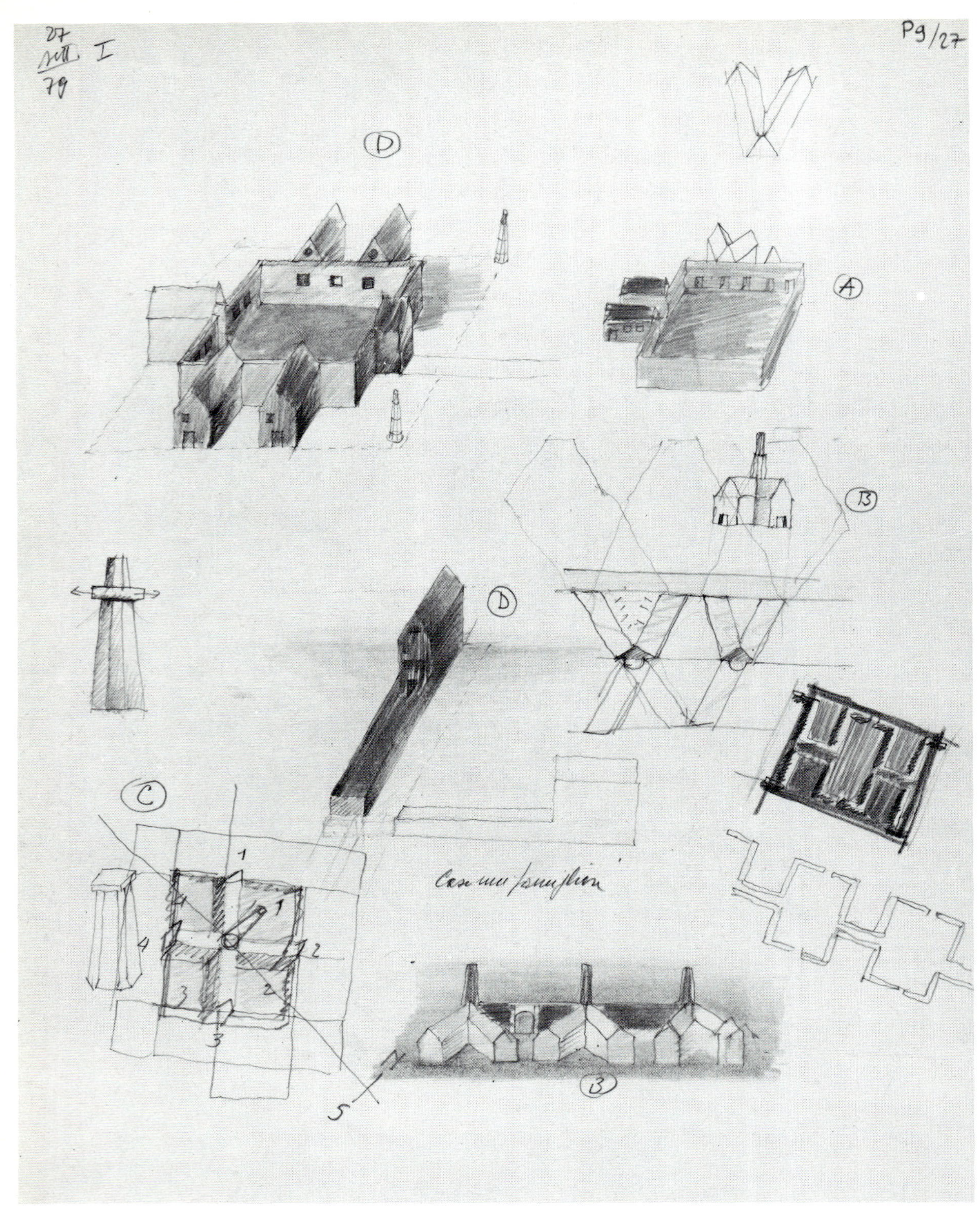

161. Case-recinto e case singole, 1979.
161. Enclosure-houses and single houses, 1979.

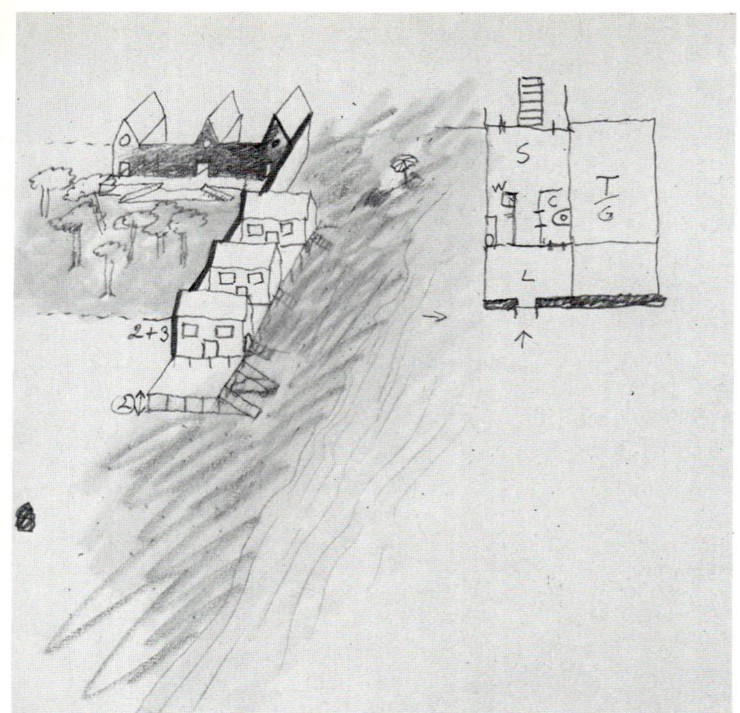

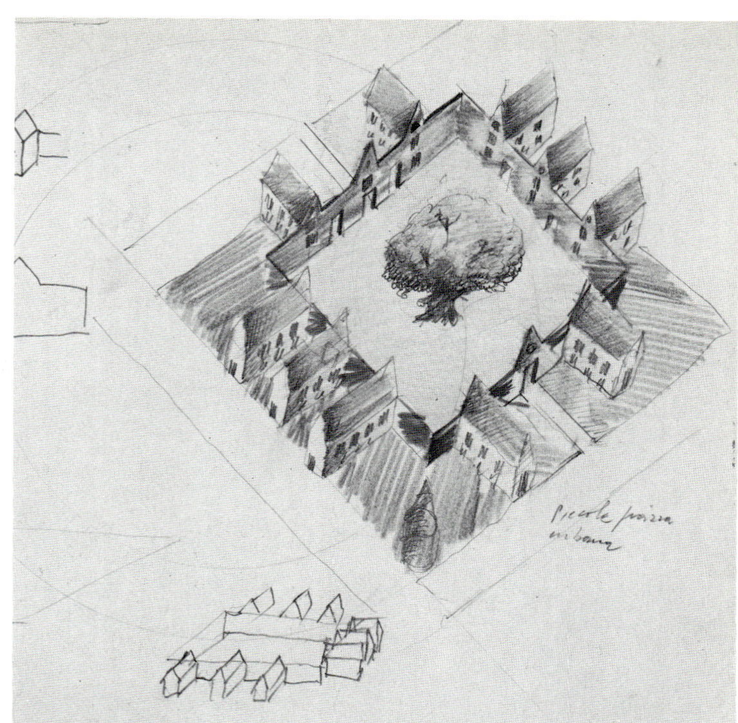

162.163. Recinto urbano, 1979.
162.163. Urban enclosure, 1979.

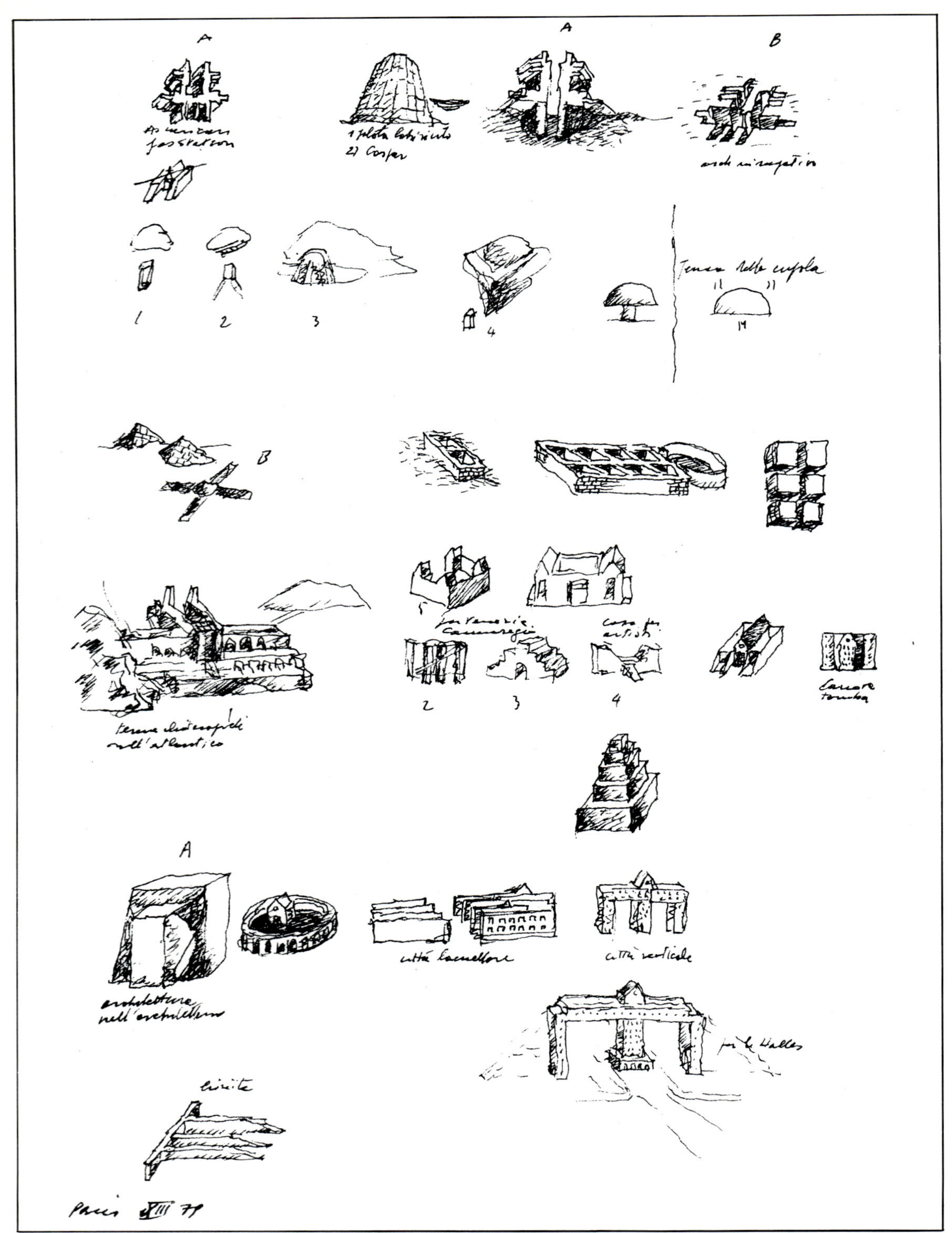

164. Abaco di architetture, dal libro M, 1979.
164. Abacus of types of architecture, from book M, 1979.

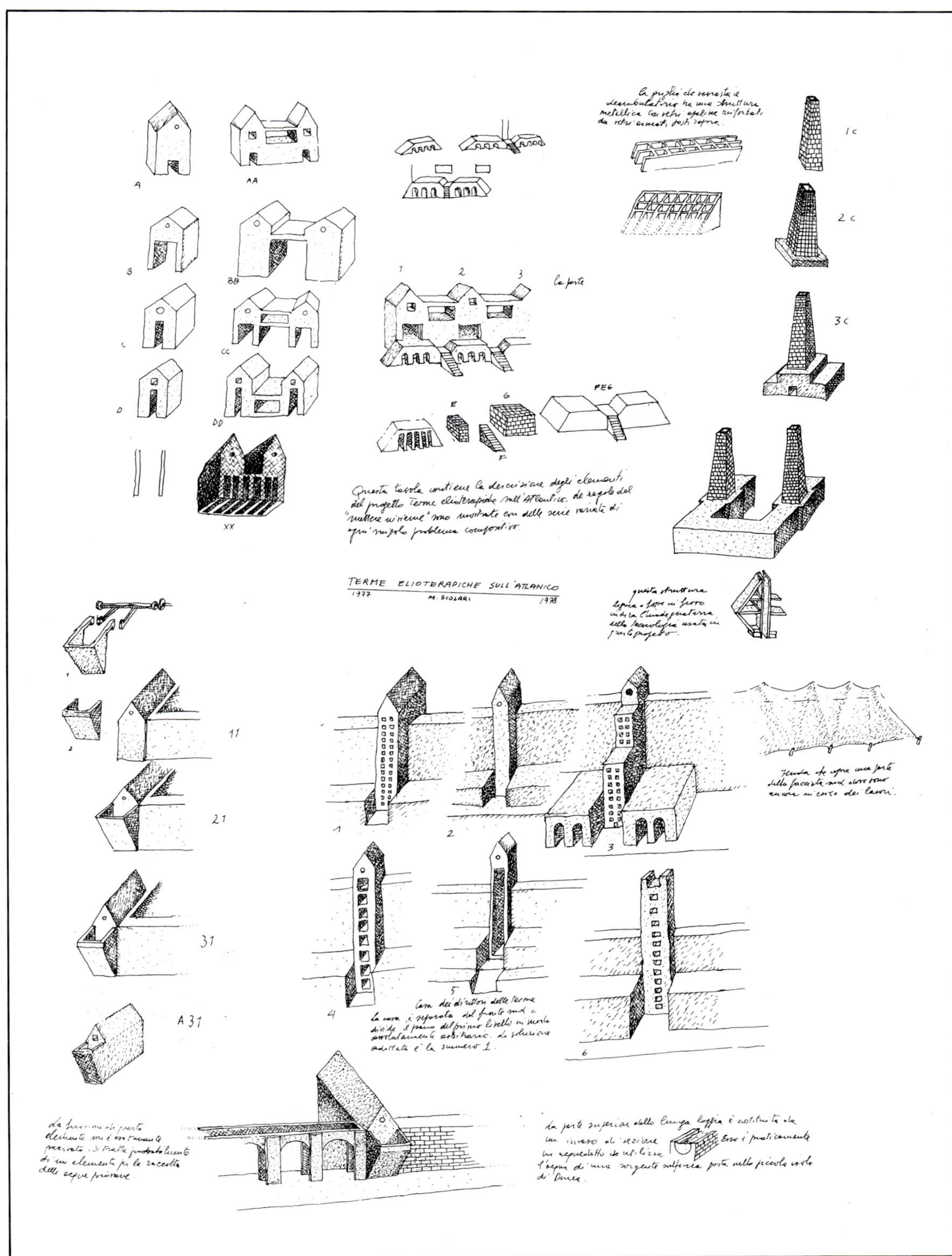

165. Studio per le 'Terme elioterapiche sull'Atlantico', 1977-78.
165. Studies for the 'Heliotherapeutic baths on the Atlantic', 1977-78.

166. Studio per le 'Terme elioterapiche sull'Atlantico', 1977-78.
166. Studies for the 'Heliotherapeutic baths on the Atlantic', 1977-78.

167. Edificio monumentale, 1977-78.
167. Monumental building, 1977-78.

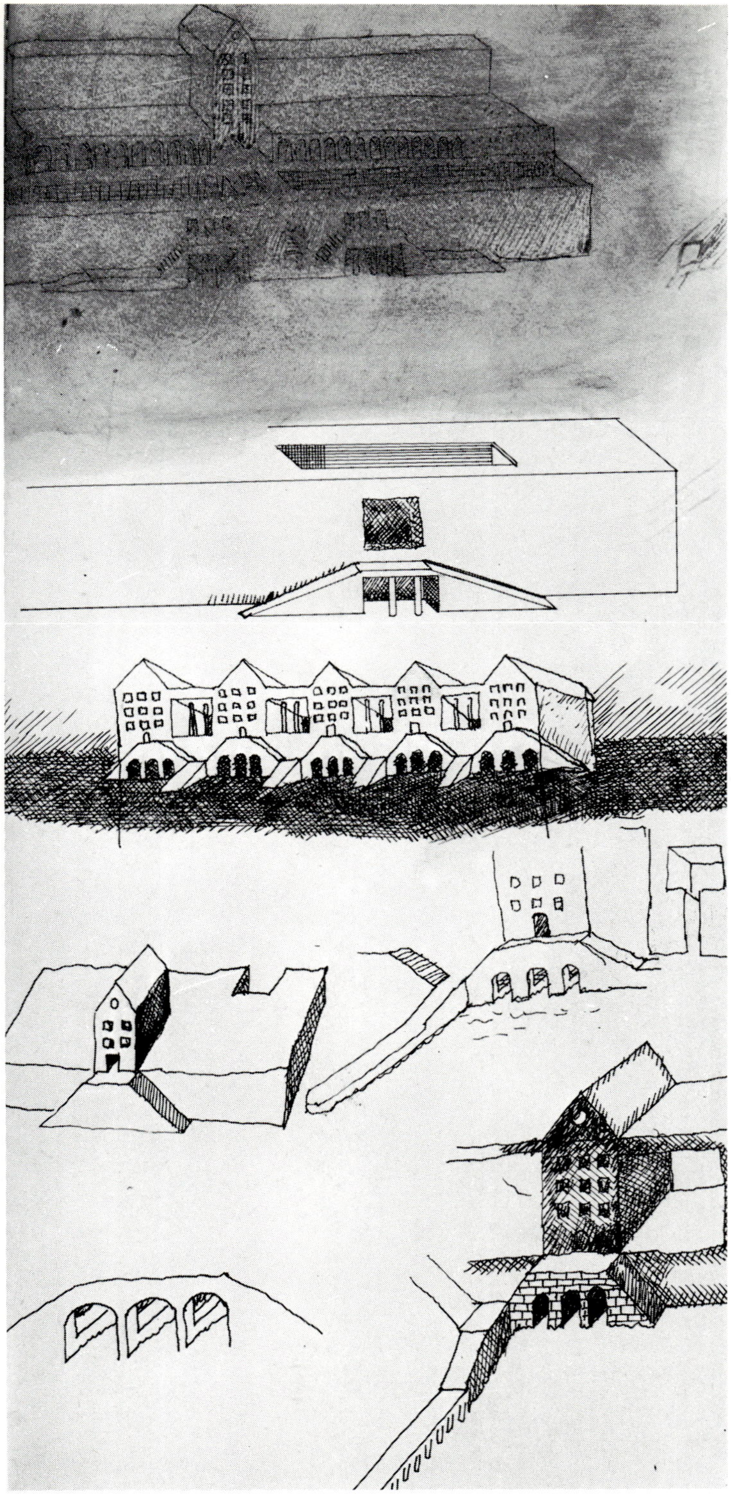

168.169. Studio per le 'Terme elioterapiche sull'Atlantico', 1977-78.
168.169. Study for the 'Heliotherapeutic baths on the Atlantic', 1977-78.

170. Architettura laconica: tavola descrittiva, 1979.
170. Laconic architecture: descriptive table, 1979.

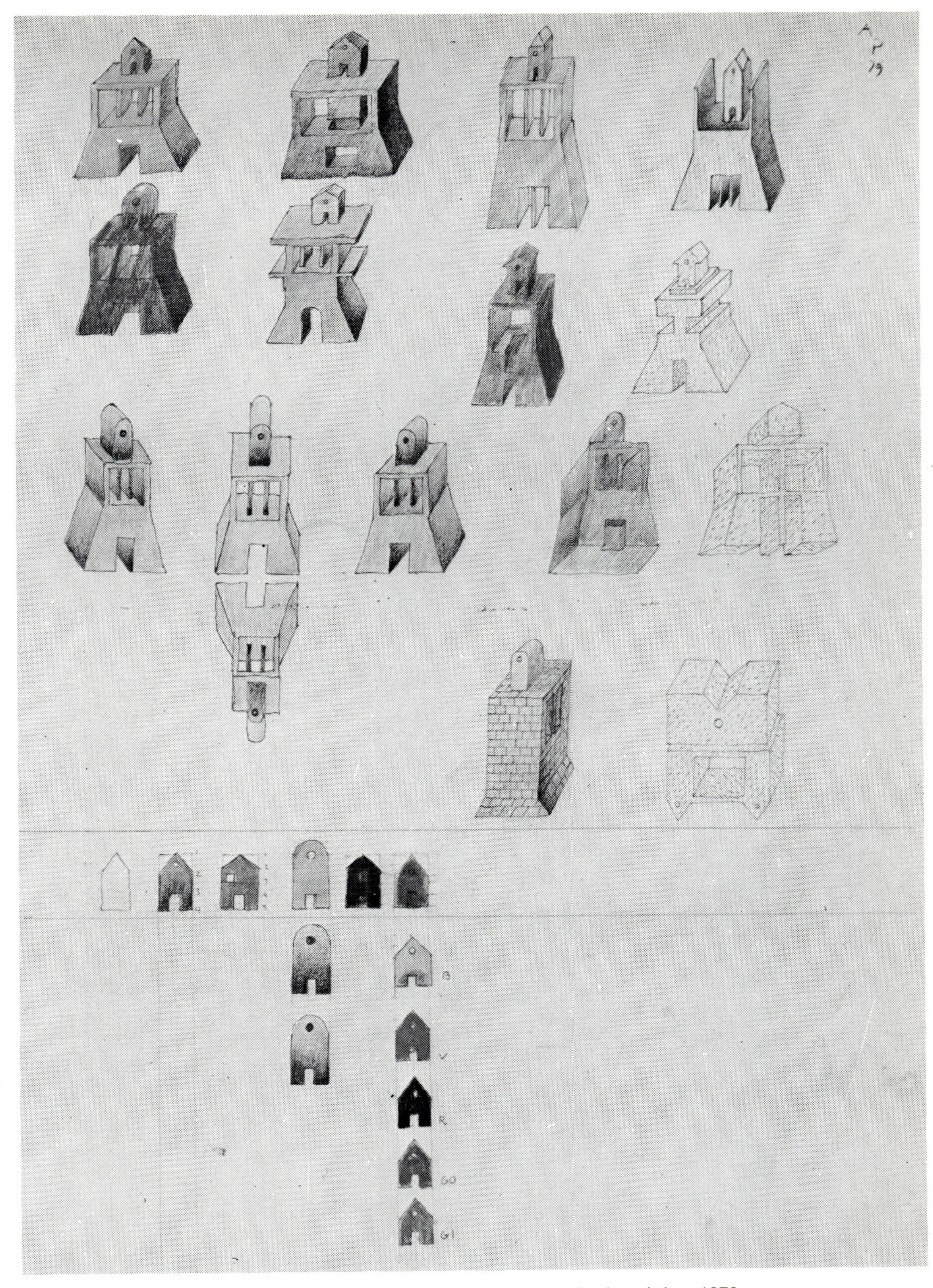

171. Architettura laconica: tavola descrittiva, 1979.
171. Laconic architecture: descriptive table, 1979.

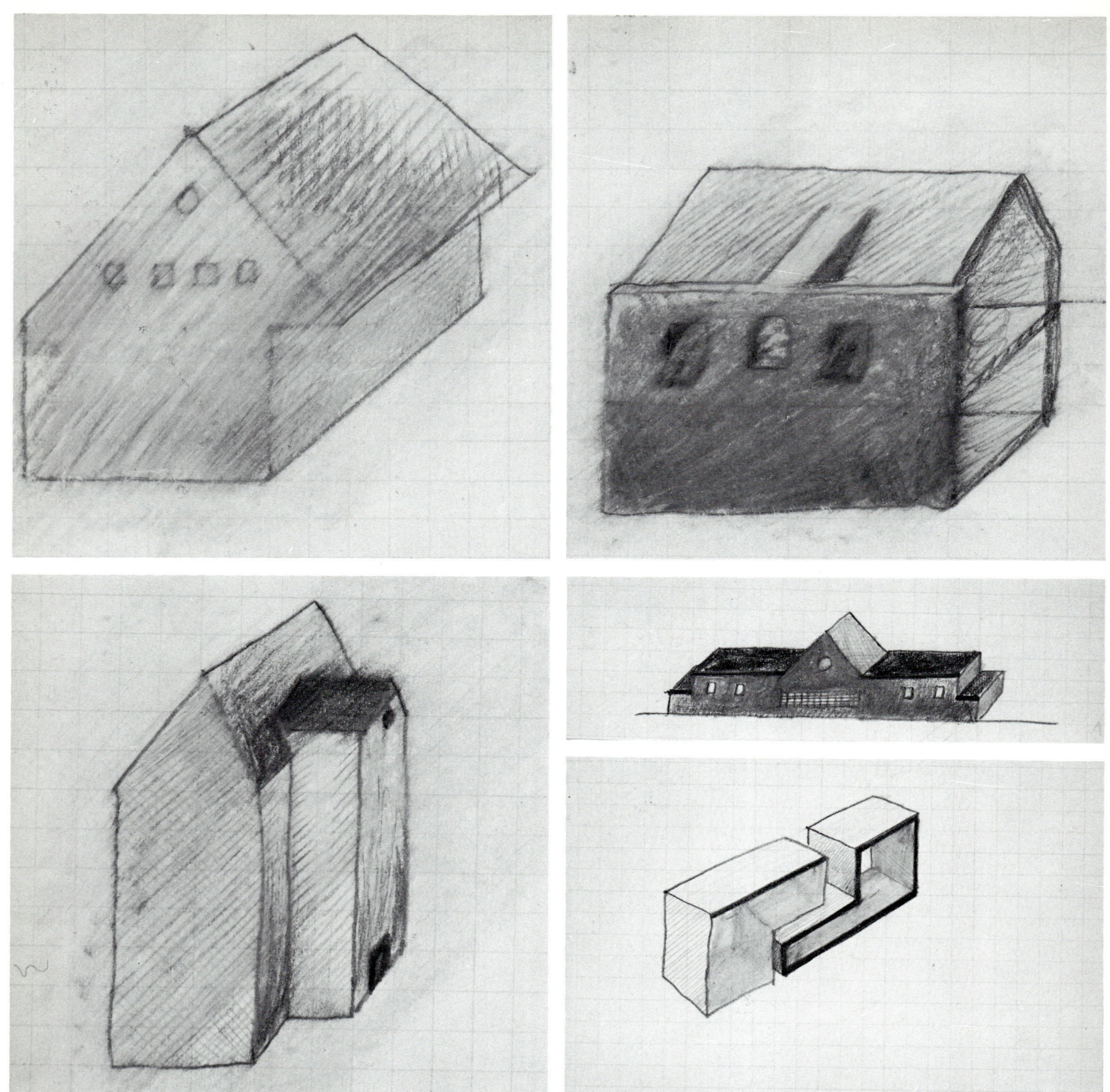

172. Architettura laconica, dal libro C, 1974, 5 disegni.
172. Laconic architecture, from book C, 1974, 5 drawings.

173. Architettura laconica, dal libro 'Laconica applicata', 1979, 7 disegni.
173. Laconic architecture, from the book 'Laconica applicata', 1979, 7 drawings

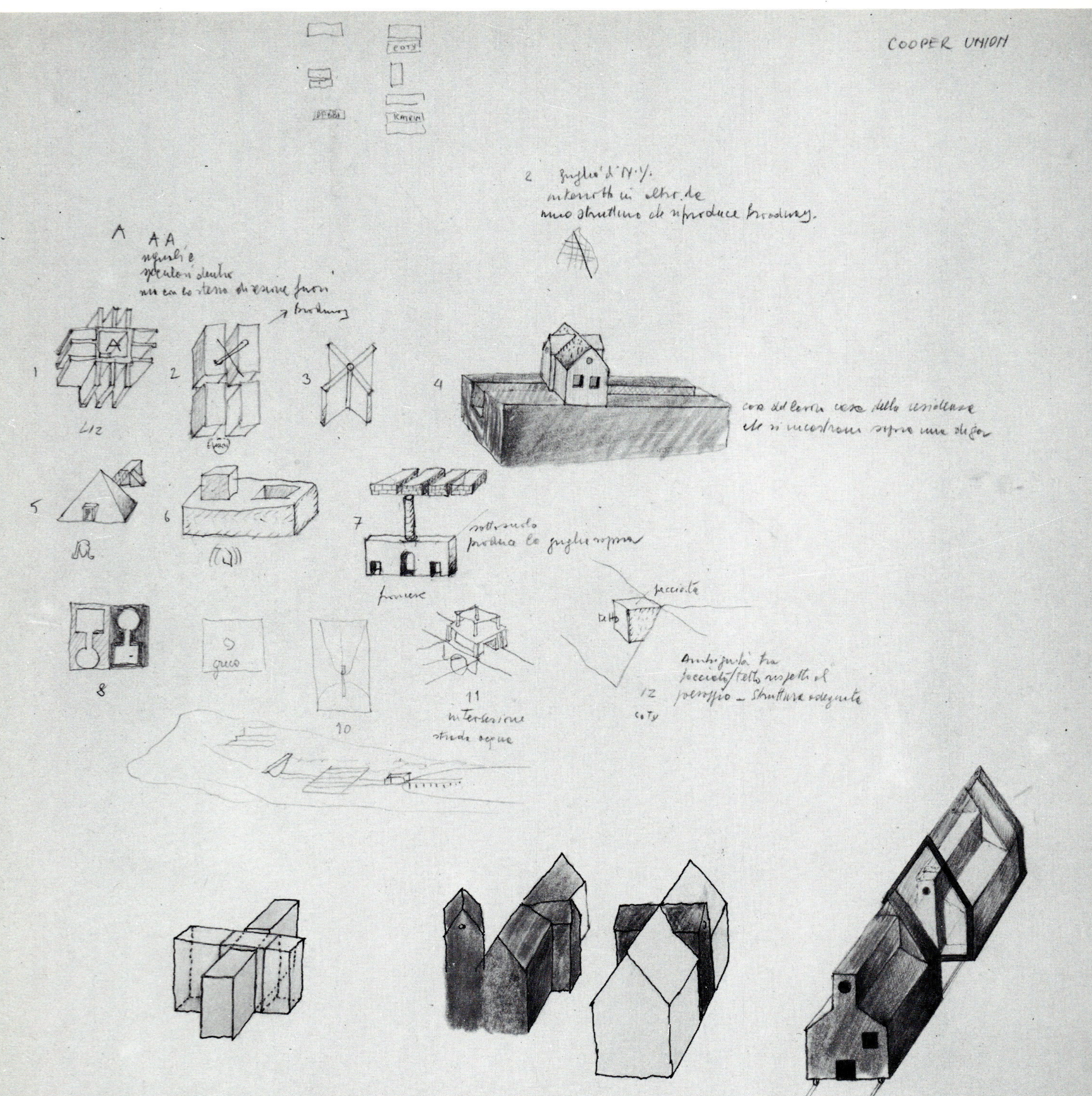

174. Studi di architettura alla Cooper Union, U.S.A.
174. Studies of architecture at the Cooper Union, U.S.A.

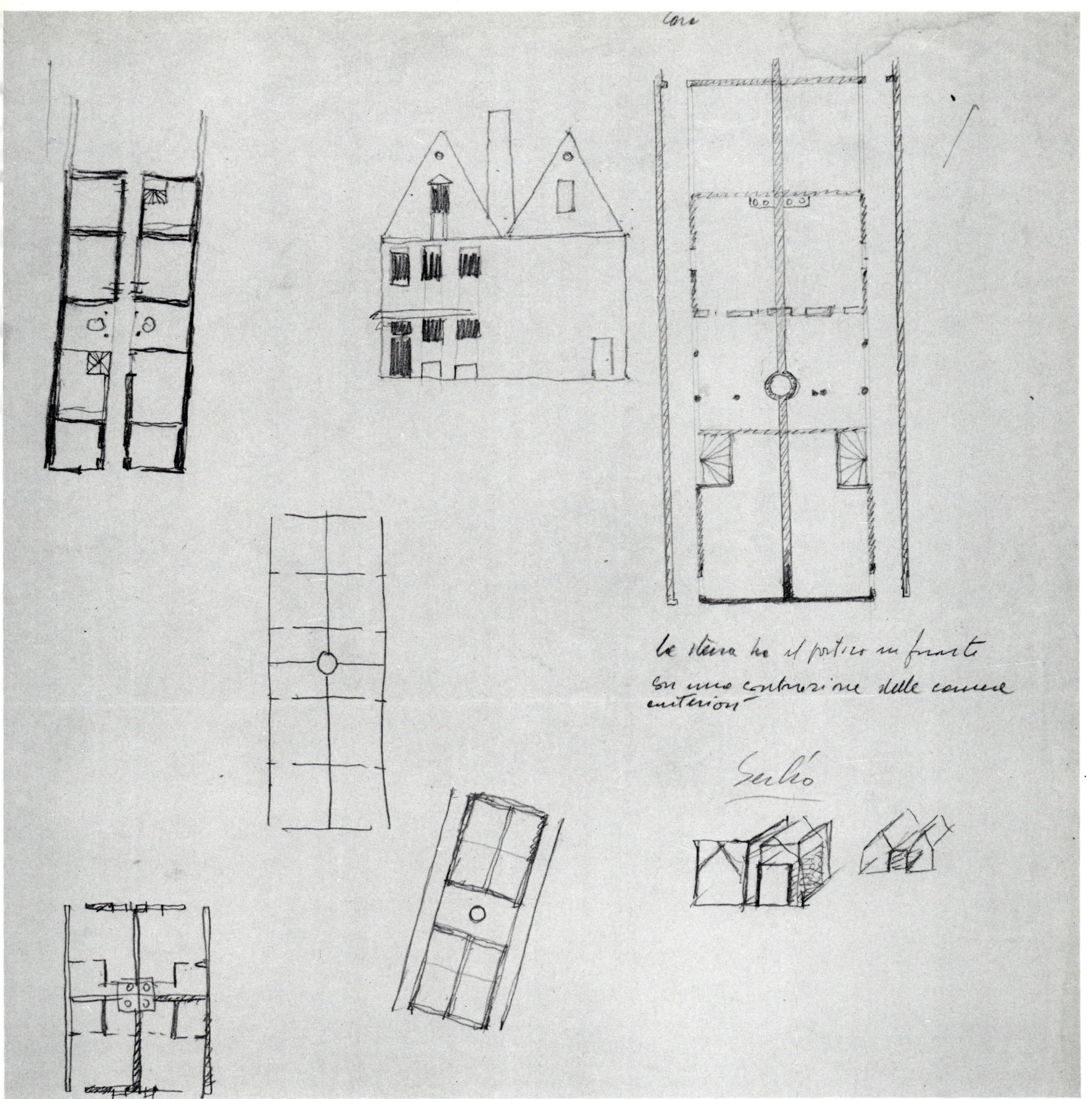

175. Studi di case a schiera, dal Serlio.
175. Studies of grouped houses, from Serlio.

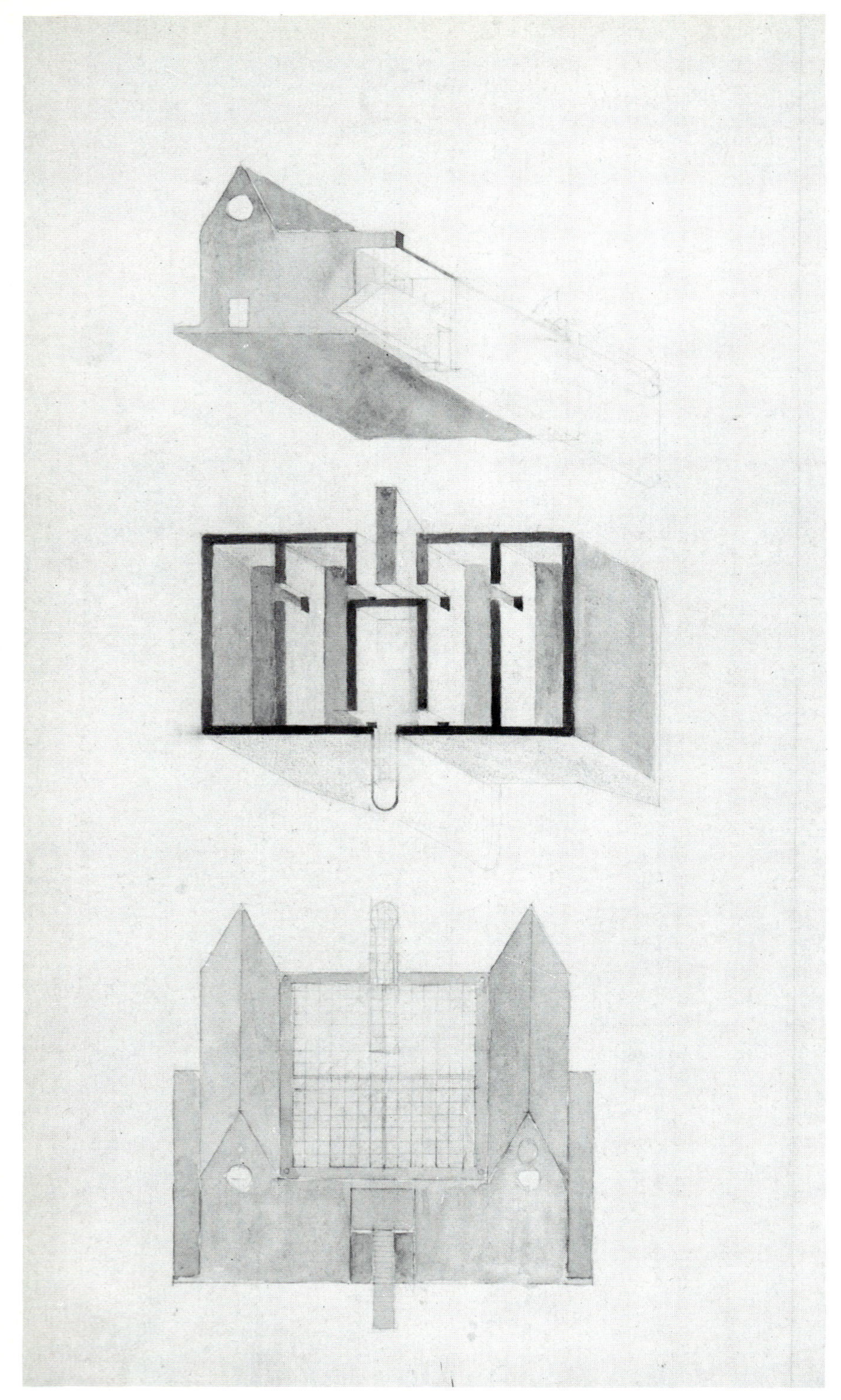

176. Progetto di casa abbinata.
176. Project for linked houses.

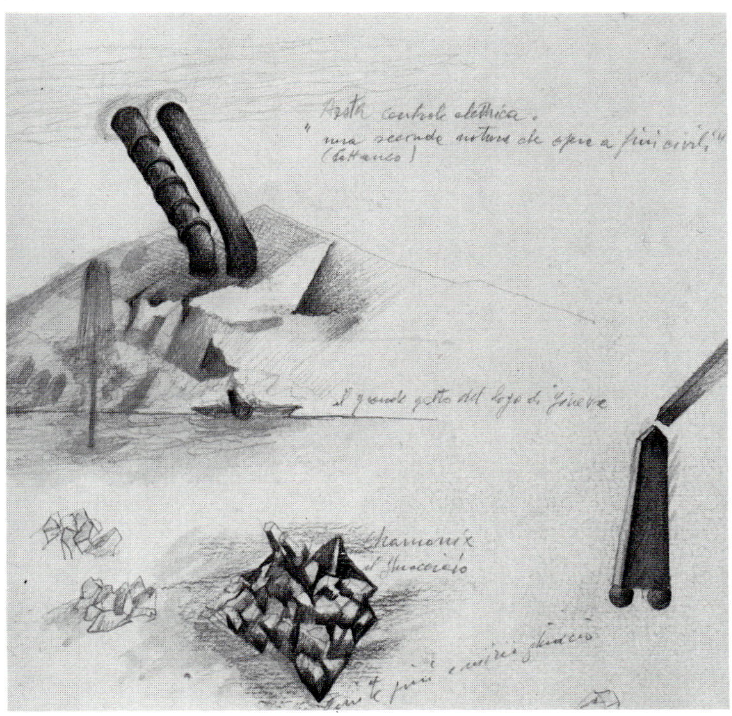

177.178. Dal libro M: note dal viaggio a Milano, Parigi, Londra, 1979.
177.178. From book M: notes from a jouney to Milan, Paris and London, 1979.

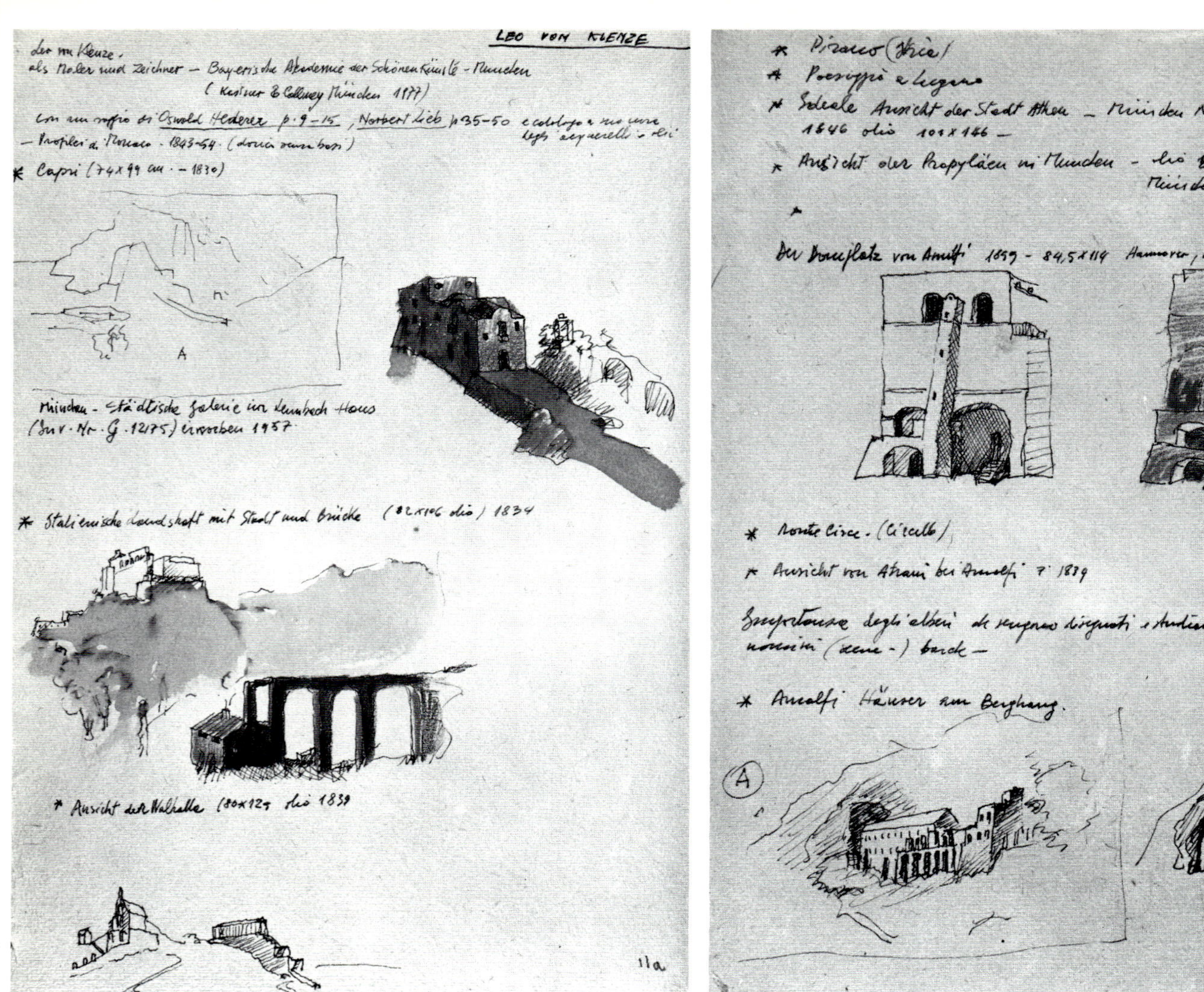

179.180. Dal libro M: note dal viaggio a Milano, Parigi, Londra, 1979.
179.180. From book M: notes from a journey to Milan, Paris and London, 1979.

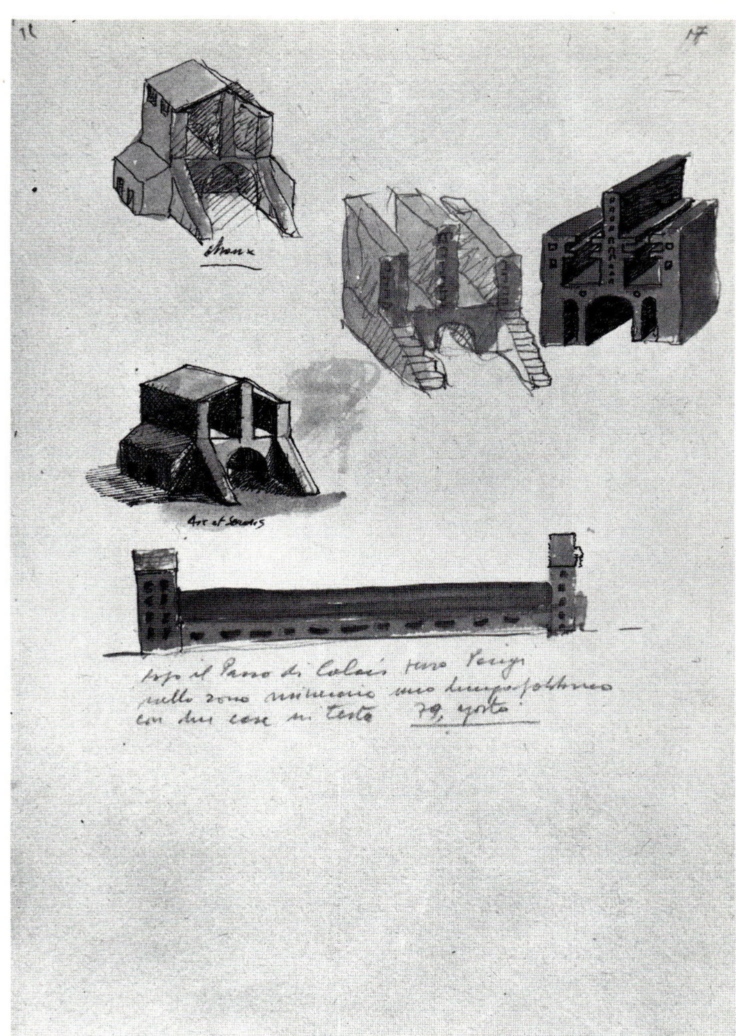

181.182. Dal libro M: note dal viaggio a Milano, Parigi, Londra, 1979.
181.182. From book M: notes from a journey to Milan, Paris and London, 1979.

183. Architettura nel sottosuolo e in superficie, 1979.
183. Underground and surface architecture, 1979.

184. Dal libro M: note dal viaggio a Milano, Parigi, Londra, 1979.
184. From book M: notes from a journey to Milan, Paris and London, 1979.

185. Architettura alpina.
185. Alpine architecture.
186. Alpi idrauliche
186. Hydraulic Alps.

187. Architettura alpina.
187. Alpine architecture.

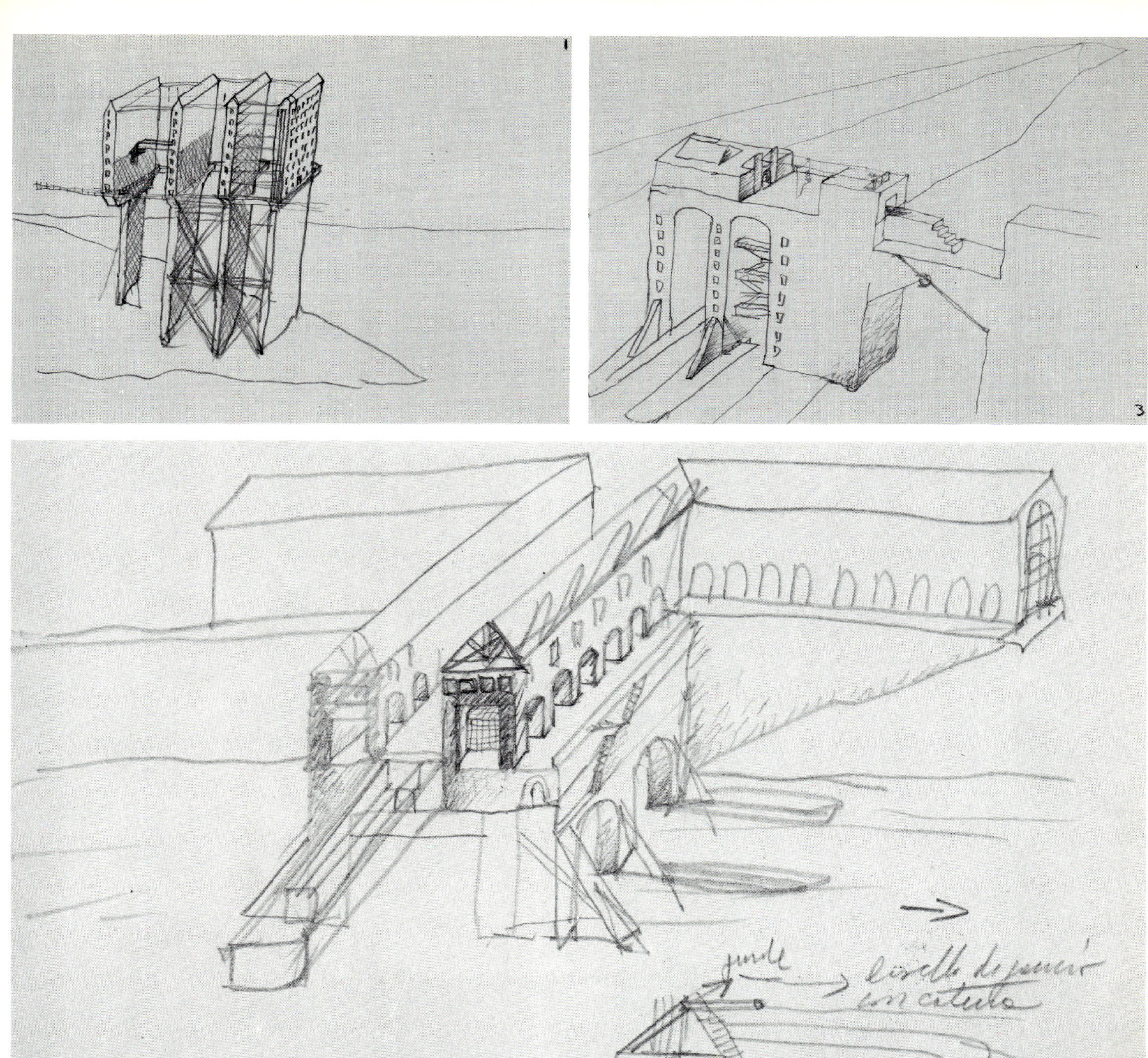

188.189.190. Studio per case sull'acqua.
188. 189.190. Study for houses on the water.

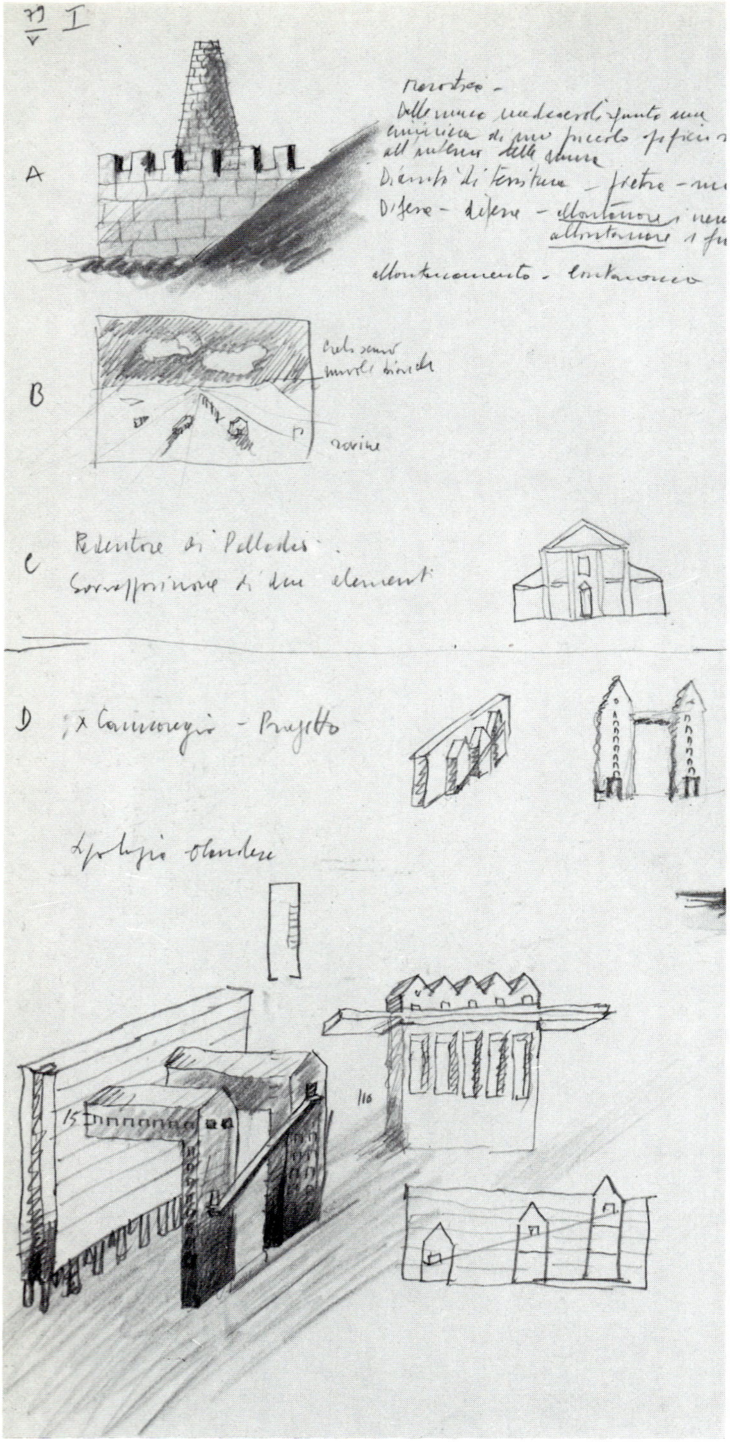

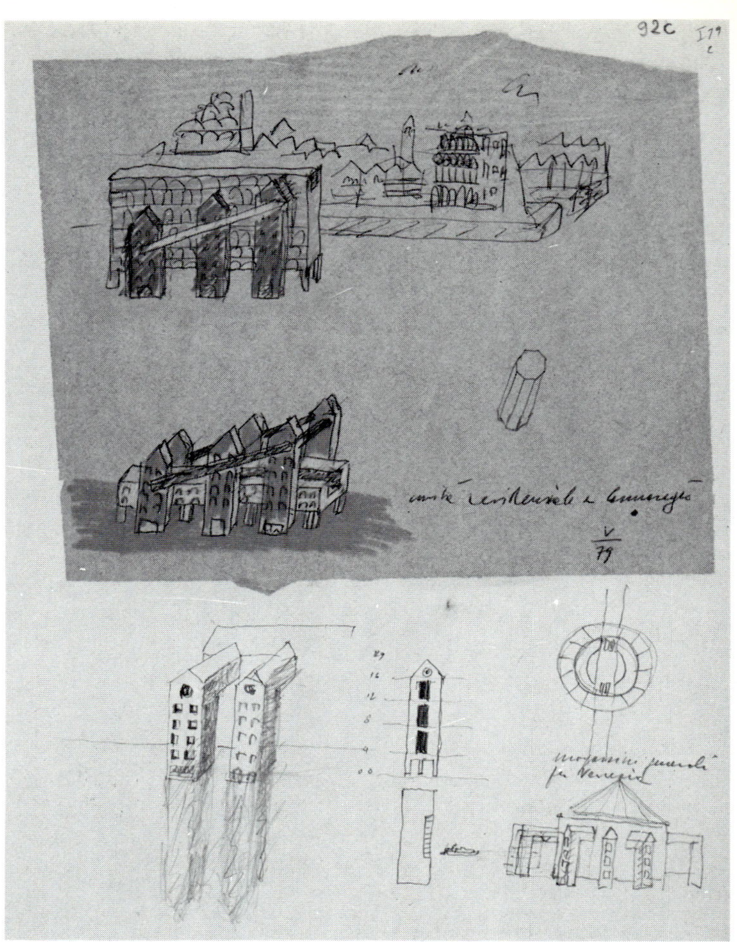

191.192. Studi per il progetto di case a Cannaregio, Venezia, dal libro C, 1979.
191.192. Studies for the project of houses at Cannaregio, Venice, from book C, 1979.

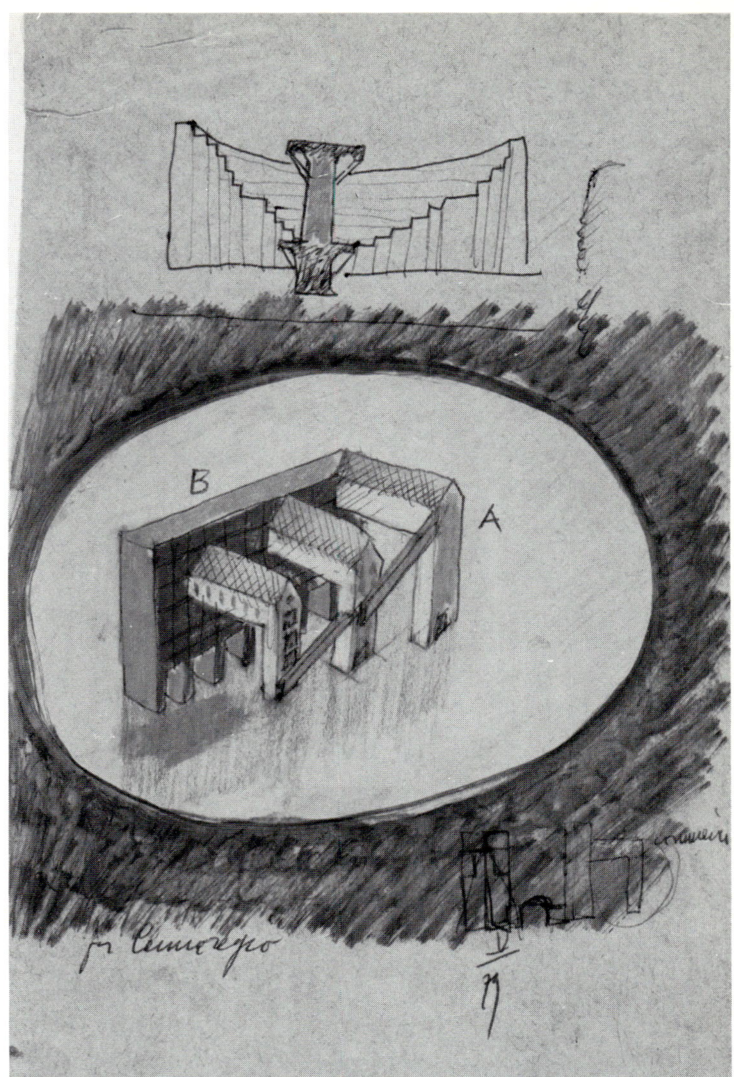

193.194.195. Studi per il progetto di case a Cannaregio, Venezia, dal libro C, 1979.
193.194.195. Studies for the project of houses at Cannaregio, Venice, from book C, 1979.

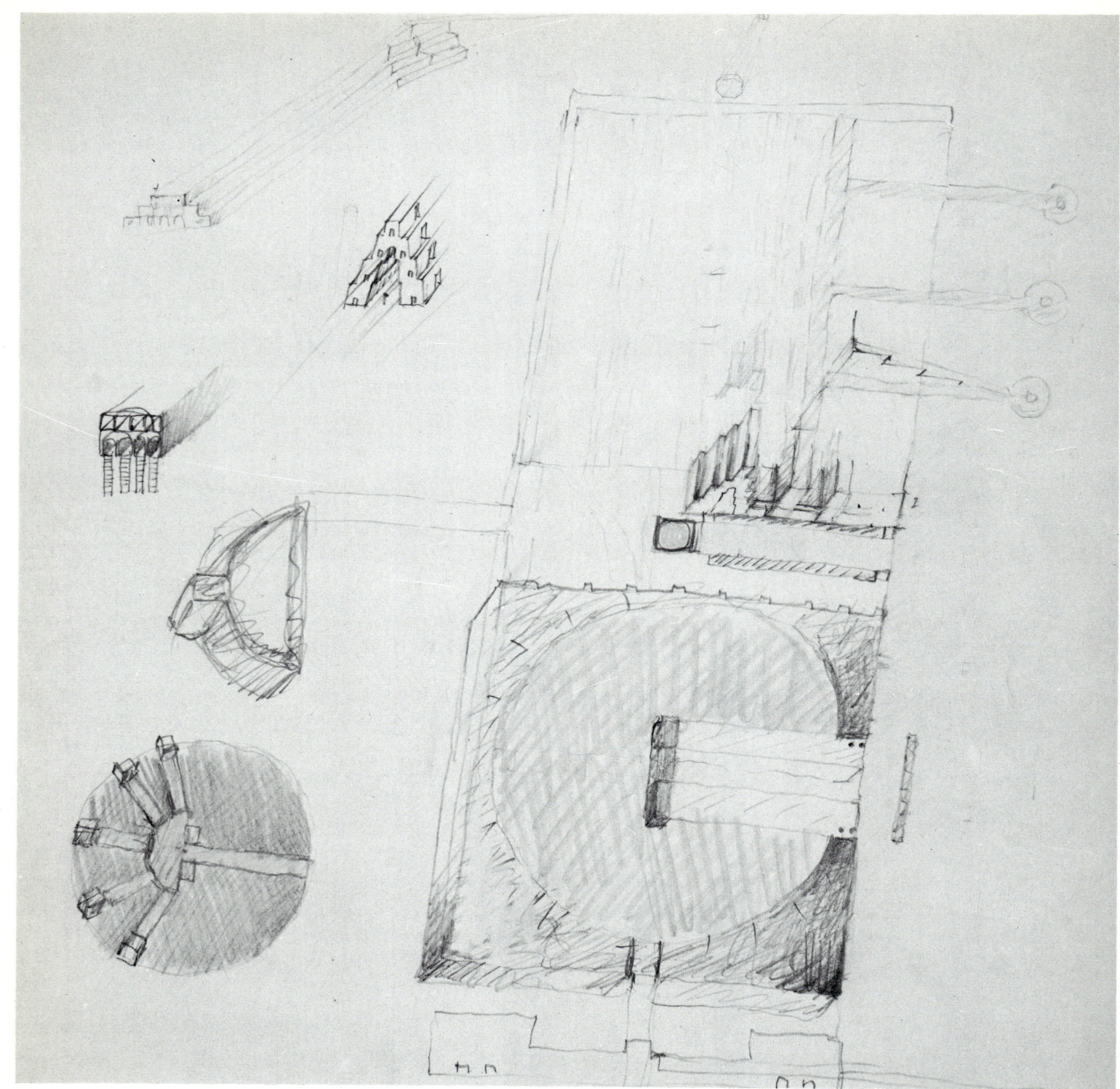

196. Studio per il progetto di case a Cannaregio, Venezia, dal libro C, 1979.
196. Study for the project of houses at Cannaregio, Venice, from book C, 1979.

197.198.199.200. Appunti per edifici a Venezia, dal libro C, 1979.
197.198.199.200. Notes for buildings in Venice, from book C, 1979.

201.202.203.204. Appunti per 'Un'idea di teatro', dal libro C, 1980.
201.202.203.204. Notes for 'Un'idea di teatro', from book C, 1980.

205.206.207.208. Appunti per 'Un'idea di teatro', dal libro C, 1980.
205.206.207.208. Notes for 'Un'idea di teatro', from book C, 1980.

Nota biografica

Massimo Scolari è nato a Novi Ligure il 31 Marzo 1943 ma ha sempre vissuto a Milano.

1963
Iscrizione alla Facoltà di Architettura del Politecnico di Milano con il diploma di maturità scientifica.

1964
Progetto per un museo di architettura nel corso di Elementi di Architettura.

1965
Progetto per la ricostruzione del teatro Dal Verme a Milano nel corso di Elementi di Composizione (prof. E.N. Rogers e prof. Aldo Rossi).
Saggio sulla pittura di Le Corbusier.

1966
Progetto per unità residenziale nel nord Milano nel corso di Composizione I (prof. F. Albini).
Saggio sulla figura di Hannes Meyer e il Bauhaus-antologia degli scritti.

1967
Eletto membro del Congresso del Politecnico fa parte della Commissione Studentesca incaricata dall'Assemblea Generale di elaborare il nuovo quadro didattico per la Sperimentazione nella Facoltà.

1968
Allievo interno dell'Istituto di Composizione partecipa all'attività didattica e di ricerca sotto la direzione di Aldo Rossi.

1969
Come allievo interno svolge lavoro di ricerca nel gruppo di Aldo Rossi.
I agosto 1969 consegue la laurea con 110 e lode.
Nominato assistente incaricato nel gruppo di ricerca diretto da Aldo Rossi.

1969-1973
Redattore della rivista «Controspazio».

1970
Assistente incaricato.

1971
Assistente incaricato.

1972
Borsa di ricerca C.N.R.: problemi topografici e catastali nel XVIII sec. a Milano.

1973
Professore incaricato di Disegno e Rilievo presso l'Istituto Universitario di Venezia e di Storia dell'Architettura Moderna presso la Facoltà di Architettura dell'Università di Palermo.

1973
Collabora con Aldo Rossi alla realizzazione della Sezione Internazionale della XVa Triennale di Milano.

1973
Avvia e dirige la collana di Architettura della Casa Editrice Franco Angeli.

1974
Professore incaricato di Disegno e Rilievo presso l'Istituto Universitario di Architettura di Venezia.

Biographical note

Massimo Scolari was born in Novi Ligure on March 31, 1943; he has always lived in Milan.

1963
Enrolls in the Department of Architecture of the Milan Polytechnic Institute with a Science diploma.

1964
Project for a Museum of Architecture for the Elements of Architecture course.

1965
Project for the reconstruction of Milano's Dal Verme Theater for the Elements of Composition course (Prof. E.N. Rogers and Prof. Aldo Rossi).
Essay on Le Courbusier's painting.

1966
Project for a residential unit in North Milan for the Composition I course (Prof. F. Albini).
Essay on Hannes Meyer and the Bauhaus – anthology of the written works.

1967
Elected member of the Congress of the Polytechnic Institute; participates in the Student Commission echarged by the General Assembly to elaborate the new didactic proposal for Experimentation in the Department.

1968
Internal pupil of the Institute of Composition; teaching and research activity under Aldo Rossi's direction.

1969
As internal pupil carries on research work in Aldo Rossi's group. August 1, 1969: obtains his degree summa cum laude. Named Annual Assistant to the research group directed by Aldo Rossi.

1969-1973
Editor of the periodical 'Controspazio'.

1970
Annual Assistant.

1971
Annual Assistant.

1972
C.N.R. research scholarship: Topographical and Land-Registry Problems in the XVIII century in Milan.

1973
Annual Professor of Drafting and Surveying at the Venice University Institute and of History of Modern Architecture at the Faculty of Architecture of the University of Palermo.

1973
Collaborates with Aldo Rossi on the realization of the International Division of the XV Triennial Exposition in Milan.

1973
Founds and directs the series on Architecture of the Franco Angeli Publishing House.

1974
Annual Professor of Drafting and Surveying at the Venice University Institute.

1975
Visiting Professor a Cornell University, Dept. of Architecture, Ithaca, N.Y.

1975
Professore incaricato di Storia dell'architettura moderna presso la Facoltà di Architettura di Milano.

1976
Professore incaricato di Storia dell'architettura Moderna presso la Facoltà di Architettura del Politecnico di Milano.

1976
Visiting Professor a U.C.L.A., School of Architecture, Los Angeles.

1976
Visiting Professor alla Escuela Tecnica Superior de Arquitectura de Barcelona.

1977
Redattore della rivista Lotus International.

1977
Visiting Professor a The Cooper Union, School of Architecture, New York, N.Y.

1978
A. Mellon visiting professor alla Cooper Union.

1978
Visiting Professor alla IAUS, New York.

1978
Invitato alla Biennale di Venezia.

1979
Incaricato con Gregotti, Rossi, Valle, Aymonino, De Feo della Summer School all'Istituto Universitario di Architettura di Venezia in collaborazione con IAUS, New York.

1979
Invitato alla XVIa Triennale di Milano.

1975
Visiting Professor at Cornell University, Dept. of Architecture, Ithaca, New York.

1975
Annual Professor in History of Modern Architecture at the Faculty of Architecture, Milan.

1976
Annual Professor in History of Modern Architecture at the Faculty of Architecture at the Polythecnic in Milan.

1976
Visiting Professor at the U.C.L.A. School of Architecture, Los Angeles, California.

1976
Visiting Professor at the Escuela Tecnica Superior de Arquitectura de Barcelona.

1977
Editor of the periodical 'Lotus International'.

1977
Visiting Professor at the Cooper Union, School of Architecture, New York, N.Y.

1978
A. Mellon Visiting Professor at Cooper Union.

1978
Visiting Professor at the I.A.U.S., New York, N.Y.

1978
Invited to the Biennial Exposition in Venice.

1979
With Gregotti, Rossi, Valle, Aymonino, and De Feo, in charge of the Summer School at the University Institute of Architecture of Venice, in collaboration with the I.A.U.S., New York, N.Y.

1979
Invited to the XVI Triennial Exposition in Milan.

Conferenze, seminari e dibattiti
Lectures, seminars, and debates

1972
Dibattito sulle Facoltà di Architettura all'Inarch di Roma con Guido Canella, Paolo Portoghesi, Carlo Aymonino, Nino Dardi.

1973
Dibattito sul Bauhaus all'Inarch di Roma con Giorgio Ciucci, Francesco Dal Co, Filiberto Menna, Paolo Portoghesi.

1974
Conferenza 'Vanguardia y Nueva Arquitectura' alla II Semana de Arquitectura di San Sebastian (Spagna).

1975
Conferenza alla Architectural Association di Londra sul tema 'Architecture, Politics and History'.

Conferenza 'La arquitectura de la Ciudad' alla Escuela Tecnica Superior de Arquitectura de Barcelona.

Conferenza e dibattito con Leon Krier sul tema Rational Architecture alla Cornell University - Dept. of Architecture (College series).

Conferenza 'Preservation Planning in Italy' al Planning Department della Cornell University, New York.

Conferenza alla Princeton School of Architecture and Urban Planning: 'Architecture between Memory and Hope'.

Conferenza 'Architecture between Memory and Hope' alla Cooper Union Dept. of Architecture, New York, N.Y.

1976
Conferenza 'The relationship between Theory and Projects' Bing Theater-Los Angeles County Museum of Art, California.

Conferenza all'Institute for Architecture and Urban Studies di New York in: 'A New Wave of European Architecture'.

Conferenza al Collegio degli architetti di Palma de Mallorca su 'Teoria e disegno'.

Conferenza 'Analisi Urbana a Milano' alla III Semana de Arquitectura de San Sebastian (part. M. Tafuri, L. Semerani, G. Ciucci, Leon e Robert Krier, Solà Morales etc).

1977
Conferenza all'Institute for Architecture and Urban Studies su '*Aporias of the Architecture*' Nel ciclo 'New Wave of European Architecture'.

Conferenza alla Carnegie Mellon University, Pittsburgh, Pennsylvania

Conferenza alla Penn State University, University Park, Pennsylvania.

Conferenza alla University of Toronto, Ontario, Canada.

Conferenza allo Illinois Institute of Technology, Chicago, Illinois.

Conferenza alla University of Minnesota, Minneapolis.

Conferenza alla University of Kentucky, Lexington.

Conferenza allo Smithsonian Institute, Washington D.C.

Conferenza alla University of California, Berkeley, California.

Conferenza alla Rice University, Houston, Texas.

Conferenza al Georgia Istitute of Technology, Atlanta, Georgia.

Conferenza alla Mississippi State University, Starkville, Mississippi.

Conferenza alla University of Miami, Coral Gables, Florida.

Conferenza alla Ecole Superièure des Ponts et Chaussées Paris, sul tema: 'Milan: de la ville religieuse a la ville privés' nel ciclo 'La ville au siècle des lumieres'.

Giuria internazionale a Ecole Nationale Superièure d'Architecture et des Arts, visuels, Bruxelles.

Conferenza alla IDZ Berlino in 'Berliner Sommerakademie für Architektur' su 'I principi compositivi nell'architettura'.

Cooper Union School of Architecture, 'My Work'.

Institute for Architecture and Urban Studies, *Forum on Idea versus Drawing*: The Recent Exhibitions (Commentaries by Raimund Abraham, Michael Graves, John Hejduk, Rosalind Krauss, Massimo Scolari, Robert Slutzky and Antony Vidler).

1978
Conferenza 'Architettura Laconica' alla Yale University School of Architecture, New Haven, Connecticut.

Conferenza 'Architettura Laconica' alla Syracuse University, N.Y.

Conferenza 'Architettura Laconica' allo I.A.U.S., New York, N.Y.

Conferenza 'Architettura Laconica' alla Pratt School of Architecture, N.Y.C.

Conferenza 'Architettura Laconica' alla Architectural Association, London.

Tenth Annual Workshop dell'American Institute of Architects, Miami, Florida (con John Hejduk, Frank Gehry, Rem Koolhaas, Leon Krier, Rob Krier, James Wines).

Scritti di Massimo Scolari
Written works by Massimo Scolari

1969
H. Finsterlin, *Idea dell'architettura*, (recensione) in 'Controspazio', n. 1.
Una risposta su Kahn, (con E. Bonfanti), in 'Controspazio', n. 4-5.
Hannes Meyer e la pretesa negazione dell'arte, in 'Controspazio', n. 9.
Voce *Strada* sul DAU (Dizionario Enciclopedico di Architettura e urbanistica diretto da P. Portoghesi) in collaborazione con G. Censonni.
Voce *Suolo* sul DAU.
1970
L. Quaroni, *Immagine di Roma*, (recensione) in 'Controspazio', n. 1-2.
L. Semerani, *Gli elementi della città di Trieste nei secoli XVII e XIX*, in 'Controspazio', n. 3.
Numero monografico di 'Controspazio' sul Bauhaus, n. 4-5 (con E. Bonfanti).
Hannes Meyer e la scuola di architettura, in 'Controspazio', n. 4-5.
E. Detti, G. Di Pietro, F. Fanelli, *Città murata e sviluppo contemporaneo*, (recensione), in 'Controspazio', n. 6-7.
A. Samonà, *L'ordine dell'architettura*, (recensione) in 'Controspazio', n. 8-9.
Note metodologiche per una ricerca urbana, (con G. Gavazzeni), in 'Lotus', n. 7 pp. 118-131.
Progetto di teatro, in 'Lotus', n. 7, pp. 132-135.
Progetto per una unità residenziale nel Nord Milano (1968) in 'Lotus' n. 7.
Concorso per il Municipio di Scandicci (1968) coll. con Aldo Rossi in 'Controspazio', n. 10.
1971
Tre progetti di V. Gregotti, in 'Controspazio', n. 3.
Un contributo per la fondazione di una scienza urbana, in 'Controspazio', n. 7-8, pag. 43.
Hannes Meyer y la Escuela de Arquitectura - Communicacion 12, A Corazon Madrid 1971.
1972
Progetti per due città, in 'Controspazio', n. 1-2.
Il gruppo di studio nella crisi dell'università, in 'Sapere', aprile.
Numero monografico di 'Controspazio' sulle *Facoltà di Architettura*, n. 5-6, (con E. Bonfanti).
Le Facoltà dell'Architettura, in 'Controspazio', n. 5-6, pp. 2-4.
1973
Avanguardia e nuova architettura, in Architettura razionale, F. Angeli, Milano.
1974
La inattuale purezza dell'architettura, in 'Casabella', n. 388, pag. 8, pp. 26-28.
Vanguardia y nueva arquitectura, in 'CAU', n. 24, pp. 32-46, Barcellona.
1975
Tipi e trattati delle case operaie, in 'Lotus International', n. 9, pp. 116-135.
1977
Les apories de l'architecture, in 'L'architecture d'aujourd'hui, n. 190, pp. 89-93.
1978
Aporice of architecture, in 'SD', n. 3, pp. 57-59 e disegni alle pp. 8-11.
L'architecture in extremis, in *Architecture rationnelle*, Editions des archives d'architecture moderne, Bruxelles, pp. 45-50.
Il catasto di Carlo VI e Maria Teresa, in *L'idea della magnificenza civile; architettura a Milano 1770-1848*, Electa Milano, pp. 15-17.
Ipotesi urbana, (disegno) in Esquire & Derby, n. 11-12.
1979
Poeticamente abita l'uomo, in 'Gran Bazaar', n. 5.
1980
L'architettura del Limite, in 'Rassegna', n.1.

Scritti su Massimo Scolari
Written works about Massimo Scolari

1967
A. Rossi, *Catalogo della mostra alla Galleria Rinascita*, Milano.
1970
A. Terranova, *Storiografia e teoria dell'urbanistica*, in 'Storia dell'arte', n. 7 e 8, La nuova Italia, Firenze, pp. 278-307.
1973
C. Marti Aris, *Seccion de Arquitectura de la Trienal de Milan*, in 'Jano', n. II, pp. 5-9.
G. Gresleri, *Alla XV Triennale di Milano*, in 'Parametro', n. 21-22, pp. 6-20.
F. Moschini, *Architettura Razionale*, in Facoltà di Architettura dell'Università di Roma, bollettino della biblioteca, n. 4, 15 dicembre.
1974
J. Rykwert, *XV Triennale*, in 'Domus', n. 530, pp. 1-21.
C. Guenzi, *La inattuale purezza dell'architettura*, in 'Casabella', n. 388, pp. 27-28.
O. Bohigas, *La 'Tendenza' en la XV Trienal de Milan*, in 'CAU', n. 24, pag. 32.
P. Navone, B. Orlandoni, in *Architettura radicale*, Documenti di Casabella, pag. 38, pag. 95.
1975
A. Colquhoun, *Rational architecture*, in 'AD', n. 6, pp. 365-370.
P. Navone, B. Orlandoni, *Il disagio delle avanguardie*, in 'Casabella', n. 404, pp. 76-79.
F. Aprà, *Fra pittura e progetto*, in 'Casa Vogue', n. 47-48.
E. Bertonati, *Aquarelle für die architektur*, catalogo della mostra alla Galleria del Levante, Monaco.
1976
M. Gandelsonas, *M. Scolari: paesaggi teorici*, in 'Lotus International', n. 11, pag. 57.
L. Sacchetti, *E io son anche pittore*, in 'Arte contro', n. 5.
F. Passoni, *Pittura e architettura*, in 'Avanti!', 4 maggio.
P. Portoghesi, *Due tre case che mi vanno a pennello*, in 'Tempo', 25 aprile.
P. Carloni, *Disegni per un'architettura*, in 'Casa Vogue', n. 59/60.
A. Branzi, *Architettura disegnata*, in 'Data', n. 23, pp. 71-73.
G. Contessi, *Ut pictura architectura*, in 'Data', n. 23, pp. 74-79.
G. Contessi, *Dieci anni in Italia*, in 'Studio Marconi'.
S. Danesi, *Le città fantastiche in una mostra a Milano*, in 'Il corriere della sera', 28 giugno.

T. Trini, *La cosa disegnata*, in 'Studio Marconi', n. 9, pp. 1-9.
F.C., *La cosa disegnata*, in 'Il corriere della sera', II dicembre.
T. Chiaretti, *Disegni per un'architettura*, catalogo della mostra alla Compagnia del disegno: Milano 1976.
G. Contessi, *Tra Classicismo e Manierismo*, in Studio Marconi, 1966/76, pp. 7.
M. Culot, *Le desespoir de Janus*, in 'Archives de l'architecture moderne', bulletin d'information mensuel, n. 9, Bruxelles, pp. 1-2.

1977

A. Sotgia, *Lavoriamo, se è possibile*, in 'L'Architetto', n. 9/10, pp. 8-9.
L. Carluccio, *La cosa disegnata*, in 'Panorama', II gennaio.
W. Schön, *Neu auf dem kunstmarkt: Galerien für Architektur*, Plakatkunst und Autoren, in 'Kunstforum International', n. 19, pp. 273-275.
W. Schön, *Hauser fur die Phantasie*, in 'Deutsche Zeitung', 21 gennaio.
G.T., *Galerie zeigt nur Architekten*, in 'Kölner Rundschau'.
F. Irace, *Selezione di un anno di mostre di architettura*, in 'Op. cit', n. 40, pp. 81-89.
M. Culot, *Le desespoir de Janus*, in 'L'architecture d'aujourd'hui', n. 190, pp. 90.
P. Golberger, in The New York Times, 20 ottobre.
B. Orlandoni, G. Vallino, in *Dalla città al cucchiaio*, Studio Forma Torino cit. pp. 45, 54, 56, 181.
A. Indelman, *recensione* alla mostra alla Cooper Union, in 'Cooper Pioneer' 1977.

1978

R. Barilli, *L'architetto diviso in due*, in 'L'Espresso', 8 gennaio.
L. Berni, *Assenza/Presenza: un'ipotesi di lettura per l'architettura*, in 'Panorama', 10 gennaio.
U. La Pietra, *Architetti in mostra*, in 'Domus', n. 579, pag. 8.
D. Trombadori, *Assenze e presenze nell'architettura*, in 'L'Unità', 7 febbraio.
M. Gandelsonas, *Theoretical landscape*, in SD, marzo, pp. 55-56.
M. Brusatin, *Disegno/Progetto*, in Enciclopedia, IV: *Costituzione, Divinazione*, Einaudi Torino, 19.
L. Berni, Architettura, in 'Panorama', 4 aprile.
Galleria dei Presenti, in 'Casa Vogue', n. 79, pp. 119-121.
E. Di Casarotta, *The Sound of Leather*, in 'Skyline', n. 2, pag. 7.
'A.A.M.', n. 13, pag. 73 (foto).
Leon Krier, *Un nouveau realisme* in: *Architecture rationelle*, 'Archives d'Architecture moderne', Bruxelles. 1979.
Leon Krier, '*...poeticamente abita l'uomo...*' in 'Gran Bazaar', nov/dic.

1980

M. Tafuri in '*La sfera e il labirinto*', Einaudi, Torino.
G. Soavi, *Macchinari e Fortezze del gelido Cavaliere*, in 'Il Giornale', 21 marzo.
M. Tafuri, *Gli acquerelli di M. Scolari*, in Catalogo della Mostra all'Institute for Architecture and Urban Studies, New York.
G. Testori, *M. Scolari*, in 'Corriere della sera', 30 marzo.

Mostre
Exhibitions

1966

'Premio Merlo', Vigevano.

1967

Galleria 'la bottigella', Pavia.
'Premio 8 marzo', Palazzo della Permanente, Milano.
Circolo culturale vercellese, Milano.
'I premio di pittura', Novate.
Galleria Rinascita, Milano, catalogo a cura di A. Rossi: Milano 1967.

1969

Galleria Agrifoglio, Milano.

1973

'XV Triennale di Milano': sezione internazionale di architettura, Milano.

1975

'Aquarelle für die architektur', Galleria del Levante, Monaco, catalogo a cura di E. Bertonati: Monaco 1975.
'Work by young architects', The Insitute for Architecture and Urban Studies, New York.
'Rational Architecture', Art Net, Londra.
'Arquitectura Racional', Escuela Tecnica Superior de Arquitectura, Barcellona.
'Rationale Architektur', Technische Universität, Vienna.

1976

'Artemercato', Galleria del Naviglio, Bologna (collettiva).
'Architecturaquarelle', Studio galerie fur Architektur, Köln (personale).
'La cosa disegnata', Studio Marconi, Milano (collettiva).
'Scolari: an exibition of watercolors', The Institute for Architecture and Urban Studies, New York.
'Models as ideas', The institute for architecture and urban studies, New York.
'Disegni per un'architettura', Compagnia del disegno, Milano, (con C. Aymonino, A. Rossi, R. Abraham, R. Koolhaas, M. Vriesendorp, R. Krier), catalogo a cura di T. Chiaretti: Milano 1976.
Galleria Solferino, Milano (collettiva).

1977

Cooper Union, Arthur A. Houghton Gallery, New York (personale).
Grafica 80, Architettura, Milano (collettiva).
'Assenza/Presenza', Galleria d'arte moderna, Bologna (collettiva).

1978

Invitato alla sezione di architettura della Biennale di Venezia, declina l'invito.

1979

Invitato alla Triennale di Milano, declina l'invito.

1980

Mostra personale alla Galleria Disegni di Architettura di Milano.
Mostra alla Galleria AAM di Roma.
Mostra personale da Max Protetch Gallery, New York.
Institute for Architecture and Urban Studies, New York. Fogg Museum, Harvard University, Cambridge Mass.